민간계약문서에 투영된
중국인의 경제생활

합과와 대차

이 저서는 2009년도 정부(교육과학기술부)의 재원으로
한국연구재단의 지원을 받아 수행된 연구임(NRF-2009-362-A00002).

중국관행
자료총서

13

기획 | 민간계약문서 시리즈 ❸

민간계약문서에 투영된
중국인의 경제생활

손 승 희 지음

합과와 대차

인천대 중국학술원 중국·화교문화연구소
(중국) 河北大學 中國社會經濟史硏究所   공동기획

ⓘⒷ 인터북스

한국의 중국연구가 한 단계 심화되기 위해서는 무엇보다 중국사회 전반에 강하게 지속되고 있는 역사와 전통의 무게에 대한 학문적·실증적 연구로부터 출발해야할 것이다. 역사의 무게가 현재의 삶을 무겁게 규정하고 있고, '현재'를 역사의 일부로 인식하는 한편 자신의 존재를 역사의 연속선상에서 발견하고자 하는 경향이 그어떤 역사체보다 강한 중국이고 보면, 역사와 분리된 오늘의 중국은 상상하기 어렵다. 따라서 중국문화의 중층성에 대한 이해로부터 현대 중국을 이해하고 중국연구의 지평을 심화·확대하는 연구방향을 모색해야 할 것이다.

근현대 중국 사회·경제관행의 조사 및 연구는 중국의 과거와 현재를 모두 잘 살펴볼 수 있는 실사구시적 연구이다. 그리고 이는 추상적 담론이 아니라 중국인의일상생활을 지속적이고 안정적으로 제어하는 무형의 사회운영시스템인 관행을 통하여 중국사회의 통시적 변화와 지속을 조망한다는 점에서, 인문학적 중국연구와사회과학적 중국연구의 독자성과 통합성을 조화시켜 중국연구의 새로운 지평을 열수 있는 최적의 소재라 할 수 있을 것이다. 중층적 역사과정을 통해 형성된 문화적·사회적·종교적·경제적 규범인 사회·경제관행 그 자체에 역사성과 시대성이 내재해 있으며, 관행은 인간의 삶이 시대와 사회의 변화에 역동적으로 대응하는 양상을 반영하고 있다. 이 점에서 이러한 연구는 적절하고도 실용적인 중국연구라 할것이다.

이 책은 중국·화교문화연구소가 중국관행자료총서의 일환으로 기획한 민간계약문서 시리즈 중 분가문서, 토지문서에 이은 세 번째 결과물로, 우리 연구소가 중국하북대학 중국사회경제사연구소와 약 3년에 걸쳐 공동작업을 한 결과이다. 민간의일상에서 행해졌던 합과와 대차 관습을 통해 상업경영과 조직원리를 이해하고 기층사회의 생활상을 살펴봄으로써 중국 민간 질서의 내적 원리를 파악하고자 한 이 책은, 본 연구소가 중국 하북대학과 함께 명대부터 민국시기까지의 계약문서를 수집하여 수차례의 검토를 거친 61건의 문서에 대해 내용 번역과 해설 및 분석을 가한 것이다. 본서에 수록된 계약문서의 지역 분포는 산서성을 비롯하여 안휘성, 강서성, 복건성, 귀주성의 문서가 포함되어 있다.

본서는 모든 계약문서의 원문을 탈초하고 한글로 번역한 후 분석을 가하고 있으며, 앞부분에 합과와 대차에 대한 개괄 내용과 이론 분석을 덧붙여 전반적인 이해를 도울 수 있도록 구성하였다. 그럼으로써 원문 해독에 어려움을 느끼는 한국의 연구자들이나 일반인들이 중국 계약문서에 좀 더 쉽게 접근하면서, 중국 민간의 일상생활 속 경제행위에 대해 이해할 수 있도록 하였다.

『중국관행자료총서』는 중국연구의 새로운 패러다임을 세우기 위한 토대 작업으로 기획되었다. 객관적이고 과학적인 실증 분석이 새로운 이론을 세우는 출발점임은 명확하다. 특히 관행연구는 광범위한 자료의 수집과 분석이 결여된다면 결코 성과를 거둘 수 없는 분야이다. 향후 우리 연구소는 이 분야의 여러 연구 주제와 관련된 자료총서를 지속적으로 발간할 것이며, 이를 통하여 그 성과가 차곡차곡 쌓여가기를 충심으로 기원한다.

2019년 4월
인천대학교 중국학술원
중국·화교문화연구소
(HK중국관행연구사업단)
소장(단장) 장정아

서문[1]

　　인천대학교 중국학술원 중국 · 화교문화연구소는 2009년 인문한국 사업 선정을 계기로 중국의 사회 · 경제관행에 대한 연구를 진행하고 있다. 그 과정에서 현지조사와 1차 사료를 활용한 실증적 연구를 기반으로 인문학적 중국연구와 사회과학적 중국연구를 통합함으로써 중국 연구의 새로운 지평을 열고자 노력해왔다. 본서는 그 일환으로 중국 하북대학河北大學 중국사회경제사연구소中國社會經濟史硏究所가 제공한 24건의 합과문서와 37건의 대차문서, 총 61건의 민간계약문서에 대한 분석을 시도한 것이다.

　　인천대학교 중국학술원과 중국 하북대학 중국사회경제사연구소는 2015년 10월 공동 연구에 대한 MOU를 체결한 이후 밀접한 교류 협력관계를 유지하고 있다. 특히 하북대학 중국사회경제사연구소는 인천대 중국학술원에 분가문서, 상업문서, 토지문서 등 민간계약문서 이미지를 제공하고 원문에 대한 탈초와 현대문 번역을 제공하는 등 조력을 아끼지 않았다. 여기에 필자가 체제를 구성하고 문서의 내용을 분석하고 종합하여 지금과 같은 형태로 출판하게 되었다.

　　하북대 중국사회경제사연구소는 하북대 송사연구중심宋史硏究中心 산하에 설립된 연구소로, 류추건劉秋根 교수가 책임을 맡고 있다. 1982년 독립 연구기관으로 설립된 하북대 송사연구중심은 이미 중국 사학계에서 상당한 지위와 명성을 쌓고 있는 주요 연구소이다. 류추건 교수는 『중국전당제도사中國典當制度史』, 『명청고리대자본明淸高利貸資本』, 『중국고대합과제초탐中國古代合夥制初探』 등을 출판하는 등,

---

1) 본서의 합과 관련 서술내용은 손승희, 「청 · 민국시기 合夥의 계약관습과 법」, 『동양사학연구』 146(2019)을 바탕으로 본서의 체제에 맞게 수정 보완한 것임.

합과제도合夥制度와 전당제도典當制度 등의 연구로 이미 중국 사학계에서 큰 업적과 성과를 인정받고 있는 경제사학자이다. 류추건 교수와는 2012년 인천대 인문학연구소(중국학술원의 전신)와 중국 산서대학山西大學 진상학연구소晉商學研究所 공동 주최 국제학술대회에서 처음 만나 학술교류를 시작한 후 지속적으로 교류를 이어오고 있다.

특히 필자는 류 교수와 중국의 법(제도)과 민간의 관행 사이의 괴리 등에 대한 인식을 공유하고, 공동 연구에 대한 의견을 나누다가 구체적으로 민간계약문서를 이용한 연구를 기획하게 되었다. 류추건 교수는 새로운 자료의 발굴 없이 계속되는 진상晉商 연구가 진상 연구의 발전에 큰 진전이 되지 못하고 있다는 것을 통감하고, 관련 계약문서에 주목하여 진상연구의 답보 상태를 극복하고자 한다. 얼마 전 그는 『산서 민간계약문서의 수집, 정리 및 연구山西民間契約文書的搜集整理與研究』라는 국가 프로젝트를 수행했으며, 그 일환으로 2018년 9월 『진상사료집성晉商史料集成』 총 88권(商務印書館)의 출판을 실질적으로 주도했다. 류 교수는 대단한 학문적 열정과 엄밀한 사료 분석을 통해 중국 사회경제사 분야에서 독보적인 연구 성과를 내고 있다. 필자는 학문적 동지로서, 든든한 조력자로서 류 교수와 함께 공동 연구 작업을 하게 된 것을 기쁘게 생각한다.

본서는 처음부터 인천대 중국학술원의 기획으로 시작되었으며 모든 연구의 과정은 중국학술원의 요구와 의도에 따라 계약문서의 제공, 원문의 탈초와 번역 등 하북대 중국사회경제사연구소의 협조로 이루어졌다. 이 공동연구의 과정에서 하북대 측 참여자가 인천대를 방문하여 간담회를 갖고 연구 성과를 발표하는 등, 본서는 양 기관의 긴밀한 논의와 협조 하에서 인적, 학술적 교류가 지속되는 가운데 완성된 것이다. 그러므로 본서는 중국학술원이 국외 네트워크 구축을 통해 획득한 공동 연구의 산물이며, 국제 학술협력사업의 또 하나의 모범 사례로 남게 될 것이다. 본서는 분가문서, 토지문서에 이은 세 번째 결과물로, 민간의 일상에서 행해졌던 합과와 대차관습을 통해 상업경영과 그 조직 원리를 이해하고 기층사회의 생활상을 살펴봄으로써 민간 질서의 내적 원리를 파악하고자 시도된 것이다.

본서는 명대부터 민국시기에 이르기까지 총 61건의 민간계약문서를 통해 합과 및 대차문서의 기본 형식과 내용, 그 사회경제적 의미를 분석하고 당시 중국인들의 경제생활의 단면들을 복원해내는 것을 목표로 한다. 각 문서에는 모두 이미지, 원문 탈초, 번역을 수록하고 이에 대한 해석과 그 의미에 대한 가능한 분석을 시도하고 있다. 본서에 수록된 계약문서의 지역분포는 산서성이 다수이기는 하지만 안휘성, 강서성, 복건성, 귀주성의 문서도 포함되어 있다.

최근 중국과 일본 등지에서 계약문서에 관한 관심이 높아져 민간계약문서 자료집이 지속적으로 출간되고 있다.[2] 이러한 출간물들은 계약문서를 분류하여 이미지 그 자체로만 출판하거나, 혹은 원문을 탈초하여 출판하는 경우가 대부분이다. 그러나 본서는 단순히 계약문서 이미지만을 모은 것이 아니라, 모든 계약문서의 원문을 탈초하고 이를 한글로 번역한 후 이에 대한 해석과 분석을 가하고 있다는 점에서 이전에 없었던 새로운 시도라고 할 수 있다. 또한 앞부분에 합과와 대차에 대한 개괄적인 내용과 이론 분석을 덧붙여 합과와 대차에 대한 전반적인 이해를 도울 수 있도록 체제를 구성했다. 이로써 원문 해독에 어려움을 느끼는 한국 연구자들이나 일반인들이 계약문서에 좀 더 쉽게 접근할 수 있도록 했다.

그렇다면 왜 계약문서에 주목해야 하는 것일까. 황제의 명의로 공포되었던 전통시기 중국의 '법'은, 이를 집행함으로써 민간에서 준수하도록 하고 만일 어겼을 경우에 대한 처벌조항을 규정한 것이다. 그러나 당시 실제로 사회를 규범하고 통제하는 법질서는 사람들이 범죄를 저지르지 않으면 피해갈 수 있는 형벌 조항에만 있는 것은 아니었다. 민간의 일상에서 끊임없이 발생하는 사람들 간의 행위와 이로 인한 관계로 형성되는 질서 속에도 존재했다. 더욱이 관련 국가법이 없었기 때문에 민간

2) 中國社會科學院歷史硏究所收藏整理, 『徽州千年契約文書』, 花山文藝出版社, 1994; 曹樹基等編, 『石倉契約』, 浙江大學出版社, 2012; 胡開全主編, 『成都龍泉驛百年契約文書(1754-1949)』, 巴蜀書社, 2012; 劉秋根·張冰水主編, 『保定房契檔案彙編』, 河北人民出版社, 2012; 吳曉亮·徐政蕓編著, 『雲南省博物館館藏契約文書整理與彙編』, 人民出版社, 2012; 張建民主編, 『湖北天門熊氏契約文書』, 湖北人民出版社, 2014; 張蘊芬等編著, 『北京西山大覺寺藏淸代契約文書整理及硏究』, 北京燕山出版社, 2014; 李琳琦主編, 『安徽師範大學館藏千年徽州契約文書集萃』, 安徽師範大學出版社, 2014; 黃志繁等編, 『淸至民國婺源縣村落契約文書輯錄』, 商務印書館, 2014; 首都博物館編, 『首都博物館藏淸代契約文書』, 國家圖書館出版社, 2015 등이 있다.

사회의 중요한 한 부분을 지탱하고 있던 것은 민간에서 널리 행해진 '계약'을 통한 질서였다. 계약의 범위는 상당히 광범위했다. 분가, 혼인, 수양收養, 입췌入贅, 토지매매, 대차, 합과, 고용, 거래, 신용 등 민간생활에서 없는 부분이 없을 만큼 다양했다. 특히 명청시기에는 "관官에 정법이 있다면 민民은 사적인 계약(私契)을 따른다"는 말이 통용될 정도로 민간의 계약은 그 자체로 독립성과 자치적 성격을 가지고 있었다. 따라서 명청시기의 민간계약관습은 법질서와는 다른 한 측면을 구성하고 있었고, 이것은 법률만큼이나 중요한 가치가 있었다.[3]

'계약'이라고 하면 계약을 체결하는 당사자 간의 합의와 평등한 관계를 떠올린다. 그러나 계약은 원래 '계契'와 '약約'이 합쳐진 명칭으로, 계나 약 자체에 '합의'라는 의미는 없다. '계'는 원래 토지 매매에서 주로 사용되었던 용어로서 매도자가 매수자에게 해당 토지에 대한 소유권을 양도한다는 의미를 가진, 즉 매도자 일방이 제시하는 일종의 보증서였다.[4] 매도자와 매수자 쌍방이 합의를 명시할 목적은 아니었다는 것이다. 오히려 쌍방의 합의를 의미하는 문서에는 '합동合同'을 붙여 합동계合同契라고 칭해졌다. '약約'도 원래 군사집단 등에서 일방적으로 내려지는 명령이나 금지, 혹은 각종 민간의 사회·경제 조직 내부에서 정한 각종 행위규범을 의미했다.

특히 명대에 이러한 규범이 '약'으로 불렸던 것은, 민간조직의 전체 구성원이 준수해야 하는 규범으로서 각 지역의 신사나 관리의 주도하에 공동 협의를 통해 만들어져 공약公約의 성격을 띠고 있었기 때문이다.[5] 즉 '약'은 실제로 사람들이 공유하는 규칙 혹은 서로간의 행동을 구속하게 하는 사회규범의 총체를 의미했다. 이후 계와 약이 합쳐져서 쌍방의 협의에 의해서 형성되는 일종의 사회규범이 되었다. 더욱이 관련 국가법의 부재는 중국 전통사회의 민간 질서를 장기간 민간계약의 관습

---

3) 寺田浩明,「明淸時期法秩序中"約"的性質」, 滋賀秀三等著, 王亞新·梁治平編,『明淸時期的民事審判與民間契約』, 法律出版社, 1998, p.141.
4) 岸本美緖,「明淸契約文書」, 滋賀秀三等著, 王亞新·梁治平編, 위의 책, p.282.
5) 徐嘉露,「明代民間契約習慣與民間社會秩序」,『中州學刊』, 2016-5, p.123; 寺田浩明,「明淸時期法秩序中"約"的性質」, 滋賀秀三等著, 王亞新·梁治平編, 위의 책, pp.143-145.

에 의해 조정되도록 했던 것이다.

본서의 연구대상 중의 하나인 합과 계약서는[6] 동업을 하는 각 주체 사이의 협의 내용을 기재하여 증거로 삼는 법률문서이다. 합과는 대체로 '두 명 혹은 두 명 이상이 공동출자하고 공동경영하여 손익을 분담하는 상업 조직형태'를 말한다. 합과는 당대, 송대를 거쳐 명대에 이르러 전형적인 형태가 나타났으며 합과 계약이라는 사회규범이 널리 확립되었다.[7] 합과는 민간의 계약관습에 의해 당사자 간의 협의에 의해 성립되었다. 합과에 대한 법률규정이 없었던 전통시기에 분쟁시 가장 중요한 근거가 되었던 것이 바로 계약문서였다. 이러한 합과 계약의 존재와 이에 대한 사회적 합의는 민간에 널리 퍼져있던 사회규범에 의해 민간질서가 통제되었음을 의미한다.

합과가 처음으로 법률로서 규정되었던 것은 대청민률초안(1911)과 민국민률초안(1925)에서였다. 그러나 이 두 초안은 대리원大理院 판결에 적용되기는 했지만 정식으로 반포되지는 못했다. 공사율公司律(1904), 공사조례公司條例(1915), 공사법公司法(1929) 등이 제정, 공포되었지만 이는 근대 기업법이었고, 자발적으로 '공사公司'로 등록하지 않는 한 전통기업이었던 합과는 이에 저촉을 받지 않았다. 민국시기 1930년 민법이 시행되면서 합과는 비로소 법적 구속력을 갖게 되었다. 따라서 민국시기 전반기에도 합과는 여전히 '계약'에 의해서 유효했다. 즉 합과는 민법의 시행으로 국가법 체계로 편입되는 과정을 거쳐 근대기업과는 별개로 전통기업으로서 법적으로 공인되었던 것이다.

합과의 방식은 다양하지만 기본적으로는 혈연血緣, 지연地緣, 업연業緣 등 인적결

---

6) 명칭은 合夥約, 合股字, 議單約, 合夥議字, 合夥生意約, 合同, 合同字據, 合同文約 등 문서의 성격에 따라 다양하게 사용되었다. 본고에서는 합과 계약서로 통칭하고자 한다.

7) 劉秋根, 「論中國商業, 高利貸資本組織方式中的"合資"與"合夥"」, 『河北學刊』, 1994-5, p.87; 劉秋根, 「十至十四世紀的中國合夥制」, 『歷史硏究』, 2002-6, p.110; 張忠民, 「略論明淸時期 "合夥"經濟中的兩種不同實現形式」, 『上海社會科學院學術季刊』, 2001-4, p.160; 楊國楨, 「明淸以來商人"合本"經營的契約形式」, 『中國社會經濟史硏究』, 1987-3, p.2; 汪士信, 「明淸時期商業經營方式的變化」, 『中國經濟史硏究』, 1988-2, pp.26-28 참조.

합을 바탕으로 했다. 따라서 합과는 '의기투합' 정신을 기초로 결합했고, 이러한 정신은 합과인 간에 공동으로 준수해야만 하는 신념이었다. 그러나 합과가 인적결합을 중시했다 해도 합과는 어디까지나 경제적 목적을 위한 조직이었다. 따라서 합과 성립의 정당성은 참여 합과인 간의 '합의'에 있었다. 이들은 계약서를 작성하여 자신의 권리와 의무를 명확히 했다. 이를 통해 계약 당사자들 간에 상당한 구속력을 확보했던 것이다. 합과 계약 자체는 재산관계의 확정에 있어서도 상당히 중요한 역할을 했다. 따라서 상법은 없었지만 개별 거래에서 이와 관련된 지역적 관습이 계약서 안에 상세히 반영되었다.[8] 이후 분규가 발생할 경우 계약서를 그 근거로 삼았다. 합과에서 지분을 양도하거나 탈퇴 혹은 해산할 때도 계약서를 작성했다. 그러므로 합과 계약문서 연구는 명청시기 이후 국가법과는 별개로 사회규범으로서 존재했던 민간질서와 그 내적원리를 파악할 수 있는 하나의 방편이 될 것이다. 또한 명대 이후 근대에 이르기까지 민간계약 관습과 법 사이에 존재했던 합과의 위치와 그 기업사적 의미를 검토하는 계기가 될 것이다.

　본서의 또 한 부분을 담당하고 있는 것은 대차문서이다. 합과문서가 전통시기 중국인의 보편적인 상업형태와 상업자본 조직을 통해 경제생활의 한 단면을 보여준다면, 대차문서는 주로 농민들에 의해 보편적으로 행해졌던 기층사회의 경제생활의 단면들을 보여준다는 데 의미가 있다. 민간의 금융대차와 농민경제는 농민생활과 밀접한 관계를 갖는다. 그중에서도 대차는 대차행위를 이행하는 과정에서 대출해주는 자와 대출받는 자 간에 형성되는 일종의 경제관계이다. 민국시기 1930년대까지도 농촌에 은행이나 합작사 등 정부가 주도하는 근대적 금융기관의 설립은 미약했고 농촌사회에서는 여전히 전통적 방식에 의해 자금이 조달되었다. 그러나 자금은 도시에 집중되어 있었고 농촌은 항상적인 자금 결핍 상태에 놓여 있었다. 또한 농산물의 상품화가 빠르게 진행되었지만 도시와 농촌의 무역 불균형 상황은 농촌자금을 외부로 빠져나가게 하는 원인이 되었다. 상업자본과 고리대도 성행

---

8) Madeleine Zelin, "A Critique of Right of Property in Prewar China", *Contract and Property in Early Modern China*, Stanford University Press, 2004, p.24.

하게 되면서 농촌사회는 도시에 의존하는 관계가 되었고, 이로 인한 농민의 궁핍은 더욱 심각해졌다.

이러한 농민의 빈곤화와 기타 사회적 영향으로 인해 농촌사회는 항상 급한 자금을 조달하고 융통해야 하는 상황에 놓이게 되었다. 이에 농민의 궁핍을 일시적이나마 해결해주고 상인들에게는 상업 경영을 위한 자금을 지원해주는 역할을 했던 것은 바로 민간의 대차였다. 민간의 대차는 곧 민간사회의 생존을 위해서 반드시 필요한 수단이었던 것이다. 이러한 사회적인 수요와 필요는 일찍부터 민간의 대차가 발달하게 된 원인이 되었다. 즉 민간의 대차는 자금 융통과정에서 자주 볼 수 있는 경제행위이며, 민간의 사회생활 중에 보편적으로 나타나는 현상이었다. 따라서 민간 대차는 전통시기 중국 사회경제의 핵심문제라고 할 수 있다.

현재에도 중국의 농촌문제는 중국 정부가 시급히 해결해야할 핵심문제로 부각되고 있다. 개혁개방 이후 농촌 경제와 농민생활 개선 등 농촌 경제체제 개혁을 위해 참고할만한 사례와 근거들을 모색할 필요성도 커졌다. 이에 따라 현재와 가장 근접해 있는 근대시기 중국의 향촌 경제사에 대한 관심도 높아지고 있다. 이러한 요구에 부응하여 민간 대차문서와 그 연구에도 관심을 가질 필요가 있다. 대차문서는 기층사회의 여러 층위의 생활상을 들여다 볼 수 있게 하는 중요한 자료이기 때문이다. 특히 농촌의 민간 대차는 일반 농민들의 일상생활과 밀접한 경제 행위이기 때문에 이를 심도 있게 연구하는 것은 전통시기 농촌사회의 사회경제적 실체를 파악하게 하는 계기가 될 것이다.

본서는 다음과 같은 체제로 구성되어 있다. 우선, I부 합과문서와 II부 대차문서로 나누어 서술했다.

I부 합과문서 부분에서는 서론과 소결을 제외하고 I-2 합과의 준비과정, I-3 합과의 설립과 운영, I-4 합과의 변동, I-5 기타로 나누었다. 서론에서는 합과의 개념과 의미 등 합과의 기본적인 성격을 논했고, '합과의 준비과정'에서는 합과의 자본 모집이나 합과 초안 등에 해당하는 문서들을 배치하고 관련 내용을 논했다. '합과의 설립과 운영'에서는 만금장萬金賬, 정식 합과문서들을 배치하고 은고銀股와 신고身股, 합과의 소유권과 경영권의 분리 등을 논했다. '합과의 변동'에서는 합과 운영상

에서 발생하는 지분 양도계약, 소유권 이전계약, 해산계약 등 지분의 변동 상황을 알려줄 수 있는 문서를 배치하고, 이에 대한 의미와 채무상환의 책임 문제 등에 대해 논했다. 소결에서는 합과가 근대 법체계로 편입되는 과정에서 발생했던 관습과 법 사이의 갈등 양상을 분석했다.

Ⅱ부 대차문서에서는 서론과 소결을 제외하고 Ⅱ-2 개인 신용대차, Ⅱ-3 보증 신용대차, Ⅱ-4 저압(저당) 대차, Ⅱ-5 기타로 구분했다. 서론에서는 두 부분으로 나누어 서술했는데, 첫 번째 부분에서는 중국 전통시기 민간 대차의 기본적인 특징을 개괄하고, 두 번째 부분에서는 대차 이율과 고리대의 지속 문제 등 민국시기까지 이어지는 민간 대차의 고리대적 성격에 대해 논했다. '개인 신용대차'에서는 담보 제공이나 보증인 없이 개인 신용에 의한 대차문서를 배치하고 관련 내용을 논했다. '보증 신용대차'에서는 보증인을 세우고 만일 채무인이 채무를 상환하지 못할 경우 보증인이 대신 상환한다고 규정한 문서를 배치하고 이를 분석했다. '저압 대차'에서는 담보물을 제공하고 있는 대차 문서를 배치했으며, 이와 관련하여 저압의 개념과 전당典當, 전회錢會 등 대표적인 저압 대차의 실례를 논했다.

이상 61건의 민간계약문서는 중국의 장구한 역사적 시공간 앞에서는 지극히 일부에 지나지 않는다. 더욱이 민간의 경제생활을 보여줄 수 있는 많은 주제가 있음에도 불구하고 '합과와 대차'라는 극히 한정된 주제만을 다룰 수밖에 없었던 것, 그리고 극히 일부인 61건밖에 보여줄 수 없었던 것은 계약문서 수집에 한계가 있었기 때문이라는 것을 시인하지 않을 수 없다. 따라서 이 문서들만으로는 중국의 합과와 대차에 대한 일정정도의 규칙이나 성격을 규정하는 것은 불가능하다. 다만 합과 계약문서를 통해서 전통시기 중국인들의 기업 설립 과정에서 발생했던 자금의 조달, 자본의 분배, 양도, 해산 등 합과의 성립과 운영 및 자본의 변동 상황에 대한 이해를 돕고, 민간에서 행해졌던 각종 대차문서를 분석함으로써 대략적이나마 기층사회의 생활상을 실증적으로 보여준다는 데 그 의미를 두고자 한다. 또한 향후 더 많은 계약문서들을 수집하고 더욱 다양한 주제를 심도 있게 분석함으로써 민간사회의 부분들이 톱니바퀴처럼 맞물려져 민간질서의 전체상을 그려보는 계기가 되기를 기대해 본다.

본서가 출판되기까지 많은 분들의 도움을 받았다. 우선 하북대학 류추건 교수와 원문 탈초와 번역 등에서 도움을 주신 그의 제자 펑즈차이彭志才, 펑쉐웨이馮學偉, 캉젠康健, 천톈이陳添翼, 궈자오빈郭兆斌, 장창張强, 장펑張鵬, 양판楊帆 교수께 감사의 말씀을 드리고 싶다. 본서가 출판되기를 고대하며 물심양면으로 도움을 주신 중국·화교문화연구소 장정아 교수, 안치영 교수께도 감사를 드리며, 모든 과정을 함께 지켜보며 격려해주신 중국학술원 부원장 송승석 교수를 비롯한 여러 중국학술원 교수들께도 감사를 드린다. 한글 번역에 도움을 주신 서울대 동양사학과 박사과정에 있는 이상훈, 채경수 선생님, 중문 교정에 도움을 준 황옌黃彦 선생님께도 감사의 뜻을 전한다. 문서의 이미지 보정과 꼼꼼한 편집으로 책을 예쁘게 완성해주신 인터북스 편집자께도 감사를 드린다. 그러나 혹여 본서에 오류가 있다면 그 책임은 전적으로 필자에게 있다. 진심으로 관련 연구자들의 비판과 질정을 기대한다.

2019년 4월
갯벌로 연구실에서 손승희

하북대학 류추건교수 서문

    한국의 인천대학교 중국학술원 손승희 교수가 주도하고 있는 민간계약문서 시리즈는 중국 전통계약문서에 나타난 중국인의 일상적 행위양식을 해독해낸 것이다. 이것은 한국과 중국 학술계가 공동으로 진행한 중국 법률 및 중국 사회경제문화에 대한 중요한 연구 성과일 뿐 아니라, 한국의 독자들에게 중국의 전통문화를 소개할 수 있는 훌륭한 작품이다. 이 시리즈는 분가편을 시작으로 토지편, 상업편을 계속해서 출판할 예정에 있는데 손승희 교수가 필자에게 서문을 부탁해왔다. 이런 뜻깊은 중한 학술문화교류의 기회를, 더구나 이 책이 인천대 중국학술원과 하북대학 중국사회경제사연구소 인력의 공동 연구의 결과물일진데 필자가 어찌 마다할 수 있겠는가?

    인천대학교 중국학술원은 수립 이후 줄곧 중국학 연구에 힘써왔다. 2009년부터 시작하여 인천대학교 중국학술원 중국·화교문화연구소(당시에는 인문학연구소 : 역자)는 중국사회경제 관행의 인문학연구에 힘써왔다. 본 민간계약문서 시리즈는 중국학술원이 진행하고 있는 중국관행연구 성과 중의 하나이다. 본 시리즈의 출판을 주관하고 있는 손승희 교수는 일찍이 중국 복단대학復旦大學 역사학과에서 중국근현대사연구로 박사학위를 받았으며, 지속적으로 중국 사회경제사, 문화사 연구에 종사하여 현저한 성과를 내고 있다. 손 교수와는 2012년 산서대학의 학술대회에서 처음 만났지만, 민간계약문서에 관한 본격적인 교류는 2014년부터 시작되었다. 즉 2014년 산서대학山西大學 진상학연구소晉商學研究所가 주최했던 상방사商幇史 주제의 학술대회에 참석했을 때, 손 교수는 자신이 연구하고 있는 중국 관행慣行연구와 명청 이후의 민간계약문서 해제에 관한 계획을 제안하며 하북대학河北大學 중국사회경제사연구소中國社會經濟史硏究所와 공동 연구를 하고 싶다는 뜻을 전해왔다.

당시 필자는 계약문서에 관한 연구를 시작한 지 이미 수년이 되었고, 특히 진상晉商 민간자료-계약문서 및 비각碑刻자료-의 정리와 연구를 진행하고 있었기 때문에 흔쾌히 동의했다. 이에 따라 관련 자료의 수집에 착수하고 관련 전공자들로 조직을 꾸려 번역과 해독을 진행하게 되었던 것이다. 2015년 10월에는 손 교수의 초청으로 필자는 아름다운 한국의 인천을 방문할 기회를 가졌다. 인천대 중국학술원이 개최했던 〈실"사"구시實"史"求是-자료의 발굴과 중국연구〉 국제학술대회에 참석하기 위한 것이었지만, 중국학술원과 정식으로 MOU를 맺고 공동 연구 계약서에 사인하기 위한 것이기도 했다. 그 후 2년 정도의 작업을 통해 계약문서의 원문 탈초, 현대문 번역이나 설명을 덧붙여 중국학술원에 건네주었고, 이에 대해 손 교수가 연구와 이론분석 및 정리를 진행하여 체제를 갖추고 한글로 번역하는 작업을 거쳐 본 시리즈의 첫 결과물이 세상이 나오게 된 것이다.

현재 중국의 전통계약문서에 대한 연구는 대개 세 가지 유형으로 나눌 수 있다. 첫째 유형은 계약문서의 형식, 작문 방식, 각 항목 및 그 장기지속적인 변화 등을 연구하는 것으로, 계약문서학이라 부를만한 것이다. 둘째 유형은 계약문서를 자료로 활용하여 명청시기의 경제, 상인, 지역경제문화, 관습법, 향촌사회 등의 주제를 집중 연구하는 것이다. 셋째 유형은 본 시리즈의 각 권처럼 계약문서의 내용을 고증하고 해석할 뿐 아니라, 계약문서에 포함되어 있는 사회, 경제, 법률상의 문제에 대해 구체적으로 연구를 진행하는 것이다. 말하자면 본 시리즈는 이 두 가지 연구의 특징을 다 가지고 있다고 할 수 있다.

중국 계약문서는 그 내용이 복잡하여 내용에 따라 토지문서, 재산문서, 부역賦役문서, 상업문서, 종족宗族문서, 관부官府문서, 회사會社문서, 사회관계문서 등으로 나눌 수 있다. 이번에 출판되는 민간계약문서 시리즈는 그 중 전형적인 유형인 분가문서, 토지문서, 상업문서를 선택하여 이에 대한 연구와 소개를 진행한 것이다. 본 시리즈 각 권은 계약서 이미지, 원문 탈초와 해설을 함께 수록하여 전공자들이 연구에 활용할 수 있도록 했고 일반 독자들의 이해를 돕기 위해 시각적인 효과도 극대화시켰다고 생각한다. 결론적으로 말하면 본서는 손승희 교수의 주관하에 중한 쌍방 학술단이 정성을 기울여 완성한 우수한 연구 성과물이다.

계약문서는 중국 전통사회 민간법을 연구하는 데 활용할 수 있는 훌륭한 텍스트이며 중국 전통사회를 들여다 볼 수 있는 하나의 창이다. 민간에서 작성되어 보존되고 있는 계약문서는 국가법과는 별개의 다른 사회질서가 존재했음을 반영하는 것이다. 중국 고대 민간법은 가족법규, 각종 민간조직이 제정한 규범, 촌규村規, 향약鄕約 및 각종 풍속습관 등을 포함하고 있는데, 그중 가장 흔히 볼 수 있는 물질적인 형식이 곧 계약문서이다. 계약문서는 전통 사회에서 민간의 생활을 규범한다는 점에서 중요한 역할을 발휘했으며, 혼인婚姻, 양자(過繼), 재산분할과 계승, 재산거래(産業交易), 세금완납(完糧納稅), 상업합과商業合夥, 대차, 상품거래 등 중국인의 일상생활에서 이루어지는 중요한 경력과 활동이 모두 투영되어 있다. 따라서 계약문서는 민간의 사회생활 규범체계 전체를 구성하고 있는데, 이것이 바로 관행 즉 민간의 관습이다.

이러한 체계는 내용이 풍부하여 삼라만상을 모두 포괄하고 있지만, 본 시리즈는 그중 법제사 측면에서 몇 가지 방면에 집중하여 연구를 진행한 것이고 일엽지추一葉知秋에 불과할 뿐 연구해야할 과제들은 여전히 산적해있다. 이것은 중국과 외국 학술계가 연합하여 공동으로 공력을 들일만한 중요한 연구과제이다. 이런 점에서 필자는 한국의 인천대학교 중국학술원에 상당한 기대를 하고 있다. 계약문서를 심도 있게 해독하고 연구하는 것은 중국을 이해하고 중국의 역사와 문화를 탐색하는 중요한 통로가 되기 때문이다.

2018년 5월 18일
중국 바오딩시保定市 잉빈샤오취迎賓小区 자택에서 류추건

일러두기

1. 본서는 각 장별로 주제에 따른 분석과 개괄에 이어, 관련 문건의 이미지, 원문 탈초, 한글 번역문, 해설로 구성되어 있다.
2. 각 문건의 원문에는 속자, 약자, 이체자 등이 포함되어 있지만 본서에서는 번자체를 위주로 했다.
3. 판별이 불가하거나 탈락한 글자가 있는 경우 글자 수만큼 □로 표시했으며, 글자 수를 알 수 없거나 빈칸 혹은 줄 바꿈 등 시각적인 것은 그대로 따랐다.
4. 번역문에서는 한자의 노출이 불가피했지만 해설에서는 한자의 직접 노출은 피했으며, 확실한 의미 전달이 필요한 경우 한자를 괄호 속에 넣었다.
5. 원문의 명백한 오자는 [ ] 속에 적합한 한자를 넣었고, 인명에서 성이 생략된 경우에는 ( ) 속에 넣었다.
6. 중국인 인명 표기는 1949년 이후는 외래어 표기법으로, 그 이전은 한글 한자음으로 표기했다.
7. 일본인 인명 표기는 외래어 표기법에 따랐다.

I
합과문서

I-1 서론

'합과'는 명청시기 이후 상인의 경영방식이나 자본 조직방식을 언급할 때 빠지지 않고 등장하는 용어이다. 청말 이미 서양의 주식회사제도가 도입되어 근대적 기업이 등장했음에도 불구하고 1930년대까지도 상해 공업기업 중의 43%가 합과였고, 상해 전업錢業 수의 90%가 합과였을 정도로 합과는 여전히 큰 비중을 차지하고 있었다.[1] 당시 가장 선진적인 상공업 중심 도시였던 상해가 그 정도였으니 중국 전체를 보면 합과가 여전히 압도적인 위치를 차지하고 있었다는 것을 짐작할 수 있다. 더욱이 근대시기 중국 주식회사(股份有限公司)의 내부 지배구조에서 합과의 전통과 영향을 발견하는 것은 어려운 일이 아니고, 전통 합과에서도 근대기업의 영향으로 규정과 체제를 갖추어 가는 특징을 발견할 수 있다. 즉 전통기업과 근대기업은 서로 간에 영향을 받으면서 오랜 시간을 공존했다는 것이다. 또한 전통 합과와 완전히 동일하다고 할 수는 없지만 근대기업의 한 형태로서 당대當代 중국에 여전히 '합과기업'이 존재하고 있다는 것은 합과를 역사적인 연속성 측면에서 검토해야할 필요성이 있다는 것을 의미한다.

합과에 대한 연구는 이미 국내외적으로 상당한 연구 성과가 축적되어 있다. 합과

---

1) 楊蔭溥,「合夥(上)」,『新聞報』1935.1.20. 1933년 상해시 사회국 조사에 의하면 상해기계공업 중 합과기업이 42.1%를 차지하여 독자기업 40.3%와 비슷하지만, 無限公司, 兩合公司, 股份有限公司, 股份兩合公司의 근대기업에 비해서는 그 비중이 월등히 높았다. 土肥武雄,「合夥股東の責任に關する一研究(一)-民法第六八一條を中心として」,『滿鐵調査月報』16-1(1936), p.75.

연구는 일찍이 일본학자들에 의해 19세기말 20세기 초부터 중국과 대만에 대한 현지조사를 바탕으로 시작되었다. 이는 일본정부가 중국 침략을 위해 각 방면에 대한 대규모 민간 관습조사를 실시했던 결과이다. 그중의 하나인 네기시타다시根岸佶의 『합고의 연구(合股の研究)』가 1943년 출판되어 합과연구에 큰 영향을 주었다. 이를 기반으로 일본에서는 1950-70년대 합과에 대한 연구가 활발하게 전개되었다. 대표적인 학자로는 후지이히로시藤井宏, 미야자키이치사다宮崎市定, 이마호리세이지今堀誠二 등을 들 수 있다. 후지이히로시는 휘주상인의 자본을 7개로 나누어 연구했는데 그중에서 특히 공동자본, 즉 합과에 주목했다. 미야자키이치사다는 송대 이후의 합본조직의 변화과정을 논했고, 이마호리세이지는 명청시기의 합과제도에 대한 체계적인 연구를 진행했으며, 히노카이자부로日野開三郎는 당송唐宋시기의 합본合本을 연구했다.[2]

중국에서 합과에 관심을 가지고 연구하기 시작했던 것은 일본보다 좀 늦은 시기였고 덩튀鄧拓와 푸이링傅衣凌에 의해서였다. 덩튀는 중국 자본주의 맹아를 연구하면서 합과에 주목하여 이익 분배방식을 자세히 논했다. 푸이링은 명청시기 휘상徽商과 진상晉商 등 각 지역 상인들의 합과조직에 주목했으며 명대 해외무역의 합과자본에 대해서도 관심을 가졌다. 그러나 중국에서 본격적인 연구는 1980년대를 시작으로 90년대 이후라고 할 만큼 이 시기에 관련 연구가 집중되어 있다. 대표적인 학자로는 장시동姜錫東, 펑주송彭久松, 판진민範金民, 장정밍張正明, 천즈핑陳支平, 양궈정楊國楨, 류추건劉秋根 등을 들 수 있다. 지금도 중국 혹은 해외에 산재되어 있는 당안자료와 계약문서 등을 중심으로 연구가 계속 이어지고 있다.

국내에서는 정지호[3], 전인갑[4] 등이 합과와 관련된 논문을 발표한 바 있다. 특히

---

2) 이상의 연구사 정리는 劉秋根, 『中國古代合夥制初探』, 人民出版社, 2007을 참고.
3) 鄭址鎬,「傳統中國における合夥經營の史的研究」, 東京大學校博士學位論文, 2001;「전통중국 合夥資本의 構成과 그 變動에 대해」, 『중국사연구』 14(2001);「淸代 身股의 성격-상공업 노동형태의 일고찰」, 『경희사학』 23(2001);「명청시대 合夥의 經營形態 및 그 特質」, 『명청사연구』 15(2001);「傳統中國 合夥의 債務負擔에 관한 商事慣行-근대법률과의 충돌을 중심으로」, 『동양사학연구』 79(2002);「중국 合夥의 現代史的 展開-農業集團化運動, 鄕鎭企業, 臺灣幇을

정지호는 박사학위논문을 비롯하여 여러 편의 합과 연구논문을 발표했다. 그의 연구는 합과의 자본 구성요소, 고동股東(자본주)과 과계夥計(경리)의 관계 규명, 합과 내의 지분 구성과 분배, 합과의 채무부담 문제 등 관련 연구자들 사이에서 쟁점이 되고 있는 문제들을 거의 다루었다는 점에서 연구사적 의의를 가지고 있다. 전인갑은 합과 관행을 매개로 지연망이 사회자본으로 기능하는 양상을 분석했으며, 합과의 전통이 기업의 구조와 성격에 영향을 미쳐 중국 근대기업의 특징을 만들어 냈다고 지적했다.

이상의 합과에 대한 기존 연구는 합과의 의미, 기원, 유형, 근대 주식회사로의 전환, 합과의 법인 자격, 합과의 소유권과 경영권의 분리, 채무상환 문제 등을 집중적으로 검토해왔다. 이러한 연구는 주로 명청시기를 그 대상으로 하여 합과의 자본구성이나 합과 그 자체의 성격에 주목하는 것이었다. 그러나 합과가 민간의 계약에 의해 이루어졌다는 점에 착목할 필요가 있다. 또한 민국시기에도 근대기업보다는 합과가 더 큰 비중을 차지했었다는 점을 고려하여 연구의 시간적 범위를 민국시기로 확대시킬 필요가 있다.

기존의 청말 민국시기 합과 연구는 주로 근대기업 속에서 합과의 영향을 검토하거나 합과의 근대기업으로의 전환이라는 측면에서 논하고 있을 뿐,[5] 민국시기까지

중심으로」, 『중국학보』 45(2002); 「清末 會社法의 形成에 관한 一考察-'公司律'의 分析을 中心으로」, 『중국학보』 50(2004); 「명청시대 合夥의 사회적 고찰」, 『명청사연구』 26(2006); 「近代 中國 會社企業의 制度實態-定款의 資本에 대한 諸 規定 分析」, 『중국학보』 60(2009) 등.

4) 전인갑, 「民國時期 中·外企業의 企業構造와 勞資關係」, 『역사문화연구』 14(2001); 「중국 근대기업의 지배구조와 合夥 慣行-지연망의 '사회자본'化」, 『역사교육』 89(2004); 「中國 近代企業과 傳統的 商慣行-合股慣行, 地緣網 그리고 社會資本」, 『동양사학연구』 90(2005) 등이 있다.

5) 합과의 근대기업으로의 전환을 다룬 연구로 彭久松·陳然, 「中國契約股份制槪論」, 『中國經濟史研究』, 1994-1; 朱陽貴, 「近代中國的第一批股份制企業」, 『歷史研究』, 2001-5 등이 있고, 근대기업의 지배구조 속에서 합과의 전통과 영향을 논한 연구로는 주4)에서 언급한 전인갑의 연구가 있다. 정지호도 「중국 合夥의 現代史的 展開-農業集團化運動, 鄉鎮企業, 臺灣帮을 중심으로」에서 전통 합과가 중국 현대사의 전개과정 속에서 어떻게 계승되어 갔는지를 검토했으며, 「近代 中國 會社企業의 制度實態-定款의 資本에 대한 諸 規定 分析」에서는 근대기업의 경영에서 합과의 영향을 분석했다.

확대시켜 전통기업으로서의 합과의 기업사적 의미를 다룬 경우는 드물다. 더욱이 사회규범으로서 민간의 계약에 의해 성립되던 전통기업인 합과가 그 자체로서 국가의 법체계 속으로 수렴되는 과정에 대한 논의는 상대적으로 주목을 받지 못했다. 따라서 합과의 역사성과 근대성을 파악하기 위해서는 시간적인 범위를 확장시켜 민간계약 관습과 법 사이에 존재했던 청·민국시기 합과의 위치와 그 기업사적 의미에 대해서도 주목할 필요가 있다. 특히 합과는 민국시기에 점차 국가법 체계로 편입되는 과정을 거치면서 근대기업과는 별개로 전통기업으로서 법적으로 공인되었다. 이에 본서는 사회규범의 영역이었던 합과가 근대기업과는 구별되는 전통기업으로서 국가법 체계 속으로 수렴되는 과정을 검토하고, 합과의 기업사적 의미에 대해서도 주의를 기울여 보고자 한다.

합과는 대체로 '두 명 혹은 두 명 이상이 공동출자하고 공동경영하여 손익을 분담하는 상업 조직형태'를 말한다. 합과는 민간의 계약관습에 의해 당사자 간의 협의에 의해 성립되었다. 합과에 대한 법률규정이 없었던 전통시기에 분쟁시 가장 중요한 근거가 되었던 것이 바로 계약문서였다. 합과는 민국시기 1930년 민법이 시행되면서 비로소 법적 구속력을 갖게 되었다. 따라서 합과에서 계약문서는 상당히 중요한 의미를 갖는다. 이러한 합과 계약의 존재와 이에 대한 사회적 합의는 민간에 널리 퍼져있던 사회규범에 의해 민간질서가 통제되었음을 의미한다. 합과의 근거는 오랜 관습이고, 이는 국가법에 의한 통치 외에 강력한 민간질서가 존재했다는 증거이다.

사실 중국의 전통적인 상업 자본조직에서 오랜 역사시기 동안 절대 우위를 차지했던 것은 독자형태였다. 이는 자본 소유주가 경영을 겸하고 손익에 대한 모든 책임을 지는 방식이다. 그러나 독자가 아닌 합자형태의 자본조직도 고대부터 존재하여 그 역사도 상당히 길다. 이후 상업이 발달하고 경제 규모가 확대되면서 더욱 다양한 형태의 합자조직 형식이 등장하게 되었다. 독자형태는 자기 자본으로 경영하는 것이기 때문에 달리 이론의 여지가 없지만, 합자형태를 언급할 때는 합자合資, 합본合本, 합과合夥, 합고合股 등 여러 명칭이 함께 사용된다.

이러한 개념들은 연구자들에 따라 사료에 나타난 용어 그대로를 채택하고 있기도 하고, 용어 자체가 아닌 일정한 의미를 가지고 사용하기도 한다. 때문에 동일하게 '합과'라는 말을 사용한다고 해도 그것의 함의가 반드시 일치하지는 않는다. 또한 문헌에 등장하는 '합과'의 함의와 법률이나 경제학에서 말하는 '합과'의 의미도 동일하지 않다.[6] 학자들은 합본과 합자는 거의 구분 없이 사용하고 있는 듯하다.[7] 합자와 합과, 심지어는 합고도 혼용해서 사용하기도 한다. 청대 후기가 되면 많은 합과가 합고의 형태를 띠고 있기 때문이다. 따라서 '합과'라는 용어를 통일적으로 이해하는 것은 쉽지 않다. 우선 이러한 용어들에 대한 의미를 정리하는 것이 합과에 대한 이해를 높이는 방편이 될 것이다.

기존 연구성과에 의하면 이중 가장 먼저 역사에 등장했던 용어는 합본 혹은 합자였다. 이것은 말 그대로 자본의 결합을 의미한다. 두 명 이상의 자본을 결합하여 공동으로 영업하는 상업조직 형태는 고대에도 존재했다. 일찍이 일본학자 히노카이자부로日野開三郎는 그 기원을 춘추시대 관중管仲과 포숙아鮑叔牙의 '동고同賈'의 고사에서 찾은 바 있다.[8] '동고'가 정확히 어떤 형태의 자본 조직 혹은 기업 형태였는지 알려진 바는 없지만 공동으로 상업을 경영했다는 것은 분명하다. 때문에 관중과 포숙아의 고사는 합본 혹은 합과의 기원으로 자주 거론된다. 히노카이자부로는 현존하는 자료 중에서 명확하게 '합본'이라는 말이 사용되었던 것은 당대라고 추정하기도 했다.

그러나 중국 상업에서 합본 혹은 합자 형식이 언제부터 시작되었는지에 대해서는 학자들 간에 이견이 있다. 이마호리세이지今堀誠二가 대표적인데, 그는 히노카이자부로에 동의하지 않고 합본 사례가 성행했던 송대조차도 합과의 '전사前史단계'일 뿐 정식 합과는 명대에 와서 비로소 시작되었다고 주장했다.[9] 이에 대해 중국의 류추건은 합과의 기원을 정확하게 특정할 수는 없지만 '합본'이 명확하게 사용된 것은 당대唐代부터이며, 송대에는 이미 상당히 성행했다고 주장했다. 그는 이에 대한

---

6) 劉秋根, 『中國古代合夥制初探』, 人民出版社, 2007, p.21.
7) 楊國禎은 합본, 합과, 합고, 공동자본 등을 모두 같은 의미로 사용하고 있다.
8) 劉秋根, 『中國古代合夥制初探』, 人民出版社, 2007, pp.22-23.
9) 今堀誠二, 『中國封建社會の構成』, 勁草書店, 1991, p.648.

근거로 당대에 이미 합자경영과 관련된 소송이 많았으며, 합자할 때 반드시 계약문서를 작성했고, 합자한 사람은 납세를 한 후 수익을 분배했다는 것을 그 특징으로 들고 있다. 이는 당대에 이미 합자가 상당히 성행했으며 합자와 관련하여 일정한 규칙이 있었다는 것을 의미한다는 것이다.[10] 또한 그는 히노카이자브로 등이 합본이 곧 합과인지 명확하게 언급하지 않았지만, 송대에는 이미 합과제가 존재했으며 특히 운송업이나 고리대업에서 상당히 성행했다고 주장했다.[11] 장중민張忠民도 합과는 종종 합본으로 칭해지는데 당송시기에 이미 성행했다고 주장했다.[12]

문헌사료에는 합자나 합본 이외에 연재連財라는 용어도 많이 등장한다. 그러나 명청대에 이르면 합자, 합본과 함께 합과라는 용어가 보편적으로 사용되었다. 이를 종합해보면 합본이라는 말은 고대의 언어로, 그 성격은 기본적으로 합과에 속한다고 할 수 있다.

다만 문헌 속에 등장하는 '합과'라는 용어에 내포되어 있는 의미가 한 가지로 통일되어 있었던 것만은 아니다. 이에 대해 류추건은 합과의 의미를 4가지로 정리하고 있다. 첫째 합과라는 말에는 상인 간의 합과 동행, 즉 과반夥伴의 의미가 있다. 여기에서 합과는 단순한 동업자를 뜻하는데, 어떻게 경영하고 손익을 분배하는지의 개념보다는 동업에 방점을 두는 것이다. 둘째는 객상이 과계를 초빙하여 경영을 돕게 하는 합과계合夥計를 의미한다. 이것은 자본주와 과계의 관계이다. 이 경우 단순하게 고용과 피고용자의 관계일 수도 있고, 자본가는 경영에 참여하지 않고 상점은 전문 경영인에 의해 경영되어 소유권과 경영권이 분리되는 합과의 형태를 띠기도 한다. 셋째는 경영자가 자본주의 돈을 수령하여 경영하는 것이다. 이는 경영자가 자본주의 자본을 수령하여 경영하는 영본領本자본으로, 역시 합과의 형태를 띠기도 한다. 넷째는 객상 간에 공동으로 출자하고 공동으로 경영하는 것이다. 이 중에서 전통기업으로서의 합과의 의미를 명확하게 나타낸 것은 네 번째이다. 나머

<hr/>

10) 劉秋根, 「論中國商業, 高利貸資本組織方式中的"合資"與"合夥"」, 『河北學刊』, 1994-5, p.87.

11) 劉秋根, 『中國古代合夥制初探』, 人民出版社, 2007, p.163.

12) 張忠民, 「略論明淸時期"合夥"經濟中的兩種不同實現形式」, 『上海社會科學院學術季刊』, 2001-4, p.160.

지는 어떤 경우에는 합과가 될 수 있지만 그 자체로 '합과기업'이라고 할 수는 없다는 것이다.[13)]

합과 외에도 '합고'라는 용어를 들 수 있다. 합고는 합과에서 보다 발전된 형태로 자본금을 일정한 고股로 나누어 소유하고 손익을 분배하는 것이다. 즉 합과의 총 투자액을 일정한 고나 분份으로 나누어 고의 수에 따라 결합하는 것이다. 일반적으로 합과자의 수량이 증가하면 투입자본과 수익권의 분배가 용이하지 않기 때문에 합과 자본과 합과 후의 수익 분배를 일정한 고의 형식으로 나누었다. 이에 대해 장중민은 합과를 일반합과와 고분합과로 구분한 바 있다. 그에 따르면 일반합과는 출자자가 출자할 때 합과의 요소를 다수의 등분으로 나누지 않고, 출자자 각자의 자금 상황에 따라 정하는 것이다. 즉 우리가 일반적으로 말하는 '합과'에 해당된다. 고분합과는 자본금 총액을 일정한 고로 나누어서 고의 수에 따라 손익에 대한 분배를 하는 것이다.[14)] 즉 '합고'에 해당된다.

이상과 같이 합과의 기원과 그 함의에 대해서는 학자들마다 견해 차이를 보이고 있지만 명대에 전형적인 합과의 형태가 여러 업종에서 보편적으로 나타났다는 것만큼은 학자들이 일반적으로 동의하는 사항이다. 왕스신汪士信은 합과 형식을 명청 시기의 새로운 자본 조직 형식이라고 주장하며, 합과방식을 취하게 된 이유를 경영 규모가 커지고 확대되었던 데에서 찾고 있다. 특히 이러한 합과 혹은 합고의 출현은 명청시기 상품 유통의 확대와 밀접한 관계를 가지는데, 즉 상품 유통이 확대되어 개인의 자본으로는 더 이상 대응할 수 없었기 때문이다. 경영 규모가 확대된 대규모 기업에서는 경영자가 하나가 아니라 집단일 수도 있고 이들은 자본 소유주와 동등한 합작관계를 가지기 때문에 신분적으로는 평등한 관계였다. 특히 기업 경영자의 영업 능력에 따라 성패가 결정될 만큼 경영자에 대한 신의와 명성은 중요했다. 그런 의미에서 합과의 출현은 한편으로는 경영 능력이나 수완이 특출한 경영자

---

13) 劉秋根, 「明代工商業中合夥制的類型」, 『中國社會經濟史研究』, 2001-4, p.59.
14) 張忠民, 「略論明淸時期"合夥"經濟中的兩種不同實現形式」, 『上海社會科學院學術季刊』, 2001-4, pp.160-162.

계층이 두각을 나타내는 계기가 되었다는 점은[15] 상당히 중요한 의미를 갖는다고
할 수 있다.

---

15) 汪士信,「明淸時期商業經營方式的變化」,『中國經濟史硏究』, 1988-2, p.28.

I-2 합과의 준비과정

분석과 개괄

학자들은 합과의 유형을 몇 가지로 구분하기도 한다. 이마호리세이지今堀誠二는 명대부터 청대중기까지 합과의 유형을 셋으로 구분했다. 첫째는 고동이 균등 출자하고 균등 분배하는 합과이다. 둘째는 동과분화형東夥分化型으로 자본을 소유한 고동과 경영자인 과계를 분리하는 합과이다. 이 경우 고동과 과계의 지분이 고분화되어 은고銀股와 신고身股로 나누어 분배하는 경우도 있고, 아직 고분화되지 않은 경우도 있다. 셋째는 포동형鋪東型으로 두 번째와 비슷하지만 과계가 일상의 경영을 책임지는 대신 중요한 결정권이나 경영대권 등의 통제권은 고동이 가지는 것이다.[16] 이러한 분류방식은 자본 소유와 경영권의 분리 여부 및 그 정도가 어떤지에 따라 유형을 나눈 것이다.

이에 비해 중국학자들은 대체로 자본구성의 각도에서 합과를 분류하고 있다. 예를 들어, 쉬젠칭徐建靑은 청대 수공업 중의 합과제를 노동과 노동간 합과, 자본과 자본간 합과, 자본과 노동간 합과의 세 종류로 나누었다. 펑웨젠封越健은 화폐자본과 화폐자본의 합과, 화폐자본과 인력자본의 합과, 두 종류로 구분했다. 류추건은 자본과 자본의 합과, 노동과 자본의 합과, 그리고 노동과 자본 합과에서 노동으로 참여힌 합과자가 일부 회폐지본을 투입하는 제3의 유형까지 합하여 세 종류로 구

---

16) 今堀誠二, 『中國封建社會の構成』, 勁草書店, 1991, pp.695-769.

분했다.[17] 세 사람은 모두 합과를 자본구성의 각도에서 본 것이며 자본 이외에 노동력을 자본 구성의 요소로 간주하고 있다는 것이 공통점이다. 이렇게 보면 대체로 합과의 유형을 크게 자본과 자본의 합과, 자본과 노동의 합과로 구분해 볼 수 있을 것이다.[18]

자본과 자본의 합과는 두 사람 이상의 합과인이 자본을 투입하여 공동으로 경영하고 공동으로 손실을 분담하며 자금의 대소에 따라 이윤을 분배하는 것이다. 투입하는 자금은 화폐자본이 주류이지만 방옥房屋, 점포, 자호字號 등이 포함되기도 하고, 경영은 합과인이 공동으로 경영하기도 하고 전문 경영인을 초빙하여 위탁하기도 한다. 이때 합과인은 각각 동일한 자본을 투입하고 이익이 발생하면 균등 분배하기도 하고, 합과인이 각각 동일하지 않은 자본을 투입하고 자본에 따라 이윤을 분배하기도 한다.

자본과 노동의 합과는 합과에 참여하는 각각 다른 형식의 자본, 즉 화폐자본(가옥이나 화물, 가구 등도 포함)이나 경영자의 노동 혹은 능력(즉 품덕, 전문지식, 결책능력, 사회관계 등)을 투입하여 자본을 구성하고 이윤 분배에 참여하는 것을 말한다. 이는 곧 자본과 노동 간의 결합으로, 자본이 있는 합과인은 자본을 제공하고, 자본은 없지만 경영에 능력이 있는 자가 자본을 수령하고 사전에 규정한 비율에 따라 이윤을 분배하는 방식이다. 이 경우 여러 명의 자본가와 여러 명의 경영자가 있을 수 있고, 자본은 고분으로 나뉘어 경영되기도 한다.[19] 이러한 합과는 독자 기업에 비해 자본의 조달이 용이하고 위험을 분담하여 신용을 증가시키고 사업 수완이 좋은 전문 경영자를 초빙하여 이익을 확보할 수 있다는 장점이 있었다.[20]

---

17) 劉秋根, 『中國古代合夥制初探』, 人民出版社, 2007, p.24; 劉秋根, 「論中國商業, 高利貸資本組織方式中的"合資"與"合夥"」, 『河北學刊』, 1994-5, p.88.
18) 정지호는 합과의 유형을 합자와 독자로 구분한 뒤, 합자를 다시 공동경영형, 단독경영형, 위탁경영형으로 구분하고 있다. 정지호, 「명청시대 合夥의 經營形態 및 그 特質」, 『명청사연구』 15(2001), pp.151-164.
19) 劉秋根, 「明代工商業中合夥制的類型」, 『中國社會經濟史研究』, 2001-4, p.59.
20) 根岸佶, 『商事に關すろ慣行調査報告書-合股の硏究』, 東亞硏究所, 1943, p.14.

합과가 성립되기 위해서는 자본을 모집하는 과정이 필요했다. 합과를 조직하고자 하는 사람은 누구와 어떻게 자본을 합할 것인지, 출자는 누가하고 경영은 누가할 것인지 등을 결정해야 한다. 두 명 이상의 출자자 중 모두 혹은 일부가 경영에 참여하는 경우도 있었고, 가족경영으로 인해 소유권과 경영권의 구분이 모호한 경우도 있었다. 그러나 전문 경영인을 두는 경우가 적지 않았다.[21] 소규모 합과라면 출자자와 경영자의 구분이 간단하지만, 일정 합과인이 여러 개인으로부터 자본을 모집하여 합과에 참여하는 경우는 좀 복잡했다. 이때 해당 합과인은 합과인 개인 혹은 당호堂號나 상호商號 명의로 투자하고, 모집자와 투자자 사이에 별도의 합과 계약을 맺어 합과 자본 내부에 중복 합과 관계를 형성했다.

또한 자신의 신분 노출을 꺼려 출자자가 직접 투자하지 않고 합과의 주요 출자자의 자본에 부속하여 경영하는 익명합과도 존재했다. 이를 '부본附本'이라고 하는데 이는 자본 대차와는 다르다. 출자자의 투입은 대차의 형식이 아니라 자본의 투입 형식으로 존재하고, 수익도 고정적인 대차이율이 아니라 자본 경영의 홍리紅利(배당금)를 향유하는 것이었다. 따라서 일반적으로 이것은 대차이율 보다 더 높은 투자이율을 보였다.[22] 익명합과는 관료들의 상업 투자가 금지되어 있었던 명청시기에 신분의 노출을 꺼리는 투자자들이[23] 익명으로 상업에 자본을 투입했던 것에서 연유했다.

이러한 익명합과에 대해 근대시기 민법에서도 그 성격을 규정하고 있다. 익명으로 출자하고 합과의 사무에 참여하지 않는 합과인을 익명 합과인이라고 하는데, 이들의 채무에 대한 책임은 출자액에 한했다. 보통합과의 재산은 전체 합과인의 공동

---

21) 1929년 출판된 상해금융사에 의하면 錢業公會에 가입한 錢莊 80개 중에서 고동이 경리를 겸한 경우는 11개에 불과했다. 土肥武雄, 「合夥股東の責任に關する一硏究(一)-民法第六八一條を中心として」, 『滿鐵調査月報』 16-1(1936), p.71.

22) 張忠民, 「略論明淸時期"合夥"經濟中的兩種不同實現形式」, 『上海社會科學院學術季刊』, 2001-4, p.162.

23) 향신들도 사대부로서의 자부심 때문에 사업에 직접 나서는 것을 꺼려했다. 根岸佶, 『商事に關する慣行調査報告書-合股の硏究』, 東亞硏究所, 1943, p.16.

소유이지만, 익명합과의 재산권은 자신의 이름을 의탁한 합과인에 속했다. 대외적으로도 보통합과는 합과인이 권리의무의 주체이지만 익명합과는 제3자에 대해 권리의무가 발생하지 않는다는 것이다. 즉 보통합과의 합과인은 채무에 대한 연대 무한책임을 지지만, 익명합과인은 출자한 한도 내에서 손실에 대한 책임을 진다고 규정하고 있다.[24]

이러한 합과 내부의 복잡성은 일단 뒤로하고 자본모집 과정을 단순화시켜 보면, 경영자의 입장에서 대체로 다음과 같은 두 가지 경우가 발생한다. 출자자로부터 자본을 '대차'하여 합과 경영을 하는 대본경영貸本經營과 출자자로부터 자본을 '수령'하여 합과를 경영하는 영본경영領本經營이 그것이다.

대본경영이라는 것은 고리대와 흡사한 것으로, 상품 경제가 발달하고 상업이 성행했던 지역에서는 일종의 관행이었다. 중국인들은 고대부터 각양각색의 대차관계를 형성했는데, 대차는 생활비나 관혼상제 등 가정의 필요에 따른 대차도 있었지만 각종 생산이나 유통 등 경영성 대차가 존재했다. 대본경영은 바로 이러한 경영성 대차에 해당하는 것으로, 이는 경영에 필요한 자금을 전문적으로 대출해주는 일종의 고리대업자가 출현했다는 것을 의미한다.[25] 상인이 자본이 부족하거나 일시적인 자금 압박을 해소하기 위해서 이러한 대본경영을 이용했던 것이다. 이러한 수요와 공급의 관계가 점차 고정화되자 청대 중엽 이후 전문적으로 상인에게 대출해주는 장국賬局이 등장했고 전장錢莊, 표장票莊 등도 점차 신용대출 기구로 전환되어 갔다.

대본경영이 경영을 위해 대출을 한 것이라면, 영본경영은 경영자가 출자자의 돈을 수령하여 경영에 나서는 것이다. 결과적으로는 비슷하지만 전자는 대출이고 후자는 합과의 한 형식이다. 영본경영의 이런 고정화의 추세는 송원 문헌 중에 많이 등장한다.[26] 이는 출자자와 경영자 사이에 이루어지는 합과로, 출자자인 고동(銀股,

---

24) 楊蔭溥, 「合夥(下)」, 『新聞報』 1935.1.21.
25) 汪士信, 「明淸時期商業經營方式的變化」, 『中國經濟史研究』, 1988-2, p.28.
26) 劉秋根, 「論中國商業, 高利貸資本組織方式中的"合資"與"合夥"」, 『河北學刊』, 1994-5, p.88.

財東)은 자본을 제공하고 경영자인 신고(人股, 人力股)는 상호의 경영을 맡아서 하는 전형적인 합과조직의 형태이다. 이때 자본주는 경영에 간섭하지 않고 일체의 상호 경영과 관리 등은 경영자의 능력에 맡겨지게 된다.[27] 이러한 영본경영의 형태는 계약문서로도 확인된다. 만일 여러 사람으로부터 자본을 모집하여 합과를 조직한 다면 누구누구의 자본을 수령했다는 자본 수령 계약을 각각 맺게 된다. 본서에 수록된 합과 문서로 예를 들면, 01번과 03번 합과문서는 모두 경영자가 자본주로부터 자금을 수령하여 기업을 설립한다고 명시한 영본합약領本合約이다.

합과가 성립되기 위해서는 이와 같은 몇 가지 방법으로 자본을 모으고 합과에 참여할 사람들 간의 합의에 의해 조직과 규정을 정하게 된다. 우선 자본주들이 상점의 운영을 맡아 줄 경리를 초빙하고, 이에 대해 함께 협의한 후 중개인 혹은 공증인을 초빙하여 합과 계약서를 작성한다. 합과 계약서에는 일반적으로 동업하고자 하는 사업의 내용, 참여 합과인의 성명과 이들이 보유한 은고나 신고의 수, 경영에 참여하는지의 여부, 총 자본액과 1고당 액수, 결산기는 얼마 만에 한 번씩인지, 은고와 신고의 홍리 분배는 어떻게 하는지 등의 내용이 포함된다.

또한 합과 계약의 권위와 효용성을 위해 계약서를 작성할 때 중개인, 보증인, 증인 등 한두 명 혹은 여러 명의 서명을 받음으로써 계약 행위가 합법적임을 증명했다. 실제 계약서에 등장하는 중견인中見人, 동중인同中人, 옥성인玉成人 등은 모두 계약의 권리 의무관계를 증명하기 위한 중개인이었다. 즉 계약서가 법률문서로서 대외적인 신용을 확보하기 위해서 중개인을 두어 증명했던 것이다. 그러므로 합과 계약서에서 중개인의 지위와 책임은 막중했다.[28] 또한 일단 분규가 발생하여 조절

---

27) 根岸佶, 『商事に關する慣行調査報告書-合股の硏究』, 東亞硏究所, 1943, p.15. 류추건은 이러한 종류의 영본경영은 宋元시기 문헌 중에 많이 등장하며, 貸本經營에서 領本經營으로, 영본경영에서 합과경영으로 발전되었다고 주장했다. 劉秋根, 「論中國商業, 高利貸資本組織方式中的 "合資"與"合夥"」, 『河北學刊』, 1994-5, p.89. 즉 자본주와 경영자의 합과 형태는 영본경영에서 발전했다는 것으로, 이는 정지호가 身股의 기원을 명대 夥計制라고 주장한 것과 맥을 같이 한다고 하겠다. 정지호, 「淸代 身股의 성격-상공업 노동형태의 일고찰」, 『경희사학』 23(2001), pp.639-644 참조.
28) 「論合夥契約內見議人之地位」, 『錢業月報』 7-9(1927), p.22.

이 불가능하게 되면 관부에 소송을 하게 되는데, 이때 계약서는 합과관계의 존재와 권리의무를 증명하는 유력한 문서가 되었다.[29] 이와 같이 합과는 계약서를 작성하고 증인의 보증이 있어야 비로소 합과 경영의 법적 지위를 확보할 수 있었던 것이다.

계약서에는 합과의 성립이나 운영에 관련된 내용뿐만 아니라 계약은 반드시 준수되어야 함을 강조하기 위해 계약 당사자들을 도덕적인 면에서 구속하는 내용도 포함되었다. 출자자나 경영자를 막론하고 합과 당사자들이 모두 한마음으로 협력하여 열심히 일함으로써 상호의 융성을 도모한다는 문구를 넣는 것이다. 예를 들어, 02번 문건의 "쇠도 자를 굳은 뜻을 맹세하고 각기 금석과 같이 단단한 마음을 갖는다", 혹은 04번 문건의 "각자 보물을 싣고 강을 건너는데 한 사람의 주머니도 젖지 않는다", 02번과 10번 문건의 "모두 전력을 다해 경영하고 너와 나를 나누지 않으며 정직한 마음을 견지하고 공과 사의 경계를 잊는다" 등과 같이 강렬한 합작의식을 명시하는 것이다. 뿐만 아니라 합과인들 간에 준수해야 할 사항들을 구체적으로 규정하는 경우도 적지 않았다.

이와 같이 합과는 계약서를 작성하고 증인의 보증이 있어야 비로소 합과의 경영행위에 대한 법적 근거를 확보할 수 있었다. 계약서 작성과 증인의 참여는 합과인의 도덕적 구속력을 강화하는 것으로 일종의 무형의 규범제도라고 할 수 있다. 따라서 법률 규정이 없는 상업활동에서 계약서는 사회적인 구속력과 경제행위의 엄숙성을 강화하여 합과 경영의 사회활동을 조절하고 제약하게 했다.[30] 즉 계약문서는 명청 이후 전통 공상업의 합과 경영 혹은 위탁 대리 경영에서 가장 신뢰할 수 있는 원시자료라고 할 수 있다.[31]

합과 계약은 처음부터 완전한 동업을 도모하는 것이 아니라 일정정도의 유예기간을 두고 합과를 시험 경영하는 단계를 거치기도 했다. 이런 경우 우선 의단議單을 작성하는데 의단은 정식으로 합과 계약에 서명하기 전에 작성하는 일종의 합과

---

29) 劉俊·劉建生, 「從一批晉商契約析淸代合夥經營」, 『中國社會經濟史硏究』, 2014-1, p.79.

30) 李玉, 「從巴縣檔案看傳統合夥制的特徵」, 『貴州師範大學學報』, 2000-1, p.34.

31) 陳支平·盧增榮, 「從契約文書看淸代工商業合股委託經營方式的轉變」, 『中國社會經濟史硏究』, 2000-2, p.29.

초안이다. '의단'이라는 문서 명칭을 제외하면 출자자의 출자 금액, 경영 종류, 경영 범위, 이윤 분배방식 등의 내용을 포함하고 있어 정식 계약서와 내용상의 차이는 없다. 따라서 의단은 정식 계약보다는 약했지만 정식 계약과 마찬가지로 법적 효력을 갖추고 있었다.[32]

　　의단을 작성하고 시범운영을 하는 기한은 일반적으로 한 결산기(賬期)인데, 보통 진상晉商의 결산기는 3년이었다. 이 결산기에 만약 경영상의 문제가 나타난다면 의단의 계약 내용을 수정하거나 보충하여 정식 계약을 체결할 때 계약서의 규범성과 정확성을 보장함으로써 상호의 운영에 만전을 기했다. 이런 점에서 의단의 작성은 합과의 조직과정에서 필요한 절차였다. 본서에서는 02번 문서와 04번 문서가 여기에 해당된다. 02번의 문서명칭은 '합과의자合夥議字'인데 계약서 초고를 의미하며, 다른 말로 '윤의자允議字'라고도 한다. 04번 문서의 명칭은 의단議單으로 역시 의자議字와 동일한 합과의 초고를 의미한다. 05번 문서 역시 정식 창업 계약이 아니라 해당 기업의 시험 운영을 위한 시범 계약서이다. 본 합과 계약서에는 시험 영업을 3년간 할 것을 결의하고 있다. 06번 문서도 '의거議據'라는 문서 명칭으로 보아 정식 합과 문서가 아닌 시험운영을 위한 계약서로 보인다.

　　일단 의단을 작성하여 한 결산기를 시범 운영하고 난 다음 경영을 종합적으로 평가하여 계속 영업을 할 것인지 아니면 투자액을 회수하고 경영을 그만둘 것인지를 결정하게 된다. 만일 경영을 계속하기로 결정을 한다면 정식 계약을 맺게 된다. 'I-3 합과의 설립과 운영'에 수록된 10번 문건이 이에 해당된다. 즉 10번은 3년간의 시범 운영을 결산하고 종합적으로 평가하여 경영을 계속하기로 결정하고 고동들이 각각 은 40량을 더 투입하여 체결한 정식 계약서이다.

---

32) 議單이 사전 합의의 성격을 가졌다면, 정식 계약서는 영구적인 효력을 가졌으며, 일반적으로 의단은 수정할 수 있으나 정식 계약서는 고칠 수 없었다.

01 도광16년 衛高의 三盛公號 설립 領資本文字 산서성, 1836

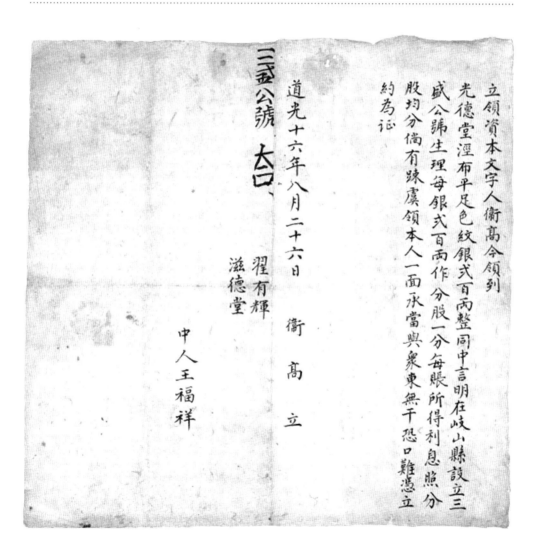

立領資本文字人衞高令領到

光德堂涇布平足色紋銀弍百兩整同中言明在岐山縣設立三

盛公號生理每銀弍百兩作分股一分每賬所得利息照分

股均分倘有踈虞領本人一面承當與衆東無干恐口難憑立

約為証

道光十六年八月二十六日　衞　高　立

翟有輝

滋德堂

中人王福祥

三盛公號　太口、

立領資本文字人衞高今領到光德堂涇布平足色紋銀弌百兩整，同中言明，在岐山
縣設立三盛公號生理，每銀弌百兩作分股一分，每賬所得利息，照分股均分，倘有
疎虞，領本人一面承當，與衆東無干，恐口難憑，立約爲證。

道光十六年八月二十六日　衞高　立
三盛公號合同　翟有輝、滋德堂
中人　王福祥

領資本文字을 작성하는 衞高는 오늘 光德堂에서 涇布平足色紋銀 200兩을 수령
하였다. 중개인과 함께 논의하여 岐山縣에 三盛公號를 설립하여 운영하고, (수령
한) 은 100兩당 股1分을 분배하고 결산할 때마다 이익을 지분에 따라 고르게 나누
도록 한다. 만약 착오가 있다면 돈을 수령한 당사자가 직접 책임을 지며 다른 고동
과는 관계가 없다. 말로만은 증명하기 어려워 계약서를 작성하여 증거로 삼는다.

도광 16년 8월 26일 衞高가 작성함
三盛公號 계약　翟有輝, 滋德堂
중개인　王福祥

　　이 문서는 영본합약領本合約이다. 즉 자본주로부터 자금을 수령하여 상호를 설
립한다는 계약서이다. 계약서에는 돈을 수령한 자와 출자한 자 사이의 권리와
의무를 규정하고 있다. 자본주의 자금을 수령하여 상호를 설립하는 것은 명청시

기에 흔히 보이는 상업 경영방식이었다. 이런 경우 두 가지 상황을 상정해 볼 수 있다. 하나는 경영자와 자본주 사이에 이루어지는 합과로, 출자자인 은고는 자본을 제공하고 경영자인 신고는 상호의 경영을 맡아서 하는 전형적인 영본경영領本經營 형태이다. 다른 하나는 경영자가 자본주에게 자본을 빌려 경영하는 것으로, 돈을 수령한 사람이 고정이자를 자본주에게 지급하는 대본경영貸本經營 형태이다. 대차에는 생활비 용도로 사용하기 위한 것도 있었지만 전문적으로 상업경영을 위해 자금을 대여하는 경우가 있었다.

본 계약의 내용으로 보면, 이 계약은 전자, 즉 전형적인 합과의 한 형태인 출자자와 경영자가 분리되어 있는 영본경영에 속한다. 위고衛高가 투자자 광덕당光德堂으로부터 자본을 수령한 후 상호를 개설하고 경영을 했던 것이다. 은 100량을 고1분으로 나누고 지분에 따라 이익을 분배한다는 것으로 보아, 투자자는 은고의 형식으로 상호의 이익분배에 참여하고 있다. 그러나 이 계약서에는 광덕당이 위고에게 투자한 자금만이 기재되어 있을 뿐, 위고가 설립한 삼성공호三盛公號의 지분이 총 얼마였는지, 그중 위고의 지분이 얼마인지는 기재하고 있지 않다. 다만 '고동들(衆東)'이라는 말이 있는 것으로 보아 다른 출자자도 있었을 것으로 보인다.

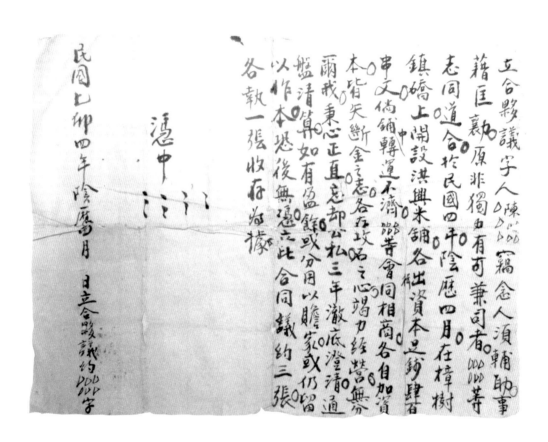

立合夥議字人陳OOO OOO竊念人須輔助事
籍匡勵原非獨力有可兼司者OOO OO等
志同道合於民國四年陰歷四月在樟樹
鎮橋上開設淇興米鋪各出資本足錢肆百
串文僑鋪轉運不濟鄰署會同相商各自加資
本皆矢斷金之志各存坦心竭力經營無〇
爾戰秉心正直志私三年澈底澄清通
以作本愁後無遠立此合同議約三張
盤清算如有盈餘或分用以贍家或仍留
各執一張收存為據

立合夥議字人陳△△、陳△△、△△△, 竊念人須輔助, 事藉匡勤。原非獨力有可兼司者。△△△、△△△等志同道合, 於民國四年陰曆四月, 在樟樹鎭礄上開設洪興米鋪。各出資本足鈔肆百串文。倘鋪中轉運不濟, △△△、△△△等會同相商, 各自加資本, 皆矢斷金之志, 各存攻石之心。竭力經營, 無分爾我。秉心正直, 忘卻公私。三年澈底澄清, 通盤淸算。如有盈餘, 或分用以贍家, 或仍留以作本。恐後無憑, 立此合同議約三張, 各執一張收存爲據。

憑中　△△△　△△△　△△△　△△△
民國乙卯四年陰曆四月日立合夥議約　△△△　△△△字

合夥議字를 작성하는 陳○○와 ○○○ 등은 사람은 서로 도와야만 일을 성취할 수 있으며 한 사람의 힘만으로는 할 수 없다는 것을 알고 있다. 모두가 함께 해야 비로소 많은 일을 해낼 수 있는 것이다. ○○○ 등은 지향하는 바가 일치하여 민국 4년 음력 4월에 각각 400串씩 내어 함께 江西省 淸江縣 樟樹鎭橋에 洪興米鋪를 열기로 약정하였다. 만약 점포 경영이 악화된다면 ○○○ 등이 함께 의논하여 각자 투자금액을 늘리고, 이로써 모두 쇠도 자를 굳은 뜻을 맹세하고 각자 금석과 같은 마음을 보존하도록 힘쓴다. 모두 전력을 다해 경영하고 너와 나를 나누지 않으며 정직한 마음을 견지하고 공과 사의 경계를 잇는다. 3년 후 점포의 자산 상황을 확실히 결산할 것이며 만약 이익이 남는다면 각자에게 나눠주거나 혹은 洪興米鋪에 자본금으로 투자할 수 있다. 이후에 증거가 없을 것을 염려하여 이 계약서를 작성하니 각자 한 장씩 가져가 증거로 보관하도록 한다.

중개인　○○○
민국 을묘 4년 음력 4월 △△△ △△△가 합과 의약을 작성함

  본 계약서는 '합과의자合夥議字', 즉 합과 계약서 초고이다. '의자議字'는 다른
말로 '윤의자允議字'라고도 하는데, 정식 계약문서에 서명을 하기 전에 작성하는
초고를 말한다. 이 때문에 본 의자에는 계약 당사자들의 진짜 성명은 쓰지 않고
대신에 △△△의 형식으로 대체했다. 후에 정식으로 서명할 때 이 의자를 다시
필사한 뒤 계약 당사자들의 성명을 기입하게 될 것이다.

  이와 같이 정식 계약을 맺기 전에 의자 형식의 문건을 작성하는 이유는 초고
를 작성하는 과정에서 계약 당사자들이 더 충분한 시간을 가지고 계약서의 내용
을 좀 더 세심하게 고려할 수 있도록 하기 위해서였다. 초고를 작성한 후에 다시
정식 계약서를 작성하게 되면 계약서가 법률문서로서의 규범성과 정확성을 갖추
어 계약을 순조롭게 진행할 수 있었기 때문이다. 따라서 이는 상업 관례에서 필
요한 절차였다.

  합과 계약의 주요내용은 합과인의 출자액, 점유한 지분, 이윤분배 방식 등의
사항을 약정하는 것으로 주로 지분의 참여, 반환, 양도 등의 내용을 다룬다. 본
계약서에도 상업 합과 자본의 기본원칙이 나타나 있는데, 출자자가 모두 각각
400환卅씩 동일한 자본을 투자하여 점포를 개설하고 있는 것이 특징이다. 뿐만
아니라 만약 점포 경영이 악화되어 자본을 더 투입해야 한다면 각 합과인이 동일
하게 자본을 투입해야 한다고 명시하고 있다.

  합과 당사자들은 합과를 조직할 때 협의를 통해 서로 신의와 결속력을 형성할
필요가 있었다. 이 때문에 이 계약에서도 각 합과인들 간의 결속의 중요성을 언
급하고 모두 함께 노력하고자 하는 사업적 결단을 꾀하고 있다. 상업 합작의 가
장 중요한 내용 중 하나는 각자 한 마음 한 뜻으로 공동의 목표를 두고 노력해야
한다는 것이었다. 이에 따라 "쇠도 자를 굳은 뜻을 맹세하고 각기 금석과 같이
단단한 마음을 갖는다"는 문구를 명시하고 있다.

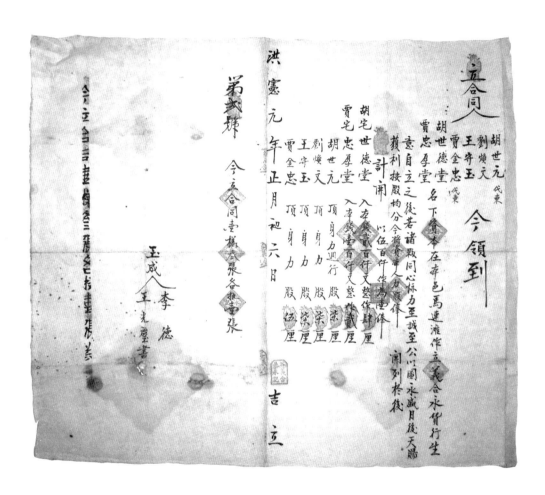

立合同人胡世元(代東)、劉煥文、王守玉、賈金忠(代東)今領到胡世德堂、賈忠厚堂名下資本, 在本邑馬連灘作立義合永貨行生意, 自立之後, 若諸夥同心協力, 至誠至公, 以圖永盛, 日後天賜獲利, 按股均分。今將資本人力股俸開列於後：

計開以伍百仟作爲壹俸

胡宅世德堂入本錢貳百仟文整作肆厘

賈宅忠厚堂入本錢壹百仟文整作貳厘

胡世元頂身力週行股柒厘

劉煥文頂身力股柒厘

王守玉頂身力股柒厘

賈金忠頂身力股伍厘

洪憲元年正月初六日吉立

第弎號今立合同壹樣叁張各執壹張

玉成人　李德、王光璧　書

[半書] 今立合同壹樣叁張各執壹張

합동계약서를 작성하는 胡世元(자본주 대리), 劉煥文, 王守玉, 賈金忠(자본주 대리)은 지금 胡世德堂과 賈忠厚堂 명의하의 자본을 수령하고 본읍 馬連灘에 義合永 貨行을 설립하여 영업한다. 자립한 후에는 모든 東夥가 한마음으로 협력하여 지성을 다하고 공을 다하여 영원한 융성을 도모한다. 이후 하늘이 이익을 허락하신다면 고분에 따라 분배한다. 지금 자본과 인력고봉을 열거하면 다음과 같다.

내용은 500仟을 1俸으로 한다.

胡世德堂이 투입한 자본은 200仟文整이며 4厘로 한다.

賈忠厚堂이 투입한 자본은 100仟文整이며 2厘로 한다.

胡世元의 頂身力週行股는 7厘로 한다.

劉煥文의 頂身力股는 7厘로 한다.

王守玉의 頂身力股는 7厘로 한다.

賈金忠의 頂身力股는 5厘로 한다.

洪憲 원년 정월 초 6일 穀邑義合永記가 순조롭게 작성

제2호, 지금 계약서 한 양식을 3장 작성하여 한 장씩 가짐

玉成人　李德, 王光璧 씀

[반서] 지금 계약서 한 양식을 3장 작성하여 한 장씩 가짐

해설

　본 계약서는 자본주와 자본 수령자 사이의 권리와 의무를 규정하고 있는 영본합과領本合夥 계약문서이다. 계약을 체결한 사람은 호세원胡世元, 유환문劉煥文, 왕수옥王守玉, 가금충賈金忠, 호세덕당胡世德堂, 가충후당賈忠厚堂이라는 것을 알 수 있다. 그중에서 호세원과 가금충賈金忠은 '대동代東'이라고 되어 있는데 이 명칭으로 보아 이들은 각각 상호(호세덕당, 가충후당)의 출자자를 대신하여 상호를 관리 감독하는 자를 의미하는 것으로 보인다. 호세덕당과 가충후당은 한 사람의 이름이 아니라는 것이다. 여기에는 두 가지 상황이 있을 수 있는데, 상호일 가능성과 당호일 가능성이다.

　전통시기 중국인들은 '무슨 당堂'이라는 이름을 상호에 붙이는 경우가 많았는데, 예를 들면 동인당同仁堂 등이 있다. 또는 한 가족의 당호堂號일 가능성도 있다. 당호란 전통적으로 어떤 한 가족이나 가족의 분파를 대표하여 일컫는 명칭이

었다. 따라서 한 사람이 아니라 한 가족을 의미하며, 이는 중국 종법사회의 산물로 종족의 정체성과 가족의 안정과 유지를 위해 매우 중요한 의미를 가지고 있었다. 본 문서만 가지고는 상호인지 당호인지 알 수는 없지만, 상호라고 한다면 호세원과 가금충은 각기 호세덕당과 가충후당을 대표하여 각각 상호의 경영을 감독했을 것으로 보인다.

본 계약서의 지분 상황을 보면, 은고가 모두 6리이고 인력고가 모두 26리로, 인력고가 은고보다 훨씬 많다. 이는 일반적인 현상은 아니었다. 합과를 처음 조직할 때는 은고가 신고보다 많지만 영업을 해나가면서 차츰 신고가 은고보다 많아지는 것이 일반적이었다. 은고는 합과 성립 당시 고정되지만 신고는 결산기마다 일반 점원의 정신고가 증가함에 따라 변동이 있고, 오래 영업할수록 신고의 비율이 높아지는 구조였기 때문이다. 따라서 합과를 처음 조직할 때 은고와 신고의 비율은 보통 은고가 신고보다 높았으며, 이후 영업을 해나가면서 차츰 신고가 은고보다 높아졌다.[33]

본 계약서에 의하면 유환문과 왕수옥이 모두 인력고 7리를 점유하고 있는데, 이것은 이 두 사람이 의합영기義合永記의 실질적인 경영자라는 것을 보여준다. 이외에 주목할 만한 것은 호세원이 점유한 7리의 인력주행고人力週行股이다. 이 '인력주행고'는 합과문서에서 잘 볼 수 없는 것으로 아직까지 그 의미가 무엇인지 정확하게 파악할 수 없다. 계약서 마지막 부분의 '옥성인'은 본 계약을 성사시킨 인물로, 계약서에서 자주 보이는 '동인同人' 혹은 '중인中人'과 같은 의미이다.

---

33) 張忠民,「略論明淸時期"合夥"經濟中的兩種不同實現形式」,『上海社會科學院學術季刊』, 2001-4, p.164. 그러나 합과 성립 당시 은고보다 신고가 높은 경우도 없지 않았다. 1930년대 내몽고 包頭 18개 상호를 대상으로 한 현지조사에 의하면, 은고와 신고의 비율은 은고가 평균 42.08%로 신고 평균 57.92%보다 적은 것으로 나타났다. 小川久男,「包頭に於ける貨店(上)-內蒙古に於ける商業資本の特質に關する一研究」,『滿鐵調査月報』23-10(1943), pp.37-38.

04 민국22년 義勇堂, 源發堂, 집사 劉益暢 등의 議單約

산서성, 1933

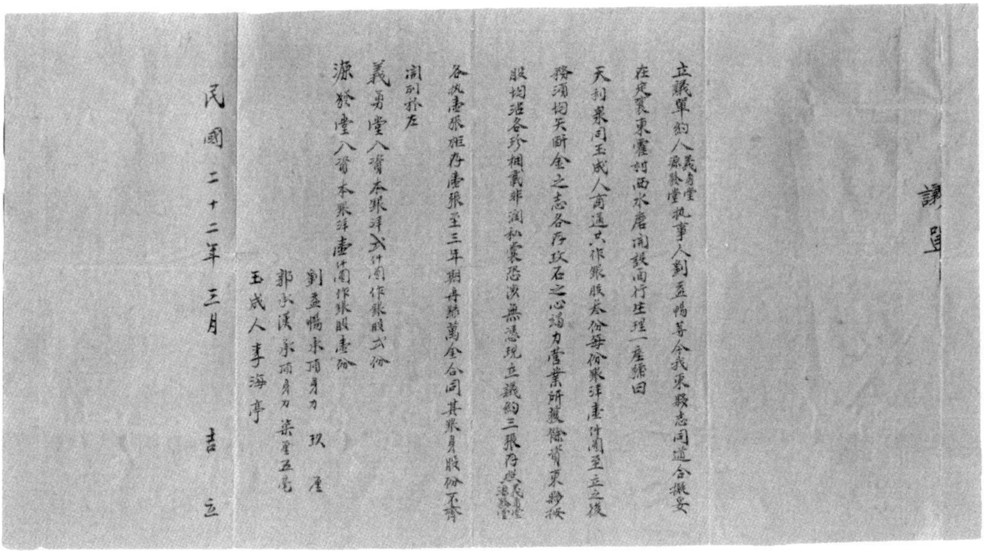
議單

立議單約人義勇堂源發堂執事人劉益暢等今我東股志同道合擬安
在定寶東霍胡西水磨溝鐵爐行生理一座號曰
天利泉同玉成人商通六作股股叁份每份股洋壹仟圓至立之後
務須協力斷金之志各存攻石之心竭力營業所獲餘資東夥按
股均沾各珍相貳非潤私囊恐後無憑現立議約三張存照義勇堂源發堂
各執壹張准存壹張至三年期再將萬金合同其股身股份不齊
開列於左
義勇堂入資本股洋貳仟圓作股貳份
源發堂入資本股洋壹仟圓作股壹份
劉益暢永頂身力 玖 厘
郭永漢永頂身力 柒厘五毫
玉成人李海亭
民國二十二年三月 吉 立

議單

立議單約人義勇堂、源發堂執事人劉益暢等今我東夥志同道合, 擬妥在定襄東霍村西水磨開設面行生理一座, 號曰：天利泉, 同玉成人商, 通共作銀股三份, 每份銀洋壹仟圓, 至立之後務須均矢斷金之志, 各存功石之心, 竭力營業, 所獲餘資, 東夥按股均沾, 各珍橱載, 非潤私囊, 恐後無憑, 現立議約三張存照, 義勇堂、源發堂各執一張, 櫃存一張, 至三年期再錄萬金合同, 其銀身股份不齊, 開列於左

義勇堂入資本銀洋弍仟圓作銀股弍份
源發堂入資本銀洋壹仟圓作銀股壹份
劉益暢承頂身力玖厘
郭承漢承頂身力柒厘五毫

玉成人　李海亭
民國二十二年三月吉立

번역

議單

의단을 작성하는 자는 義勇堂, 源發堂, 執事 劉益暢 등이다. 오늘 우리는 股東과 夥計가 서로 뜻이 맞고 생각이 일치하여 초안을 작성하고 定襄縣 東霍村 西水磨에 상점을 개설하여 영업하기로 하며 다음과 같이 언명한다. 상호의 명칭은 天利泉으로 하며 玉成人과 상의하여 모두 銀股 3份을 만들고 1份은 銀洋 1,000圓으로 한다. 상호를 설립한 후에는 모두 쇠도 자를 수 있는 단단한 뜻을 맹세하고, 각자 금석과 같은 마음을 가지고 힘을 다해 영업하며, 얻은 이익을 고동과 과계가 지분에 따라 골고루 나누되, 각자 보물을 싣고 강을 건너는데 한 사람의 주머니도 젖지 않는 것과 같이 해야 한다. 후에 증거가 없을 것을 염려하여 지금 議約 3장을 작성하여 보관하도록 한다. 義勇堂, 源發堂이 각각 1장씩, 그리고 櫃에 1장을 보관하며 3년 만기 후에 萬金合同에 再錄한다. 그 銀股份과 身股份는 좌측(아래: 역자)에 열거한다.

義勇堂이 資本으로 銀洋 2,000圓을 투자하여 銀股 2股를 가진다.

源發堂이 資本으로 銀洋 1,000圓을 투자하여 銀股 1股를 가진다.

劉益暢은 人力股 9厘를 받는다.

郭承漢은 人力股 7.5厘를 받는다.

玉成人　李海亭

민국 22년 3월 순조롭게 작성

> **해설**

이 문건은 의단議單으로, 정식으로 합과 계약에 서명하기 전에 작성하는 계약서 초고이다. 계약서의 내용을 보면, 의단으로서 갖춰야 할 요소를 구비하고 있는데, 즉 출자자의 출자 금액, 경영 종류, 경영 범위, 이윤 분배방식 등의 내용을 포함하고 있다. 출자자 자신의 경제적 이익을 언급하고 있다는 점에서 의단은 정식계약과 마찬가지로 법적 효력을 갖추고 있다. 그러나 정식 계약서에 비하면 그 효력은 약했다. 이러한 합과 초안이 계약을 예약하는 성격을 가진다면, 정식 계약서는 영구적인 효력을 가지고 있었다. 또한 일반적으로 초안은 수정할 수 있으나 정식 계약서는 고칠 수 없었다.

계약서 초안은 합과 설립 과정에서 보면 오늘날 상업 점포의 시험 영업에 해당된다. 시험 영업의 기한은 대개 한 결산기인데, 일반적으로 진상의 결산기는 3년에 한 번씩이었다. 이 결산기에 만약 경영상의 문제가 나타났다면 의단의 계약 내용을 수정하거나 보충하여 정식 계약을 체결할 때 계약서의 규범성과 정확성을 보장하도록 했다. 이런 점에서 의단의 작성은 합과의 조직과정에서 필요한 절차였다고 할 수 있다.

본 합과 초안에도 계약 당사자들에게 도덕적인 면으로 구속하는 내용이 포함되어 있다. 즉 "쇠도 자를 굳은 뜻을 맹세하고 각자 금석과 같은 마음을 보존하도록 힘쓴다"든지, "각자 보물을 싣고 강을 건너는데 한 사람의 주머니도 젖지 않았다" 등의 문구를 넣어 강력한 합작 의식을 명시하고 있는 것이다.

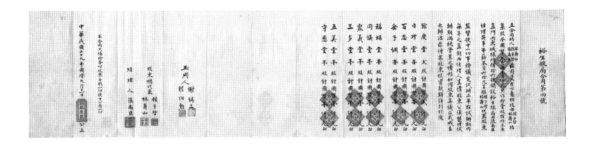

裕生糧局合同第四號

立合同約人程子哲、林壽山、張禹臣茲因雙方心意相投, 由程子哲、林壽山招集股本國幣壹萬壹仟元, 共作拾壹股, 在北京東直門內東城根門牌拾六號, 開設裕生糧局, 由張禹臣經理其事, 年薪叄百六拾元, 另推程子哲、林壽山代表股東監督號中一切事務, 議定試辦三年, 在試辦期內每年之盈虧由經理人呈請股東公議楚[處]理, 試辦期滿, 視營業之情形如何, 股東再議正式成立之辦法, 茲將衆股東投資款額詳列於後:

餘慶堂弍股計國幣弍仟元整

日升堂壹股計國幣壹仟元整

百忍堂壹股計國幣壹仟元整

岳子綱壹股計國幣壹仟元整

福祿堂壹股計國幣壹仟元整

同議堂壹股計國幣壹仟元整

聚義堂壹股計國幣壹仟元整

三多堂壹股計國幣壹仟元整

五美堂壹股計國幣壹仟元整

守愚堂壹股計國幣壹仟元整

玉成人　謝錫三、程伯勳

股東總代表　程子哲、林壽山

經理人　張禹臣

本合同共繕拾壹份股東各執一份號中公存一份

中華民國二十九年國曆九月十一日「北京裕生號(圖章)」公立

裕生糧局 계약 제4호

합과 계약을 작성하는 程子哲, 林壽山, 張禹臣은 서로 의기투합했다. 程子哲과 林壽山이 자본금 국폐 11,000元의 모집을 담당하여 모두 11股의 資本股를 만들고, 북경 東直門 안쪽 東城根門牌 16號에 裕生糧局을 개설한다. 張禹臣은 사업 경영을 담당하며 연봉은 360元이다. 그 외에 股東인 程子哲, 林壽山이 모든 股東의 대표로 추대되어 상호 내의 사무 일체를 감독하며 시험 영업을 3년간 할 것을 상의하고 결정한다. 시험 영업 기간에는 매년 손익을 經理가 고동에게 보내어 공동 논의로 처리하며, 시험 영업 기간이 만료되면 영업 상황의 양호함 정도를 보고 모든 고동을 소집하여 다시 정식으로 설립할 방도를 상의한다. 현재 각 고동이 점유하고 있는 지분 및 투입한 자본의 액수는 다음에 상세하게 열거한다.

餘慶堂 2股, 계산하면 國幣 2,000整

日升堂 1고, 계산하면 國幣 1,000整

百忍堂 1고, 계산하면 國幣 1,000整

岳子綱 1고, 계산하면 國幣 1,000整

福祿堂 1고, 계산하면 國幣 1,000整

同議堂 1고, 계산하면 國幣 1,000整

聚義堂 1고, 계산하면 國幣 1,000整

三多堂 1고, 계산하면 國幣 1,000整

五美堂 1고, 계산하면 國幣 1,000整

守愚堂 1고, 계산하면 國幣 1,000整

玉成人　　謝錫三, 程伯勳

고동 총대표　程子哲, 林壽山

경리　　張禹臣

이 계약서는 같은 형식으로 12부를 만들어 모든 고동이 각각 1부를 가지며 商號 내부에 1부를 보존한다.
중화민국 29년 국력 9월 11일 「北京裕生號(도장)」공적으로 작성

해설

　이 문서는 정식 창업 계약이 아니라 해당 기업의 시험 운영 기간에만 적용되는 시범 계약서이다. 자본금은 국폐 11,000원元으로 모두 11고이며, 출자자가 점유한 고분수를 명기하고 있다. 이 계약서는 산서지역의 것으로 고에 따라 지분을 분배하는 고분제股分制의 형태를 띠고 있다. 이는 이미 근대적 고분유한공사(주식회사)의 특징이 나타났다는 것을 반영하고 있다. 그 근거로 다음과 같은 점을 들 수 있다. 첫째, 경리에게 인력고의 형식이 아닌 급여제를 실행하고 있다는 점이다. 이 합과 계약에서 경리는 동업계약 체결에 참여하고 있기는 하지만, 노동력 투여의 방식으로 지분 분배에 참여하고 있지는 않다. 따라서 경리는 해당 상호의 홍리 배당에 참여할 수 없는 존재이며 경리는 매년 고정된 연봉 360원을 받을 수 있다는 것이다.

　둘째, 특정한 고동이 상호의 일체 사무를 감독하도록 했으며 경리는 일상적인 생산 경영 활동을 관장하는 책임만을 진다는 것이다. 정자철程子哲과 임수산林壽山은 상호 내에서 근대 주식회사 기업의 집행이사에 해당하는 지위를 가졌으며, 그들은 모든 고동에 대해 책임을 지며 모든 고동을 대표하여 상호 내 일체사무를 감독한다는 것이다.

　셋째, 매년 한 차례 고동 회의를 소집하며 경리는 상호를 대표하여 당해 연도의 손익상황을 고동에게 보고한 후에 고동들이 상의하여 처리하고 결정한다는 것이다.

　이로써 보면 당시 중국에 들어와 있던 서양의 주식회사의 영향으로 합과기업을 조직할 때도 그것이 반영되었던 것으로 보인다. 이 합과 계약이 규정하는 지분 및 경영 방식은 이미 근대기업의 지분제도의 초보적 형태를 가지고 있었다는 것이다.

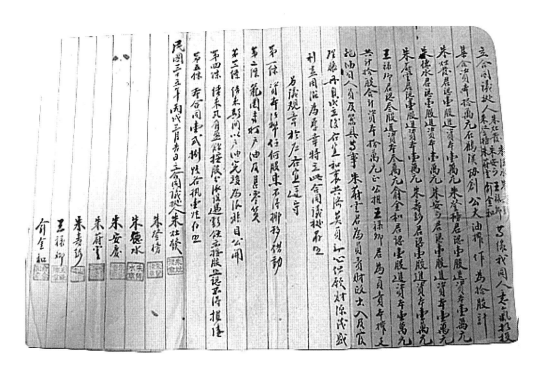

立合同議據人朱灶發、朱登榜、朱德水、朱安慶、朱蔚雲、朱壽鵬、王祿卿、俞金
和等，緣我同人意氣相投，集合資本拾萬元，在鶴溪協創公大油榨，作為拾股計，朱
灶發君認壹股，進資本壹萬元，朱登榜君認壹股，進資本壹萬元，朱德水君認壹股，
進資本壹萬元，朱安雲君認壹股，進資本壹萬元，朱蔚雲君認壹股，進資本壹萬元，
朱壽彭君認壹股，進資本壹萬元，王裕卿君認叄股，進資本壹萬元，俞金和君認壹
股，金基本壹萬元，共計拾股，合計資本十萬元正。公推王裕卿君為負責本榨支托
油司人員及器具等事，朱蔚雲君為負責財政出入及管理賬冊。自成立後，各宜和衷
共濟，英負之心，但願財源茂盛，利益同沾，為厚幸，特立此合同議處存之。

另議規章於左，各宜遵守

第一條，資本法幣，任何股東不得挪移借動。

第二條，範圍未打戶油及其零貨。

第三條，債東期間以戶油完竣為限，賬目公開。

第四條，債東凡有盈餘，按股分派，設遇虧蝕，亦按股照認，不得推諉。

第五條，本合同壹式捌張，各執壹張存照。

民國三十五年丙戌三月吉日立合同議據人　朱灶發(押)、朱登榜(押)、朱德水(押)、
朱安慶(押)、朱蔚雲(押)、朱壽彭(押)、王祿卿(押)、俞金和(押)

계약서를 작성하고 심의한 사람은 朱灶發, 朱登榜, 朱德水, 朱安慶, 朱蔚雲, 朱壽
鵬, 王祿卿, 俞金和 등이다. 우리들은 의기투합하여 자본금 10만원을 모아 鶴溪에
公大油榨을 열고 그 지분을 10股로 한다. 朱灶發은 지분 1股를 약정하고 자본금
1만원을 내며, 朱登榜은 1股를 약정하고 자본금 1만원을 낸다. 朱德水는 1股를 약
정하고 자본금 1만원을 내며, 朱安雲은 1股를 약정하고 자본금 1만원을 낸다. 朱

蔚雲은 1股를 약정하고 자본금 1만원을 내며, 朱壽彭은 1股를 약정하고 자본금 1만원을 낸다. 王裕卿은 3股를 약정하고 자본금 3만원을 내며, 俞金和는 1股를 약정하고 자본금 1만원을 낸다. 모두 합쳐 10股이고 자본금 합계는 10만원이다. 모두의 추천으로 王裕卿이 公大油榨에서 인원 및 기구 등을 담당하게 되었고, 朱蔚雲은 재무 및 장부 관리를 맡게 되었다. 합과 성립 이후에는 각자 한 마음으로 협력하고 책임의식을 가져야 하며 오직 재원이 풍부해져서 이익이 넘치기를 기원한다. 행운이 계속되기를 바라며 특히 이 계약서를 작성하여 심의하고 보관한다. 따로 의논한 규정은 좌측(아래: 역자)에 열거하였으니 각자 마땅히 준수해야 한다.

제1조, 자본금은 어떤 股東도 가져가서 빌려주거나 쓸 수 없다.

제2조, 아직 뽑지 않은 戶油 및 그 零貨까지 포함한다.

제3조, 결산 기간은 戶油가 완성될 때를 그 기한으로 하며, 장부의 항목은 공개한다.

제4조, 결산할 때 잉여가 있으면 지분에 따라 분배하고 손해가 발생했을 때도 역시 지분에 따라 부담하고 떠넘기지 않도록 한다.

제5조, 본 계약서는 하나의 내용으로 8장을 작성하고 각자 한 장씩 가져 증거로 보관한다.

민국 35년 丙戌 삼월 길일에 계약 작성자　朱灶發(서명), 朱登榜(서명), 朱德水(서명), 朱安慶(서명), 朱蔚雲(서명), 朱壽彭(서명), 王祿卿(서명), 俞金和(서명)

해설

　본 계약서는 1946년 휘주 주조발朱灶發 등이 함께 출자하여 공대유착행公大油榨行을 개설하면서 체결한 합과 계약서이다. 이 계약서는 주조발, 주등방朱登榜, 주덕수朱德水, 주안경朱安慶, 주울운朱蔚雲, 주수붕朱壽鵬, 유금화俞金和 7인이 각자 1만원씩 내고 각자 1고를 점유하며, 왕록경王祿卿이 가장 많이 출자하여 총 3만원으로 단독 3고를 점유하고 있다. 이상 8인이 총 10만원을 내어 합과를 조직하고 출자자 중에서 왕록경과 주울운이 경영을 맡게 되었다. 특히 가장 많은 액수를 출자하여 고분 수가 가장 많은 왕록경이 상호의 점원들과 기기 등을 관리하고, 주울운은 상호의 재무 및 회계 관리를 맡게 된다고 규정하고 있다. 즉 왕록경, 주울운 이 두 사람은 출자자이면서 동시에 경영자라는 것을 알 수 있다.

본 합과 계약서는 마지막 부분에 약간의 상업 조례를 부가하여 이후 합과인의 권리와 의무를 규정하고 있다. 이 조례는 주로 출자자의 도덕적 규범, 책무 및 상업 자본 등의 내용에 대해 상세하게 설명하고 있다. 이 문건은 1946년에 작성된 것으로 비록 전통적인 합과 계약의 형태를 띠고 있기는 하지만 여러 명의 출자자가 참여하고 있고 고분수에 따라 이익을 분배하며, 상업 조례의 형식으로 합과인의 권리와 의무를 여러 조항으로 규정하고 있는 등 근대적인 면모가 엿보인다. 당시 이미 서양의 주식회사제도가 도입되어 있었기 때문에 그 영향으로 합과 계약의 내용도 근대 주식회사의 정관과 비슷하게 구체화되고 규범화 되었던 것으로 보인다.

I-3 합과의 성립과 운영

분석과 개괄

계약서가 작성되면 자본주 즉 출자자는 자본금을 모두 경리에게 넘겨주고 더 이상 상호의 경영에 대해 묻지 않는다. 출자자와 경영자는 이미 계약을 맺어 모든 경영 사무 및 인사 배치 등은 경영자에게 귀속되고 출자자는 간섭하지 않는 것이 일반적이었다. 연말이 되면 경리로부터 경영에 대한 보고를 받게 된다. 그러나 점포의 업무를 확대한다든지 점포 내 인원의 인선, 이들에 대한 상벌, 홍리의 분배, 규약 조례 등에 대한 최종 결정권은 고동에게 있었다. 경리는 고동의 의뢰와 위탁을 받아 점포의 모든 영업과 사무를 맡아보고 점포의 직원들을 통솔하여 영업활동을 할 수 있도록 했다. 자본주와 경영자 사이에는 분업관계가 형성되었던 것이다. 이는 즉 소유권과 경영권의 분리를 의미했다.

합과 기업 중 자본과 노동 합과는 '출자자는 출자出資하고 경영자는 출력出力'하는 형태였다. 이 경우 자본의 소유권과 경영권이 분리되어 경영자는 신고를 가지는 방식으로 상호의 배당에 참여하는 것이 특징이다. 어떤 경우에는 경영자 역시 상호에 일정액의 자본을 투자하여 출자자가 되기도 했다. 이러한 소유권과 경영권이 분리되는 경향은 언제부터 형성되기 시작했으며 그 기준은 무엇이었을까. 학자들은 진상의 합과 경영은 이미 고분제 경영방식이었음을 주장한다. 진상과 휘상徽商은 명청시기 대표적인 지역 상인이었고 진상과 휘상의 경영에서 합과제는 보편적으로 나타났다. 고분제 합과는 상술했듯이 자본금 총액을 일정한 고로 나누어서 고에 따라 손실에 대한 분배를 하는 것을 의미한다.

이러한 고분제는 중국 전통 합과제에서 발전한 것이 아니라 서양의 주식회사제도의 영향을 받아 발전한 것으로 인식되고 있다. 학자들은 이러한 고분제 경영하에서 이미 소유권과 경영권이 비교적 정확하게 분리되어 있었다고 주장한다. 천즈핑陳支平 등은 고분제가 청대 건륭乾隆, 가경嘉慶년간에 출현했다고 주장한다. 즉 청대 중기 이후 일부 진상 고분제 합과 중에서 이미 소유권과 경영권의 명확한 분리 현상이 등장했다는 것이다. 그 근거는 경영권을 담당하는 집사執事, 관사管事, 경리經理 등의 용어가 기본적으로 대부분 청대 후기에 등장했다는 것이다.[34] 장정밍張正明도 진상의 고봉제股俸制는 늦어도 청 도광道光 초년에는 이미 발생했을 것이라고 추정하고 있다.[35]

근대적 의미의 소유권과 경영권의 분리를 가늠하는 데는 두 가지 요소를 필요로 한다. 하나는 자본 소유자인 고동이 상호나 기업에서 최종결정권을 가져야 한다. 이 최종 결정권에는 경리 등 점포 내 인원들에 대한 초빙과 철퇴 등 인사권을 가지고 있어야 한다는 것이다. 둘째는 고동들이 상호나 기업의 일상 경영에 간섭할 수 없고 이는 집사, 관사, 경리 등이 전권을 담당해야 한다는 것이다. 따라서 천즈핑은 소유권과 경영권의 분리는 청대 후기에 와서 출현했으며 그 이상 시기를 올릴 수는 없다고 주장한다.[36]

자본과 노동의 합과에서 고분股份은 은고와 신고로 나눌 수 있다. 은고는 동업한 사람이 상호에 투입하여 점유한 지분이다. 은고는 결산할 때 그가 가진 지분을 빼

---

34) 陳支平·盧增榮, 「從契約文書看淸代工商業合股委託經營方式的轉變」, 『中國社會經濟史硏究』, 2000-2, p.29.

35) 張正明, 「淸代晉商的股俸制」, 『中國社會經濟史硏究』, 1989-1, p.40.

36) 어떤 학자는 청대 전·중기에 재산권과 경영권의 분리가 출현했다고 주장하지만 그들이 예로 들고 있는 自貢 井鹽業 중의 承首人, 기타 광업 중의 爐主 등은 본래 고동이거나 혹은 경영 권력이 고동의 구속을 받지 않고 심지어는 고동의 권리를 능가하는 것이었다. 따라서 陳支平, 盧增榮은 이러한 승수, 로주 중심의 합고경영은 근대적 의미의 소유권과 경영권의 분리라고 할 수 없다고 주장한다. 陳支平·盧增榮, 「從契約文書看淸代工商業合股委託經營方式的轉變」, 『中國社會經濟史硏究』, 2000-2, p.31.

거나 양도, 보전 등이 가능하고 새로 신규 출자자를 추가할 수도 있었다. 이에 비해 신고는 인적 지분으로, 상호 안에서 재능이 있는 동업자가 금전이 아닌 노동력으로 일정한 수량의 지분을 충당하는 것을 가리킨다. 상술했듯이 자본과 노동의 합과에 서는 경영자가 신고를 가지는 방식으로 상호의 홍리 분배에 참여했다. 이는 즉 개인의 정신적 육체적 능력을 자본으로 계량화하는 형식을 갖는다. 이러한 계량화된 고분에 의거하여 결산할 때 이익배당에 참여할 수 있게 했던 것이다. 이렇게 은고 와 신고로 구분되고 이익이 발생하면 이들은 모두 홍리 분배에 참여하기 때문에 신고도 자본의 구성요소를 담당하고 있었다. 진상은 이러한 신고를 정신고頂身股라 고 불렀다.

정신고는 합과를 처음 조직할 때 부여하기도 하고 개업 이후 결산기에 부여하기 도 했다. 합과 성립 당시 정신고를 부여받는 경우는 이전 상호에서 영업 경험을 쌓고 경영 능력이 뛰어나다고 인정받은 자에 한했고, 그 능력에 따라 정신고의 액 수가 정해지고 이를 근거로 홍리 분배를 받을 수 있었다. 따라서 개업 당시 정신고 를 부여하는 것은 능력 있는 경리를 자신의 상호에 끌어들이기 위한 일종의 우대정 책이었다. 이러한 방식을 통해 능력 있는 경리를 잔류시키고 경영자가 전심전력을 다해 경영하여 자신의 능력과 지혜를 충분히 발휘할 수 있게 했다.

경리뿐 아니라 일반 점원도 정신고를 받을 수 있었다. 다만 상호의 점원 누구나 정신고를 받을 수 있었던 것은 아니었고 만금장萬金賬에 성명이 등록되어야 비로소 부여받을 수 있었다.[37] 일반 점원들은 대개 개업 당시에는 신고를 부여받지 못했지 만 상호에서 계속 일을 하게 되면 경력이 쌓이고 경력이 쌓이는 만큼 결산기에 자 신의 노동력에 대한 보상으로 정신고를 부여받았다. 점원에 대한 이러한 홍리 분배 방식은 점원들이 상호에 대해 주인의식을 갖고 자신의 능력을 다하며 적극적으로 상호의 번영에 기여할 수 있도록 했다.[38] 이러한 주인의식은 영업의 성쇠를 좌우하

---

37) 그 성명을 만금장에 등록하는 것을 속칭 頂生意, 吃生意라고 한다. 李謂淸, 「山西太谷銀錢業之 今昔」, 『中央銀行月報』 6-2(1937), 黃鑒暉, 『山西票號史料(增訂本)』, 山西經濟出版社, 2002, p.583에 수록.
38) 張正明, 「淸代晋商的股俸制」, 『中國社會經濟史研究』, 1989-1, p.43.

는 중요한 요소였기 때문이다. 따라서 신고의 부여는 점포의 영업활동에 보다 적극성을 가지고 임하게 하려는 의도에서 나온 정책이었다.[39]

홍리를 배분할 때 신고가 받을 수 있는 비율은 점포 내의 경력이나 능력에 따라 다르게 부여되었다. 일반적으로 경리는 1고를 점유할 수 있지만 그 이상을 점유하는 경우도 있었다. 그에 비하면 점원은 처음에는 1고의 10분의 2에 해당하는 2리厘를 받으며, 이후 결산기 때마다 1-2리가 증가하여 최고 1고까지 증가할 수 있었다. 이를 전분全份이라 하는데 한 사람이 받을 수 있는 비율을 모두 획득하게 되는 것을 의미했다.[40]

본서에 수록된 문건을 예로 들어보자. 13번 문건은 만금장의 한 예이다. 만금장은 고본장股本賬, 퇴금노장堆金老賬, 합동저장合同底賬, 입고장入股賬, 신력고장身力股賬, 자본장資本賬, 근본노장根本老賬 등 여러 명칭으로 불렸다. 만금장에는 영업의 목적, 고동의 성명, 자본총액, 각 고동의 출자액, 경리 및 점원의 성명, 각 경리와 점원이 소유한 신고의 비율 등을 기재한다. 만금장은 상점경영에 있어 가장 중요한 문서로 간주되어 타인에게는 잘 보여주지 않았다. 만금장은 대부분 영업을 개시할 때 작성되는 것이 보통이지만 영업 개시 후 3년이 지나 결산기에 작성되는 경우도 있었다.[41] 합과 계약서에는 합과 성립 당시의 고분 수만 나타나 있지만, 만금장에는 합과 성립 전후의 고분의 변동 상황을 기록하는 것이 특징이다. 13번의 만금장에서도 상호의 창립 연유, 규정, 고동 및 이익 분배 상황을 포함하고 있으며 자본의 변동 상황이 상세히 기재되어 있다.

07번, 08번, 09번 합과 계약서는 각각의 동업 내용과 고분 수, 이윤 분배 방식 등을 기재하고 있는 정식 합과 계약서이다. 10번은 상술했듯이 이미 합과 계약을

---

39) 정지호는 신고제를 중국의 독특한 노동형태로 파악했다. 정지호, 「淸代 身股의 성격-상공업 노동형태의 일고찰」, 『경희사학』 23(2001), p.638.

40) 李謂淸, 「山西太谷銀錢業之今昔」, 『中央銀行月報』 6-2(1937), 黃鑒暉, 『山西票號史料(增訂本)』, 山西經濟出版社, 2002, p.583에 수록.

41) 森岡達夫譯註, 『中國商業習慣大全』, 東京大同印書館, 1941, pp.38-39; 根岸佶, 『商事に關する慣行調査報告書-合股の研究』, 東亞研究所, 1943, pp.193-194.

한 번 맺은 바 있는 상호에서 다시 작성한 합과 계약서이다. 일단 의단을 작성하여 한 결산기를 시범 운영하고 난 다음 경영을 종합적으로 평가하여 계속 영업을 할 것인지 아니면 투자액을 회수하고 경영을 그만둘 것인지를 결정하게 되고, 만일 경영을 계속하기로 결정을 한다면 정식 계약을 맺게 된다. 10번 합과문서는 바로 시범운영을 거쳐 체결한 정식 계약서이다. 해당 계약은 3년 동안의 경영에 대한 평가와 사업전망 등을 종합적으로 평가하고 상황에 맞게 상당히 유연하게 대처하고자 했다는 것을 알 수 있다.

07번 합과의 경우는 동업한 두 사람이 각각 은고와 신고를 모두 보유하고 있는데, 이는 두 사람이 모두 출자와 경영에 대한 책임을 공동으로 지고 있다는 것을 의미한다. 합과의 출자자가 개인이 아니라 단체인 경우도 상당히 많았다. 그러나 상호商號 혹은 당호堂號로 계약을 했다고 해도 상호나 당호의 대표는 모두 합과인이기 때문에 이는 기타 합과 계약과 다름이 없었다. 12번 문서가 바로 그러한 예로 해당 합과 계약에 출자한 사람이 개인이 아니라 하나의 상호라는 것을 알 수 있다. 16번 문서에서도 상호의 명의로 출자하고 있는 것을 볼 수 있다. 08번 합과문서의 출자자인 복의당福義堂도 개인이 아닌 것은 확실하지만 본 문건만으로는 상호인지 당호인지 알 수가 없다.

합과 계약서는 합과인 간에 공동 사업경영을 위한 문서이지만, 한편으로는 합과인 간의 권리와 의무에 대한 규정을 확정하는 법률문서였다. 이러한 성격이 민국시기에 오면 더욱 더 규범적이고 완전한 형식을 띠게 된다. 우선 합과 계약서 내용이 풍부해지고 규정이 구체화되었다는 것을 들 수 있다. 16번 합과 계약서에서도 그러한 규정을 볼 수 있는데, 다음과 같은 내용이 언급되어 있다. 두 명의 경리를 초빙하여 각각 신고 1분份을 부여하고 "매년 응지은應支銀은 40원정으로 하며, 응지 외에는 가불을 허락하지 않는다", "모든 것은 재동과 점원이 공의로 규정하고, 친우의 우정과 상관없이 상호에서 일하는 것을 허락하지 않는다"고 규정하고 있는 것이다. 응지은 외에는 일체 지급하지 않으며 합과인의 친우는 아무리 가까운 관계라고 할지라도 상호에서 일하는 것을 허가하지 않는다는 것이다.

본서의 'I-2 합과의 준비과정'에 수록된 06번 문서에도 이러한 변화가 발견된다.

06번 합과문서는 1946년 휘주지역의 것으로, 마지막 부분에 상업 조례를 부기하여 합과인 간의 권리와 의무를 5개 조항으로 규정하고 있다. 제1조에서 자본금은 어떤 고동도 가져가서 빌려주거나 사용할 수 없다고 규정하고 있다. 제3조에서는 장부의 항목을 공개한다고 명시하고 있으며, 제4조에서는 이익과 손해에 대해 안고분담 按股分擔의 원칙을 적용한다는 것을 분명히 하고 있다. 이는 모든 것은 합과인들이 협의하여 결정하며 사사로운 감정으로 인해 상업 경영에 지장을 주거나 손해를 끼칠 수 있는 일종의 편법은 절대 허락하지 않고 이를 사전에 방지한다는 의미이다. 또한 장부의 항목을 공개한다는 조항도 합과의 비공개성으로 인한 폐해를 방지하기 위한 조치였다. 계약서상에 이러한 내용을 규정한다는 것은 출자자와 경영자 모두를 규제한다는 의미가 있었다. 이는 합과가 혈연, 지연의 인적 결합을 전제로 결성되었던 것에서 점차 객관적이고 규범적으로 바뀌어가고 있다는 증거라고 할 수 있다.

이상과 같은 규정 이외에 합과 계약서가 마치 근대적 기업의 정관과 비슷한 수준으로 규범화된 사례도 발견된다. 즉 계약서상에 합과의 명칭과 영업장소, 업종 등 기본적인 조항과 고동의 명칭, 총자본금 액수, 고분 수 뿐 아니라, 고동회股東會, 동사회董事會, 손익에 대한 분배와 채무상환에 대한 분담 등 대체로 내용이 완비되어 있다는 것이다.[42] 합과의 규모가 확대되고 합과인 간의 관계가 복잡하게 됨으로써 근대 기업법의 특징들이 합과 계약에도 일정하게 영향을 주었던 것으로 보인다. 본서의 'I-2 합과의 준비과정'에 수록된 05번 합과문서가 그 한 예이다.

05번 합과 계약서에 명시되어 있는 내용은 다음과 같다. 첫째, 특정한 고동이 상호의 일체 사무를 감독하도록 하며 경리는 일상적인 생산 경영활동을 관장하는 책임만을 진다는 것이다. 정자철程子哲과 임수산林壽山은 상호 내에서 근대기업의 집행이사에 해당하는 지위를 가졌으며 이들은 모든 고동에 대해 책임을 지고, 고동을 대표하여 상호 내 일체사무를 감독한다는 것이다. 둘째, 매년 한 차례 고동회의(주주총회)를 소집하며, 경리가 상호를 대표하여 당해 연도의 손익상황을 고동에게 보

---

42) 李倩, 「民國時期契約制度研究」, 中國政法大學博士論文, 2003, p.89.

고하면 이를 고동들이 상의하여 처리하고 결정한다는 것이다.

관련 연구에 따르면, 중국은 합과제에서 직접 근대 주식회사인 고분유한공사로 발전되었던 것이 아니라 서구의 주식회사 형태가 중국에 유입되어 그 자체로 발전한 것으로 보고 있다. 학자들은 청대 중기 이후 합과제가 이미 근대 주식회사제도의 영향을 받고 있었고 어느 정도는 고분유한공사로 전환할 수 있는 잠재 가능성을 내포하고 있었던 것에는 동의하지만[43] 이것이 곧바로 고분유한공사로 전환되었는지에 대해서는 대체로 유보적인 입장이다. 다만 이러한 변화의 양상들이 합과 계약 시에도 나타나고 있었다는 것은 분명하다. 근대 주식회사제도와 전통 합과제를 구분하는 기준은 자본의 규모, 고분 양도의 자유 여부, 유한책임의 존재 여부, 고동회, 동사회, 감사회監事會 등 일정한 권력기관, 집행기관, 감독기관의 형성 여부 등이다.[44] 05번 합과문서가 작성된 것은 1940년으로, 당시 중국에 들어와 있던 근대 주식회사의 영향이 반영되었던 것으로 보인다. 즉 이 합과 계약이 규정하는 지분 및 경영 방식은 이미 근대기업의 주식회사제도의 초보적 형태를 가지고 있었다고 할 수 있다.

05번 문서에는 또 하나의 변화가 발견되는데, 경리에게 급여를 지급하고 있다는 점이다. 즉 경리에게 신고의 형식이 아닌 급여제를 실행하고 있다는 것이다. 자본

---

43) 류추건은 그 근거로 다음과 같이 주장했다. 첫째, 자본의 규모가 확대되었는데, 특히 井鹽業, 礦冶業 등에서는 초대형 규모의 합과 자본이 나타나기도 했다. 둘째, 적지 않은 합과가 영구성을 획득하여 몇 십 년 심지어 2-3백년까지 지속되기도 했다. 셋째, 고동이 분화하여 董事會, 監事會 등이 형성되고 합과 조직 내부의 기능이 분화되었다. 넷째 합과인 중 유한책임을 지는 합과인이 존재했다. 다섯째, 서양 중세기의 코멘다(commenda)와 흡사하게 투자만 하고 경영에는 참여하지 않는 고동이 형성되었다. 劉秋根, 『中國古代合夥制初探』, 人民出版社, 2007, pp.364-412. 평주송과 천란은 채무상환, 고동 수, 고분의 성격, 소유권과 경영권의 분리, 集資 시스템 등의 측면에서 중국의 계약고분제도가 서구 자본주의 주식회사와 흡사한 부분이 많다고 주장했다. 彭久松·陳然, 「中國契約股份制槪論」, 『中國經濟史硏究』, 1994-1, pp.62-65. 陳支平·盧增榮은 서구 근대기업의 도입은 청대 후기 일부 공상업이 소유권과 경영권의 분리방식으로 전환하는 데 촉진역할을 했다고 지적했다. 陳支平·盧增榮, 「從契約文書看淸代工商業合股委託經營方式的轉變」, 『中國社會經濟史硏究』, 2000-2, p.38.

44) 劉秋根, 『中國古代合夥制初探』, 人民出版社, 2007, p.388.

과 노동의 합과에서 경영자인 신고는 해당 합과의 자본 구성요소로서 홍리 분배에도 참여했다는 것은 이미 언급했다. 다만 신고는 결산기가 되기 전에 생활비 명목으로 우선 응지은應支銀을 지급받고 결산기가 되면 이를 제하고 고분에 따라 홍리 분배를 받았다. 그러나 본 계약서에는 경리가 합과 계약은 맺고 있지만 매년 급여만을 지급받고 홍리 분배에는 참여하지 않는다. 즉 경리는 합과 계약체결에 참여하고 있기는 하지만, 노동력 투여의 방식으로 홍리 분배에는 참여하고 있지 않다는 것이다.

15번 합과문서에서도 비슷한 양상을 보인다. 그 내용을 보면, 세 명의 출자자가 용양龍洋 400원씩을 동일하게 출자하며, 관리官利, 결산주기, 손익에 대한 공동 책임 등에 대해 비교적 상세하게 규정을 하고 있다. 그러나 경영자에 대해서는 "상호의 경리는 연봉이 1인당 40원이며 초과 지급할 수 없다"고만 하고 있을 뿐, 경리의 신고에 대한 언급이 없다. 이로써 미루어 보건대, 경리는 합과인이 아닌 별도의 사람을 고용한 것으로 보인다. 이는 마치 출자자와 경영자의 관계가 합과의 관계라기보다는 고용과 피고용 관계와 같은 양상을 띤다는 것이다.

원래 신고의 응지은은 단순한 급여가 아니라 특수한 형태의 급여의 성격을 가지고 있었다.[45] 그러나 한편 신고는 실제로 출자를 한 것은 아니지만 이윤의 분배에서 은고와 동일하고 완전한 권리를 갖는다는 점에서 자본구성 요소의 성격이 더 견고한 존재였다.[46] 다만 근대기업의 영향으로 합과기업에서도 신고의 성격이 자본구성 요소보다는 급여를 받는 경영자라는 성격이 점차 강화되었던 듯하다. 민국시기 후기로 갈수록 경영자가 신고의 지분 분배를 받지 않고 급여를 받는 경우가

---

45) 고분제 하에서 받을 수 있는 정신고는 일반 점원의 경우 1-2厘에 불과하며 이것은 완전히 급여의 성격을 띤다. 반면, 정신고가 8厘-1股 이상인 管事(掌櫃), 經理의 경우 이들이 받는 것은 급여라기보다는 노동 자본화의 성격을 갖는다. 劉秋根, 『中國古代合夥制初探』, 人民出版社, 2007, p.403.

46) 小川久男, 「包頭に於ける貨店(上)-內蒙古に於ける商業資本の特質に關する一研究」, 『滿鐵調查月報』23-10(1943), p.51; 張忠民, 「略論明淸時期"合夥"經濟中的兩種不同實現形式」, 『上海社會科學院學術季刊』, 2001-4, p.164; 徐建靑, 「淸代手工業中的合夥制」, 『中國經濟史硏究』, 1995-4, p.129.

많아졌던 것으로 보인다. 이는 노동력을 제공하여 자본 구성의 일부를 담당한다고 해도 반드시 신고로서 홍리 분배에 참여했던 것은 아니었음을 증명한다. 따라서 어떤 학자는 은고와 신고의 관계를 합과가 아니라 은고의 신고에 대한 고용관계로 보기도 한다.[47]

이밖에 이익의 분배방식에도 변화가 발생했다는 것을 보여주는 사례가 있다. 일반적인 것은 아니지만 합과 성립 당시 고분을 갖지 않은 점원에게도 홍리를 분배한 사례가 등장한다는 것이다. 합과 성립 당시에는 일반적으로 경리가 아닌 점원에게는 고정된 급여를 지급했고 점원들은 고분이 없으므로 홍리 분배에 참여하지 못했다. 이후 점원은 해당 합과에서의 근무한 연한에 따라서 정신고를 부여받고 홍리를 분배받을 수 있었다. 그러나 고분이 없는 점원에게도 홍리를 분배한다고 규정하고 있는 예가 보인다. 14번 합과문서의 예가 그러한데, 그 내용은 다음과 같다. 계약서에는 은고와 신고를 가진 경영자의 고분만을 언급하고 있을 뿐 일반 점원이 소유한 고분에 대해서는 언급하고 있지 않은 것으로 보아 점원의 고분은 없었던 것으로 보인다. 그러나 이 계약서에는 "정산할 때마다 홍리를 1대 9의 비율로 점원(夥友)과 합과인에게 각각 지급하는 외에, 나머지는 지분에 따라 균분한다"고 하고 있다. 즉 이윤 중에서 점원이 10%를 점하고 고동이 90%를 점하는 방식으로 홍리 분배에 참여할 수 있었던 것이다.

이상의 변화이외에도 고분제 합과의 근대성을 확인하는 근거 중의 하나는 합과인의 유한책임의 존재 여부이다. 이것은 합과 연구의 핵심문제로 다수의 학자들이 관심을 갖고 논의해왔던 주제이다. 전통 합과에서 손실에 대한 무한책임제가 채택

---

47) 劉鵬生 등은 신고는 실제로 고동이 경리와 일반 점원을 장려하는 花紅(배당금)이며 그들은 고용과 피고용의 관계일 뿐 합과라고 할 수는 없다고 주장했다. 劉鵬生·林柏·劉建生, 「晉商的産權制度及其管理特色」, 『稅收與企業』, 2003-10, p.61; 劉俊·劉建生, 「從一批晉商契約析淸代合夥經營」, 『中國社會經濟史硏究』, 2014-1, p.79. 일본의 幼方直吉도 표면적으로는 신고가 자본구성의 일부처럼 보이지만 실제로는 홍리분배를 위한 한 형식일 뿐이라고 주장했다. 幼方直吉, 「中支の合股に關する諸問題(一)-主として無錫染織業調査を通じて」, 『滿鐵調査月報』 23-5(1943), p.21.

되었다는 것은 학자들 간에 이견이 없다. 그러나 다수의 학자들은 합과제 속에 일부 유한책임 고동의 존재도 있었음을 주장한다. 예를 들어, 일본의 히노카이자부로日野開三郎는 남송 동남지구의 일부 사원과 부호가 결성한 고리대 합본조직은 유한합작제라고 주장했고, 이마호리세이지今堀誠二가 분류한 동과분화형 합과는 양합공사兩合公司(무한책임 주주와 유한책임 주주로 구성된 근대기업)에 가깝다고 주장했다.[48] 중국의 펑주송彭久松과 천란陳然은 자공自貢 염정업鹽井業의 착정과정에서 실시했던 태주抬做제도와 정채정환井債井還 제도는 실제로 유한책임제였다는 것을 논증했다.[49] 류추건도 자본·노동 합과에서 노동력을 제공하는 경영자는 일종의 유한책임 합과인이었다고 주장했고, 장정밍도 청대 고봉제 진상 중에서 신고는 홍리 분배에만 참여할 뿐 상호의 채무 상환 책임을 지지는 않았다고 주장했다.[50]

금전적 지분을 가진 은고는 상호에서 영원히 이익을 향유할 수 있고 당사자가 사망하면 아들이나 처가 이를 상속할 수도 있었던 만큼 채무에 대해서도 무한책임을 부담했다. 만일 합과의 채무가 합과의 재산으로 상환하기 힘들 때는 은고는 자신의 개인재산을 추렴하여 채무를 청산하는 것을 전제로 했다. 이러한 전제가 있었기 때문에 합과가 그 신용을 보장받았던 것이다. 은고와 신고는 모두 합과의 주인

48) 劉秋根, 『中國古代合夥制初探』, 人民出版社, 2007, p.36.
49) 抬做제도는 고동이 계속 井鑿費를 제공하는 것이 아니라 전체 고동 대표가 출자하여 그에 상응하는 권리를 얻는 제도이며, 井債井還 제도는 합자 井業의 채무를 일률적으로 井業 전체 자금을 담보로 부채를 상환하는 제도로 고동 개인과는 무관하다. 彭久松·陳然, 「中國契約股份制槪論」, 『中國經濟史硏究』, 1994-1, pp.59-60.
50) 張正明, 「淸代晉商的股俸制」, 『中國社會經濟史硏究』, 1989-1, p.39. 이밖에, 李玉은 巴縣 지역에서는 합과를 탈퇴할 때 자신이 투자한 지분만을 책임지고 나머지 채무는 남아 있는 합과인에게 양도하고 탈퇴한 예가 있다고 주장했다. 李玉, 「從巴縣檔案看傳統合夥制的特徵」, 『貴州師範大學學報』, 2000-1, p.36. 曹樹基는 청대 대만 개간호가 실행했던 것은 유한책임제도이며 일종의 주식회사 형식이었다고 주장했다. 曹樹基, 「淸代臺灣拓墾過程中的股份制經營-兼論中國農業資本主義萌芽理論的不成立」, 『中國社會科學』, 1998-2, pp.130-139. 徐建靑은 대체로 역사 속의 합과조직은 무한책임제였지만 채권채무의 무한책임은 당시 일종의 관습이었을 뿐 문헌상에 명확하게 기재된 것은 아니라고 하여 우회적으로 유한책임의 존재에 여지를 두었다. 徐建靑, 「淸代手工業中的合夥制」, 『中國經濟史硏究』, 1995-4, p.137.

의식을 가지고 있었고 합과의 모든 결정 사항은 협의를 통해 이루어졌으며 모두 평등한 발언권을 갖고 있었다. 그러나 은고가 상호의 손해를 무한적으로 책임졌던 것과는 달리 사실상 신고는 자신의 노동력이나 경영 능력 이상의 책임을 지지는 않았다.

신고는 자본을 출자한 것이 아니라 자신이 합과에 투입했던 노동력이나 경영 능력을 계량화하여 책임을 질 수밖에 없었던 것에서 그 이유를 찾을 수 있다. 이러한 인력자본은 그 소유자에게 부속되는 것이고 그 가치를 평가하여 계량화하는 것은 현실적으로 쉽지 않은 일이었다. 더욱이 손해를 보상하는 담보품으로서 제공하기에도 적당하지 않았다.[51] 만일 인력자본을 가진 합과인이 단지 인력으로만 책임을 진다면 무한책임을 명시한 합과기업의 본질에도 모순이 발생하는 것이 된다. 그러나 현실은 그 이상을 요구하기도 어려웠던 듯하다.

이와 같이 소유권과 경영권이 분리되어 있고 경영은 전적으로 신고의 관할하에 놓이게 되는 상황에서 출자자가 신고의 재능만 믿고 자본을 완전히 그에게 맡겨서 운영하고 감독이나 통제를 하지 않는다면 출자자의 입장에서는 위험 부담을 지게 되는 것이었다. 더욱이 신고가 고분에 따라 홍리 분배에 참여하지만 채무상환에서는 제외가 된다면 그러한 우려는 더욱 부각되었을 것이다. 그러므로 고동들은 경영 능력과 함께 신뢰할만한 경영자를 확보하는 것이 절대적으로 필요했다. 소유권과 경영권이 분리되어 있고 신고가 채무 상환에 대한 책임에서 벗어나 있는 이러한 지배구조에서 합과인을 선택하는 최대의 기준은 '신뢰'가 될 수밖에 없었다.[52]

따라서 합과의 규모가 커지고 고분제가 발달할수록 출자자가 출력자를 관리 감독하고자 하는 요구가 커지게 되었다. 이러한 현실적 요구는 고동회, 동사회 등의 회의를 통한 합과의 관리 감독의 강화로 나타났다고 할 수 있다. 또한 앞에서 본 것과 같이 경리에게 홍리를 분배하지 않고 급여만을 지급하는 등의 사례도 이러한

---

51) 劉鵬生·林柏·劉建生, 「晉商的産權制度及其管理特色」, 『稅收與企業』, 2003-10, p.61.
52) 전인갑, 「중국 근대기업의 지배구조와 合夥 慣行-지연망의 '사회자본'化」, 『역사교육』 89(2004), p.219.

관점에서 볼 수 있을 것이다. 즉 은고와 신고가 평등한 관계에서부터 점차 고용과 피고용 관계로 변화되어 갔다는 것이다.

07 가경13년 任天賜 등 放銀賬 개설 合夥生意約

산서성, 1808

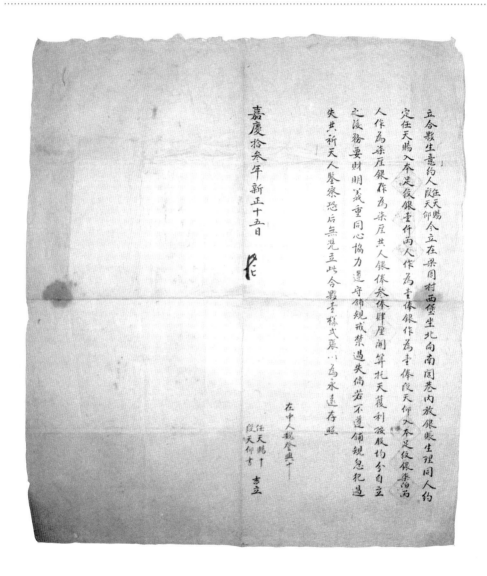

立合夥生意約人任天賜今立在梁同村西堡坐北向南閣巷內放銀賬生理同人約

定任天賜入本足紋銀壹仟兩人作為壹體銀作為壹體段天仰入本足紋銀壹仟兩

人作為壹體銀作為壹體共人銀叁體肆厘淸筭托天蔥利按股均分自立

之後務要財明義重同心協力遵守舖規戒禁過失倘若不遵舖規急犯過

失共祈天人鑒察恐后無凭立此合夥書樣式張二為永遠存照

嘉慶拾叁年新正十五日

在中人親叅典十一

任天賜十
段天仰十　吉立

立合夥生意約人任天賜、段天仰今立, 在梁周村西堡坐北向南閭巷內放銀賬生理,
同人約定任天賜入本足紋銀壹仟兩, 人作爲壹俸, 銀作爲壹俸, 段天仰入本足紋銀
柒佰兩, 人作爲柒厘, 銀作爲柒厘, 共人、銀俸叁俸肆厘開算, 托天獲利, 按股均分,
自立之後, 務要財明義重, 同心協力, 遵守鋪規, 戒禁過失, 倘若不遵鋪規, 忽犯過
失, 共祈天人鑒察, 恐後無憑, 立此合夥壹樣弍張, 以爲永遠存照。

在中人　魏登興(十字押)
嘉慶拾叁年新正十五日　合同
任天賜(十字押)
段天仰　書
吉立

任天賜와 段天仰은 오늘 合夥 계약서를 작성하였으니, 두 사람은 동업하여 平遙
縣 中都鄕 梁周村 西堡 坐北朝南閭巷 안쪽에 字號를 개설하여 放銀賬 사업을 경
영하기로 한다. 중개인이 현장에서 증명하여 (다음과 같이) 약정하였다. 任天賜는
紋銀 1,000량의 자본금을 투입하고 人力股 1俸과 은고 1俸을 가진다. 段天仰은
紋銀 700량의 자본금을 투입하고 人力股 7리와 은고 7厘를 가진다. 인고와 은고
모두 합쳐 3봉 4리이고 이익의 획득은 하늘에 맡기고 股份에 따라 이윤을 분배한
다. 合夥合同을 작성한 후에는 반드시 大義를 깊고 분명하게 하고 같은 마음으로
협력하며 鋪規를 준수하고 과실을 삼가고 경계한다. 만약 鋪規를 준수하지 않거나
과실을 범하면 공동으로 上天에게 기도를 올리고 다른 사람의 감찰을 받도록 한다.
이후 빙증이 없을 것을 우려하여 이 合夥合同을 같은 형식으로 두 장 만들어 영원
한 증거물로 삼는다.

중개인　魏登興(십자서명)

가경 13년 신정 15일

任天賜(십자서명)

段天仰 작성

순조롭게 작성

해설

　이 문서는 상호를 창립하기 위해 체결한 전형적인 합과 계약서이다. 특히 이 계약서에는 동업한 두 사람이 모두 각각 은고와 신고를 보유하고 있는 것으로 보아, 이 두 사람 모두 출자자이자 경영자인 듯하다. 본 합과 기업은 임천사任天賜와 단천앙段天仰이 체결한 것이며 총자본금은 인고와 은고를 합해 3봉 4리이다. 그중 임천사는 인력고 1봉과 은고 1봉, 단천앙은 인력고 7리와 은고 7리를 가진다는 것이다. 출자와 경영이 분리되어 있는 일반적인 합과와는 달리 두 명의 합과인이 모두 출자와 경영에 대한 책임을 공동으로 지고 있는 것이다.

　계약서에는 이익이 발생하면 고분에 따라 균등 분배할 것임을 규정하고 있다. 뿐만 아니라 계약서상에는 기재되어 있지 않지만 이런 경우 손해가 발생할 때 두 사람이 공동으로 무한책임을 져야했다. 두 사람이 함께 출자와 경영을 겸하고 있다는 것은 기본적으로 두 사람 간에 신뢰가 있다는 것을 알 수 있다. 그러나 만일에 발생할 수 있는 두 사람 간의 불화를 방지하기 위해 "대의를 깊고 분명하게 하고 같은 마음으로 협력하여 점포의 규정을 준수해야 한다"는 것을 명시하고 있으며, 만일 점포의 규정을 어기거나 과실이 있을 경우 두 사람 간에 해결하기 힘들다는 것을 감안하여 '다른 사람의 감찰을 받아들이는 것'으로 이후에 발생할 수 있는 분규의 처리방식을 규정하고 있다.

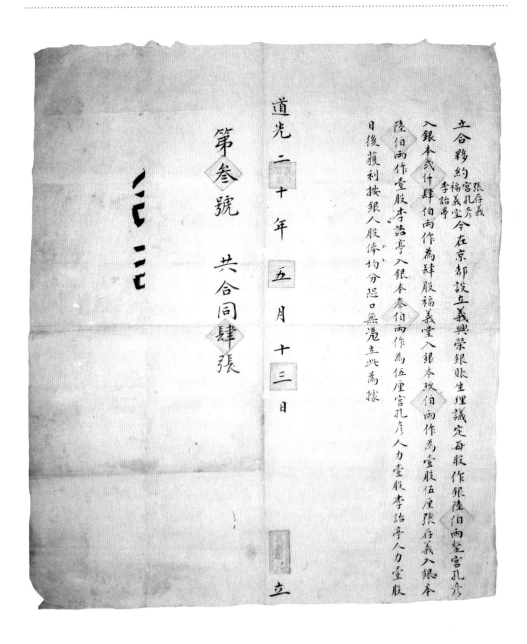

立合夥約宮孔彦　張存義
福義堂　李詁亭
今在京都設立義興榮銀賬生理議定每股作銀陸伯兩整宮孔彦
入銀本貳仟肆伯兩作爲肆股福義堂入銀本玖伯兩作爲壹股伍厘張存義入銀本
陸伯兩作壹股李詁亭入銀本叁伯兩作爲伍厘宮孔彦人力壹股李詁亭人力壹股
日後獲利按銀人股俸均分恐口無憑立此爲據

第叁號　共合同肆張

立合夥約張存義、宮孔彦、福義榮、李詥亭今在京都設立義興榮銀賬生理，議定每股作銀陸佰兩整。宮孔彦入銀本弍仟肆佰兩，作爲肆股；福義堂入銀本玖佰兩，作爲壹股伍厘；張存義入銀本陸佰兩，作壹股；李詥亭入銀本叁佰兩，作爲伍厘。宮孔彦人力壹股，李詥亭人力壹股，日後獲利，按銀、人股俸均分，恐口無憑，立此爲據。

道光二十年五月十三日「義興榮記(圖章)」立
第叁號共合同肆張
[半書] 合同

번역

合夥約을 작성하는 宮孔彦, 福義堂, 張存義, 李詥亭은 오늘 북경에 義興榮이라는 상호를 개설하여 은량 대부업을 하기로 하고, 논의하여 600량을 1股로 삼기로 결정한다. 宮孔彦은 자본금 2,400량을 내어 4고를 점유하고, 福義堂은 자본금 900량을 내어 1.5고를 점유하며, 張存義는 자본금 600량을 내어 1고를 점유하고, 李詥亭은 자본금 300량을 내어 5厘를 점유한다. 宮孔彦은 人力股 1고, 李詥亭은 인력고 1고를 가지며, 이후 이윤을 획득하면 은고와 인고에 따라 이윤을 평등하게 분배한다. 구두합의만 있고 빙증이 없는 것을 우려하여 이를 작성하여 증거로 삼는다.

도광 20년 5월 13일 「義興榮記(도장)」 작성
제3호, 모두 4장의 계약서(가 있음)
[반서] 합동

  이 합과 계약서에는 4명의 출자자, 상호의 위치, 상호의 명칭, 경영 범위, 자본주의 출자와 지분점유 상황 및 이윤 분배방식을 명확하게 기재하고 있다. 출자자는 궁공언宮孔彦, 장존의張存義, 이이정李詒亭으로 이들은 모두 개인적으로 투자하고 있다. 복의당福義堂은 해당 계약서만으로는 상호인지 당호인지 알 수 없지만 분명한 것은 개인이 아니라 어떤 집단을 대표하고 있다는 것이다. 또한 출자자 4명은 모두 각자 출자한 금액의 다과에 따라 은고를 점유했지만 모두 인력고를 소유하고 있는 것은 아니었다. 즉 궁공언과 이이정만 각각 1고의 인력고를 가지고 있는 것으로 보아 두 사람은 상호에서 경영을 담당하는 등의 중요한 역할을 했다는 것을 알 수 있다. 나머지 복의당과 장존의는 출자만 하고 있을 뿐 상호의 경영에는 참여하지 않은 순수한 자본주이다.

  이 합과 계약서에서 눈여겨 볼만한 것은 인장이다. 특히 이 문건의 서명란에는 서명이 아니라 모두 인장이 이를 대신하고 있는 것이 특징이다. 인장의 인문印文이 '의흥영기義興榮記'라고 되어 있는 것으로 보아 상호 명칭이라는 것을 알 수 있다. 경우에 따라서는 앞에 지명이 더해지기도 한다.

  인장의 모서리에도 각양각색의 문양을 집어넣는 것이 일반적이었다. 문양에는 여러 종류가 있으며 각각의 문양에는 다양한 의미를 담고 있다. 예를 들어 견직물문양, 오곡이 익은 문양, 매난국죽 문양, 복록수福祿壽 삼성 문양, 장사의 신을 우의한 문양, 정鼎모양의 문양, 재물을 퍼뜨린다는 의미의 문양 등이 있다.

  이들 문양과 장식을 통해 당시 사람들의 지혜와 우의를 나타내고 있으며, 계약서에 인장을 찍음으로써 위조방지와 광고 선전을 동시에 달성한다는 의미가 있었다. 인장의 형태는 전통적인 정방형이나 장방형이 많지만 마름모형, 원형, 육각형, 호로병형, 서책형, 나뭇잎형, 재신財神이나 화합이선和合二仙의 형상을 띠고 있는 경우도 있었다. 기능적으로 볼 때 처음 시작할 때 찍는 인장(抬頭章), 마지막에 찍는 낙관(落地章), 숫자에 찍는 인장(押數章), 반절용 인장(騎縫章), 위조 방지형 인장(防僞章) 등이 있다. 이 계약서에는 낙관, 압수장, 방위장이 날인되어 있다.

09 도광29년 胡洪資 등 桐油行業 설립 合同

안휘성, 1849

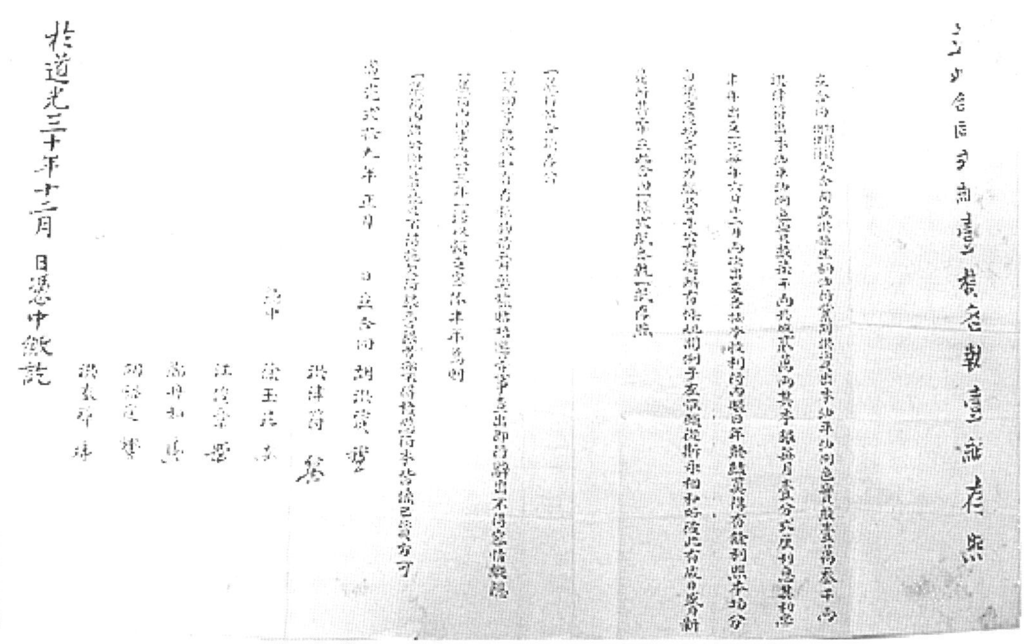

[牛書] 立此合同□□壹樣各執壹紙存照

立合同胡洪資、洪律符今合開立洪恆生桐油行業, 胡洪資出本油平油例色, 實收繳壹萬三千兩, 洪律符出本油平油例色, 實繳柒千兩, 共成貳萬兩。其本銀每月壹分貳厘利息, 其利息半年出支一次, 每年六月十二月兩次出支各按本收利, 行內賬目年終結算, 得有餘利照本均分。自議之後, 均各協力經營, 於公有濟所有條規開例於左, 惟願從斯永相和好, 彼此有成日盛月新, 是所甚幸, 立此合同一樣貳紙, 各執一紙存照。

一議行帖合頂存公

一議同事諸公如有存私徇情舞弊、嫖賭嬉遊等事, 查出即行辭出, 不得容情縱隱。

一議行內同事諸公三年一歸, 以預支客俸半年為則。

一議行內諸公西部大开发貨置貨, 不得拖欠行銀, 營銀者亦不得移懸, 行本皆系己資方可。

道光弍拾九年正月 日立合同 胡洪資(押)、洪律(押)

憑中 徐玉昆(押)、江俊章(押)、鄭丹如(押)、胡裕庭(押)、洪奉璋(押)

於道光三十年十二月 日憑中繳訖

[반서] 동일 양식의 계약서를 □□ 작성하여 각 한 장씩 가져 보존함

계약을 맺은 胡洪資, 洪律符는 오늘 함께 洪恆生桐油行業을 설립한다. 胡洪資는 本油平油例色을 출자하여 실제로 13,000량을 거두어 내고, 洪律符는 本油平油例色을 출자하여 실제로 7,000량을 거두어 내니 모두 20,000량이다. 출자금의 월 이자는 1分2厘이며, 이자는 반년에 한 번씩 매년 6월, 12월 두 차례 지급하되 출자금에 따라 지급한다. 상호의 회계는 매년 연말에 결산하고 이익이 남으면 출자금에

따라 균등 분배한다. 의논한 후에는 모두 각기 경영에 협력하며, 공유해야 하는 규정을 좌측(아래: 역자)에 나열한다. 오직 이로부터 영원히 서로 화목하고 서로 나날이 성공하길 바란다. 이에 심히 기뻐 함께 계약서를 작성하여 같은 내용으로 두 장을 만드니 각기 한 장씩 보관하여 증거로 삼도록 한다.

일, 상호개설 계약서는 매우 사실에 부합하며 공정하다.

일, 동료들은 모두 공정해야 하며 만약 사적인 감정으로 문제를 일으키거나 嫖娼하고 도박하는 등의 일이 있다면 조사하여 즉시 쫓아내고 용납하지 않는다.

일, 상호 내 동료들은 공정하게 3년에 한 번씩 귀향할 수 있도록 하며 반년 전에 여행비용(客俸)을 미리 지급하는 것을 원칙으로 한다.

일, 상호 내 동료들은 공정하게 물건을 구매하며 물건 값을 치루는 것을 미루지 않는다. 자금을 관리하는 자는 자금운용을 멋대로 하지 않아야 하며, 상호의 자본금은 모두 자신의 자금일 경우에만 사용할 수 있다.

도광 29년 정월 일 계약을 맺음   胡洪資(서명), 洪律符(서명)

중개인   徐玉昆(서명), 江俊章(서명), 鄭丹如(서명), 胡裕庭(서명), 洪奉璋(서명)

도광 30년 12월에 중개인으로 하여금 납세완료

해설

이 문건은 휘상의 동업 계약 문서로, 서로 다른 성씨의 사람들 사이에서 체결된 투자액이 각기 다른 합과 계약서이다. 즉 이들이 동유행업桐油行業을 개설할 때 호홍자胡洪資는 13,000량을, 홍율부洪律符는 7,000량을 각각 출자하여 모두 20,000량의 자본금을 모았다. 계약서 내용에 의하면, 출자금에 대한 월이율은 1分2厘이며, 그 이자는 반년에 한 번씩 지급하니 매년 6월, 12월에 두 차례 지급하되 출자금에 따라 이자를 수령한다고 규정하고 있다. 또한 상호의 회계는 매년 말에 결산하고 만약 이익이 있을 경우 각자 출자한 자본금에 따라 분배한다는 것을 규정하고 있다.

전자에서 언급한 월이율 1분2리라고 하는 것은 영업 이익 이전에 지급하는 것으로 보아 '관리官利'를 의미하는 것으로 보인다. 관리는 영업 이익과 관계없이 출자자에 일정 이자를 우선 지급하는 관행이다. 관리를 지급하고 나머지에서 영업 이익에 따라 홍리를 지급하게 된다. 따라서 후자에 언급하고 있는 것이 상호의 순수한 이익인 홍리로 보인다.

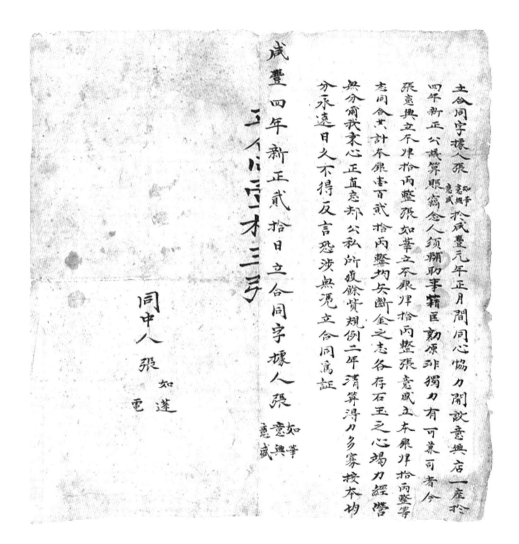

立合同字據人張意興 知卝 於咸豊元年正月間同心恊力開設意興店一座於
四年新正公誠算眼窩念人須補助事籍匡勒原非獨力有可兼司者今
張意興立不昇拾丙整張如華立本眿昇拾丙整張意盛立本眿昇拾丙整等
志同合共計本眿壹百貳拾丙整均矢斷金之志各存石玉之心竭力經營
無分爾我束心正直意卻公私所疲餘實規例二年清算得刀多寡校本均
分永遠日久不得反言恐淡無凭立合同爲証

咸豊四年新正貳拾日立合同字據人張意盛 如華
　　　　　　　　　　　　　　　　　　張意興 如筆

同中人張如達 電

立合同字據人張如華、張意興、張意盛於咸豐元年正月間同心協力, 開設意興店
一座, 於四年新正公議算賑, 竊念人需輔助, 事藉匡勤, 原非獨力有可兼司者, 今張
意興立本肆拾兩整, 張如華立本銀肆拾兩整, 張意盛立本銀肆拾兩整, 等志同, 合
共計本銀壹百貳拾兩整, 均矢斷金之志, 各存石玉之心, 竭力經營, 無分爾我, 秉心
正直, 忘卻公私, 所獲餘貲, 規例二年淸算, 得力多寡, 按本均分, 永遠日久不得反,
言恐涉無憑, 立合同爲証。

咸豐四年新正貳拾日立合同字據人　張如華、張意興、張意盛
[半書] 立合同壹樣三張
同中人　張如蓬、張電

번역

合同字據를 작성하는 張意興, 張如華, 張意盛은 咸豐 元年 正月間에 同心協力하
여 意興店을 개설하였고 咸豐 4年 正月 세 사람은 공동으로 상의하여 결산을 결정
하였다. 내 생각에, 사람은 輔助가 필요하며 급박하고 불안정한 시기에 때마침 어
떤 일이 발생할 수 있으므로 한 사람의 역량으로는 모든 일을 완전하게 겸할 수
없다. (이에) 오늘 張意興은 자본금으로 은 40량정을 출자하고 張如華가 자본금으
로 은 40량정을 출자하며, 張意盛도 자본금으로 은 40량정을 출자하여 합해서 총
자본금 120량정을 만든다. 모두 굳건한 우정의 뜻을 유지하고 각각 옥석과 같은
마음을 가지며 전력을 다해 경영하고 너와 나를 나누지 않으며 정직한 마음을 견지
하고 공과 사의 경계를 잊었다. 획득한 이윤은 2년에 1번 결산하며 이윤이 많든
적든 (출자한) 자본금에 근거하여 평등하게 분배한다는 것을 규정한다. 아무리 오
랜 시간이 지나더라도 모두 위반해서는 안 된다. 이후에 구두로 한 약속은 있지만
근거가 없을 것을 우려하여 계약서를 작성하여 증거로 삼는다.

함풍 4년 신정월 20일 계약 문서 작성자　張意興, 張如華, 張意盛
[반서] 동일 양식의 계약서를 3장 작성
중개인　張如蓬, 張電

해설

　이 문건은 이전에 이미 합과 계약을 맺은 바 있는 상호에서 다시 동업 계약을 맺는 정식 계약서이다. 이 문건에 의하면 의흥점意興店이 처음 합과 계약을 맺은 것은 함풍 원년(1851년) 정월이었고 3년간 경영을 한 후 이에 대한 심의와 평가를 하게 된 것이다. 결산의 목적은 3년간의 경영에 대해서 손익과 경영상황을 검토하고 상호의 경영을 계속할지의 여부를 총결산하는 것이었다. 결산 후 장의흥張意興, 장여화張如華, 장의성張意盛 세 사람은 계속 사업을 경영하기로 결정하였고, 다시 각각 은 40량의 자본금을 더 투입하고 합과 계약을 체결한 것이다. 이번에 맺은 계약에서는 결산기간을 2년으로 한다고 명시하고 있다. 3년 동안의 경영에 대한 평가와 사업전망 등을 종합적으로 평가하고 상황에 맞게 상당히 유연하게 대처하고자 했다는 것을 알 수 있다.

立合墨程鳴玉王道南得記王心原王懋修邱集文等富閏生財有道之易在人覓

利先拈㑖已同心必致如蘭今吾等同和一氣程鳴玉去正本曹平寶紋五伯兩正

王道南得記出正本曹平寶紋貳千兩正王心原去正本曹平寶紋貳千兩正王懋修本正

本曹平寶紋貳千兩正邱集文出正本曹平寶紋五伯兩正共咸正本曹平寶紋柒千兩正

在本縣城中租賃合開同和字號棉花布疋生理經于司事務湏註帳明白議定過

年正月服合擡盤所覆利金一軆本㪟分偹有不棄憑本均認另立擡平付各股圦就自

合之後惟奥恊和永同共濟行見源源而来定出生生不息爲此立合墨五張各

咸豊捌年貳月

　　　　　日立合墨程鳴玉
　　　　　　　王道南得記
　　　　　　　王心原
　　　　　　　王懋修
　　　　　　　邱集文
　　　　　中見胡爍堂
執筆張永遠存照

立合墨程鳴玉、王道南得記、王心原、王懋修、邱集文等竊聞生財有道, 交易在人, 覓利先於克己, 同心必致如□。 今吾等同和一氣, 程鳴玉出正本曹平寶紋五伯兩正, 王道南得記出正本曹平寶紋二千兩正, 王懋修出正本曹平寶紋二千兩正, 邱集文出正本曹平寶紋五伯兩正, 共成正本曹平寶紋柒千兩正。 在本縣城中租寓合開同和字號棉花布疋生理經手司事務, 須注帳明白, 議定遞年正月賬合盤查所獲利金, 照本均分。 倘有不敷, 照本均認, 另立盤單, 付各股收執。自合之後, 惟冀協和永同共濟, 行見源源而來, 定然生生不息, 爲此共立合墨五張, 各執一張, 永遠存照。

咸豐捌年貳月　　日
立合墨　程鳴玉(押)、王道南得記(押)、王心原(押)、王懋修(押)、邱集文(押)
中見　　胡耀堂(押)

合墨계약서를 작성하는 자는 程鳴玉, 王道南得記, 王心原, 王懋修, 邱集文 등으로, 우리가 듣기에 돈을 벌어도 정당한 방법으로 벌어야 하고 거래라는 것은 사람에게 달려 있다. 이익을 얻으려면 우선 개인을 수양하고 경박함을 극복해야 하며, 동업자들이 한마음이 된다면 반드시 □가 될 수 있다. 오늘 우리가 한마음으로 힘을 합쳐, 程鳴玉은 원금 曹平寶紋 5백량, 王道南得記는 2천량, 王懋修는 2천량, 邱集文은 5백량을 출자하며 총 원금 조평보문 7천량을 모았다. 본 현의 한 곳을 임대하여 同和號를 설립하고 면과 원단을 경영하는데 동업하기로 한다. 장부를 성실하게 기록해야 하며, 매년 정월에 수익 금액을 실사해야 하고, 원래 출자금의 비율에 따라 이윤을 분배한다. 손실이 나는 경우에도 마찬가지로 출자금의 비율에 따라 손실 금액을 각자 인수하여 따로 장부를 만든다. 동업을 시작하는 날부터 각 계약자가 같은 마음으로 협력하길 바라며 돈을 많이 벌고 영업이 끊임없이 번성하기를 바란다. 이를 위하여 합묵 문서를 5장 작성하여 각자 1장씩 소지하고 영원히 증빙으로 한다.

함풍 8년 2월   일
합묵 계약자   程鳴玉(서명), 王道南得記(서명), 王心原(서명),
              王懋修(서명), 邱集文(서명)
중개인   胡耀堂(서명)

해설

   본 합과 계약서는 안휘성 이현黟縣에서 발생한 정명옥程鳴玉, 왕도남득기王道南得記, 왕심원王心原, 왕무수王懋修, 구집문邱集文의 동업 계약서이다. 정명옥은 총자본금 중 조평보문曹平寶紋 5백량, 왕도남득기는 2천량, 왕무수는 2천량, 구집문은 5백량을 출자하여 자본금 총 7천량을 모집하고 있다. 이 합과문서는 모집한 7천량의 자금으로 동화호同和號를 설립하고 면과 원단을 경영하기로 하고 체결한 동업 계약이다. 그런데 계약서에서 언급하고 있는 출자금은 총 5천량으로 나머지 2천량은 어떻게 해서 모집하게 되었는지는 언급이 없어 자세한 내막은 알 수 없다. 다만 계약서상에 언급되어 있고 합묵 계약에 서명한 당사자 중 왕심원의 출자에 대해서는 언급이 없는 것으로 보아, 왕심원은 실제로 출자를 하지 않고 자신의 노동력이나 경영 능력을 제공함으로써 본 합과 계약에 참여하고 있는 노동력 출자자로 보인다.
   본 합과 계약서에는 이익이 날 경우 출자금에 비례하여 이윤을 분배한다고 명시하고 있을 뿐 아니라 손실에 대해서도 출자금에 비례하여 분담한다고 함으로써 손실에 대한 처리방법도 언급하고 있다는 점이 특징이다. 일반적으로 합과 계약서상에 이익에 대해서만 언급할 뿐 손실에 대해서는 별도의 언급이 없는 여타의 계약서와는 구별된다.

正立合同文約人永錫號、 孫時蕃今因同心合意, 在京都前門大街珠市口南邊路西
設立義泉湧煙店生理, 言定紋銀伍佰兩作爲銀股壹俸, 永錫號入資本銀壹仟伍佰
兩, 作爲銀股三俸, 隨帶空身股壹俸, 傢倨鋪底作爲壹俸, 孫時蕃人力股壹俸, 以後
務宜同心協力, 矢公矢慎, 蒙天賜獲利, 按銀股、 人股均分, 仍留資本以存淵源不竭
之計, 倘有二意, 神明鑒察。

中人　原肇修(十字押)　陳喜元(畫押)
大淸同治十二年新正月十八日重新整「義泉湧(圖章)」立
[半書] 立此合同一樣弍張　□□號櫃存各執一張

번역

合同文約을 작성하는 永錫號와 孫時蕃은 서로 한 마음으로 북경 전문 밖 珠市口
남쪽 길에 義泉湧煙店을 개설하여 사업하기로 합의했다. 서로 의논하고 합의하여
紋銀 500량을 銀股 1俸으로 삼기로 정한다. 永錫號는 자본을 1500량 투자하여 銀
股 3봉을 보유하고, 동시에 空身股 1봉을 가진다. 商號 안에서 사용하는 가구와
물품 등 고정자산은 股俸 1봉으로 한다. 孫時蕃은 身股 1봉을 점유한다. 사업을
시작한 후에는 한 마음으로 협력하여 공정함을 가지고 삼가 경영하고, 하늘의 보살
핌으로 이익을 얻게 되면 은고와 신고에 의거하여 평등하게 이윤을 분배한다. 동시
에 일부분의 이윤을 남겨 경영자금으로 삼음으로써 상호의 자본이 마르지 않을 방
법을 꾀한다. 만약 우리 중 누군가가 다른 마음을 먹는다면 (천지)신명이 이를 거
울같이 살피실 것이다.

중개인　原肇修(십자서명), 陳喜元(서명)
대청 동치 12년 신정월 18일 다시 정리하여 「義泉湧(도장)」이 작성
[반서] 이 계약은 같은 양식으로 2장을 작성하여 □□號와 掌櫃가 각 1장씩 가짐

해설

이 문서는 전형적인 출자자와 경영자의 동업 형태를 보여주고 있는 합과 계약서이다. 이 동업계약에서 출자자는 개인이 아니라 영석호永錫號라는 상호이다. 영석호는 산서상인이 북경의 전문前門 바깥쪽에 개설한 장국賬局이다. 해당 장국이 출자하고 손시번孫時蕃을 초빙하여 경리로 삼아 의천용연점義泉湧煙店을 개설하여 사업을 한다는 것이다.

영석호는 은고 3봉을 점유하고 1봉의 공신고空身股를 점유한다. 공신고란 상호의 경영에는 참여하지 않으면서 상호 인력고의 배당을 향유하는 특수한 지분을 가리키는 것으로 신고의 일종이다. 가구와 각종 집기 등은 고정자산 투자에 속하므로 마찬가지로 지분 1봉을 가지며 이에 따른 이윤분배도 받게 된다. 따라서 신설된 상호의 총 고봉 수는 6봉이며, 그중 손시번의 신고 1봉을 제외하면 영석호는 은고 3봉, 공신고 1봉, 가구 등에 대한 1봉을 합하면 영석호가 5봉을 가졌다는 것을 알 수 있다. 이 상호는 출자자와 경영자가 분리되어 있는 전형적인 합과 형태를 띠고 있다.

이상에서 언급한 공신고와 가구 등에 대한 은고 지분은 모두 합과 기업의 특수한 지분으로, 상호를 설립할 때 출자자가 제안하면 합과인들이 공동으로 상의하고 의견이 일치가 되면 계약서에 기입하게 된다. 은고와 신고의 분배 외에 이윤의 일부분을 공적금으로 남겨두어 상호에 자본 유동성 문제가 발생하면 이를 상호의 응급자본으로 삼도록 규정했다. 그러나 일반적으로 합과기업 공적금의 비율은 낮았으며 공적금에 대한 규정도 없을뿐더러 규정이 있어도 기업의 이익이 적게 발생했을 때는 우선적으로 무시되는 경우도 빈번했다. 공적금에 대한 비중이 적었다는 것은 합과기업이 자본축적을 통해 확대 재생산하는 측면에서 취약했다는 증거이다.[53] 그러나 1904년 공포된 중국 최초의 근대 기업법인 공사율에서는 공사의 자본금을 가지고 이익을 분배할 수 없다고 규정해 놓았다.[54]

53) 정지호, 「近代 中國 會社企業의 制度實態 - 定款의 資本에 대한 諸 規定 分析」, 『중국학보』 60(2009). p.204.

이익이 발생할 시에는 우선적으로 공적금으로서 이익의 20분의 1을 분배해 놓음으로써 합과기업에 비해 자본축적이 보다 원활하게 이루어지도록 했다.

---

54) 『公司律』 제111조, 懷效鋒主編, 『淸末法制變革史料』(下卷), 刑法, 民商法編, 中國政法大學出版社, 2010, p.871.

新春鴻禧

蓋人事出於一而成者原能協心協極其遠而大者

尤當有規有矩斯人謀為能事豫則立我號新設

生意公議章程詳立條規俾衆歸一致心窮達大

其議章規逐欵開列於後倘有違者公議重罰凡

我同事之人務須均皆同心協力毋致懈怠永為守

庶幾無負設事之誠而我同事亦不至徒勞無

實也是為序

一議東家資本金錢玖佰串文頂分股三分㑇鈞二年

代利作鈞壹行伍佰串文為三分

一議身股準壹分五厘為滿不得更改每年每分應

文錢叁拾貳文不得過文

一議每算賬一年一錄二年一總算所獲利錢接錢股入股

多寡均分不得更改

一議各東掌平日不得預支錢文每算賬之後應分

利錢始得提俠

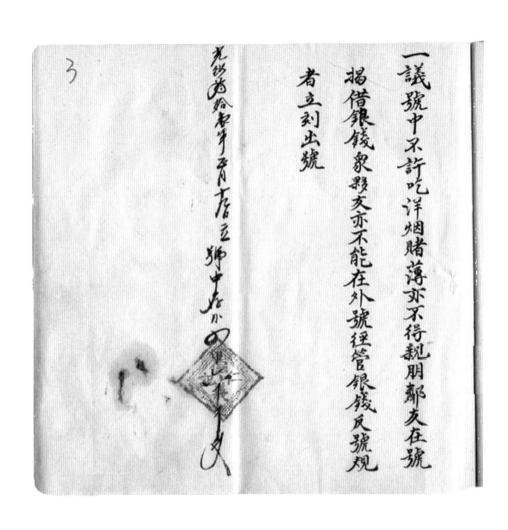

一議號中不許吃洋烟賭薄亦不得親朋鄰友在號

揭借銀錢衆夥亦不能在外號經管銀錢反號規
者立刻出號

光緒貳拾壹年壹月吉立　獅中右　記

侯子慶 存本金錢叁佰串文

付本金錢貳串文頂分股壹分正

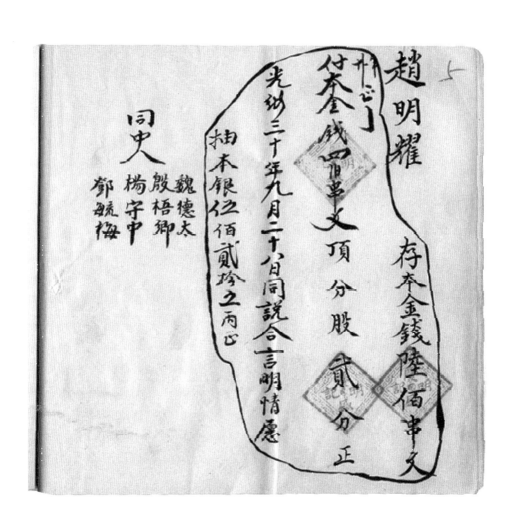

趙明耀

存本金錢陸佰串文

付本金錢四佰萬文 頂 分 股 貳 分 正

光緒三十年九月二十八日同說合言明情愿

抽本銀仁佰貳拾之丙正

同史
　魏德太
　殷梧卿
　楊守中
　鄧毓梅

趙明仁 6

頂身股壹分正

加身分貳厘

加身分叁厘

원문

光緒三拾一年新正月十九日立

睢州尚屯集德義仁記堆金老賬

新春鴻禧

蓋人事出於一而成者, 原能協心協力, 極其遠而大者, 尤當有規有矩, 斯人謀爲能事, 豫則立, 我號新設生意, 公議章程, 詳立條規, 俾衆歸一致, 窮遠大, 其議章規逐款開列於後, 有違者公議重罰, 凡我同事之人務須均, 皆同心協力, 毋致懈怠, 永爲守。庶幾, 無負設事之誠, 而我同事亦不至徒勞無實也。是爲序。

一議東家資本金錢玖佰串文, 頂分股三分, 做夠二年代利, 作夠壹仟五佰串文爲三分;
一議身股準壹分五厘爲滿, 不得更改, 每年每分應支錢叄拾千文, 不得過支;
一議每算賬一年一録, 二年一總算, 所獲利錢按錢股、人股多寡均分, 不得更改;
一議各東掌平日不得預支錢文, 每算賬之後, 應分利錢始得提使;
一議號中不許吃洋煙、賭薄[博], 亦不得親朋鄰友在號揭借銀錢, 衆夥友亦不能在外號經管銀錢, 反號規者立刻出號

光緒三拾壹年正月十九日立號中存錢四百六十千文

侯子慶存本金錢叄佰串文

廿年正月付本金錢弍佰串文頂分股壹分正

趙明耀存本金錢陸佰串文廿年正月付本金錢四佰串文, 頂分股貳分正

光緒三十年九月二十八日同說合, 言明情願抽本銀伍佰貳拾五兩正

趙明仁頂身股壹分正

廿三年新正月加身分弍厘廿五年新正月加身分叄厘

同中人　魏德太、殷梧卿、楊守中、鄧毓梅

번역

광서 31년 신정월 19일 작성

雎州尙屯集 德義仁記 堆金老賬

새해의 큰 행복

무릇 인간사가 하나에서 시작하여 성공하게 되는 것은 원래 마음을 모아 협력할 수 있기 때문이다. 그것이 오래가서 크게 되려면 더욱 마땅히 규칙이 있어야 한다. 이는 사람들이 계획하여 할 수 있는 일이니 미리 규정을 세우는 것이다. 우리 상호가 사업을 신설할 때 章程을 함께 논의하여 條規를 상세하게 작성하였고 모두 합의하였으며 사업이 오래도록 대성하기를 추구했다. 그 의논한 규정은 뒷부분에 열거한다. 이를 위반하면 함께 논의하여 무겁게 벌할 것이다. 무릇 나와 함께 일하는 사람은 반드시 고르게 분배 받고 모두 한 마음으로 협력하며 태만함에 이르지 않고 영원히 규정을 준수한다. 바라건대, 사업을 시작할 때의 정성을 잊지 않고 우리들의 노력이 공연히 헛수고가 되지 않기를 바란다. 이상은 서문이다.

일, 東家의 자본금은 900串文으로 頂分股 3分을 가진다. 2년간 영업한 이익을 가지고 자본금을 1,500串文으로 만들어 지분을 3分한다.

일, 身股는 1分5厘를 넘을 수 없으며 이를 바꿀 수 없다. 매년 1分당 應支錢 30千文을 지급하며 이를 초과할 수 없다.

일, 결산은 1년에 한 번 하고 2년에 한 번 총결산을 한다. 이익은 錢股와 人股의 다과에 따라 균등 분배하며 이를 바꿀 수 없다.

일, 각 고동과 장궤는 평소에 미리 돈을 지급받을 수 없고 결산하여 이익을 나눈 후에야 받을 수 있다.

일, 상호에서 아편이나 도박을 해서는 안 되고, 친구와 이웃에게 상호의 돈을 빌려줄 수 없으며, 모든 점원은 밖의 다른 상호에서 돈을 경영 관리할 수 없다. 상호의 규정을 위반하는 자는 즉시 쫓아낸다.

광서 31년 정월 19일 작성함. 상호에 보관된 錢은 460千文이다.

侯子慶은 存本金 錢 300串文을 투자했다. 광서 20년 정월에 付本金 錢 200串文을 투자하여 頂分股 1분을 가졌다.

趙明耀는 存本金 錢 600串文을 투자했다. 광서 20년 정월 付本金 錢 400串文을 투자하여 頂分股 2분을 가졌다. 광서 30年 9月 28日에 논의하여 투자한 돈에서 525량을 회수할 것을 언명했다.

趙明仁은 頂身股 1分을 가졌다. 광서 23年 新正月에 신고 2厘가 증가했다. 25年 新正月에 신고 3리가 증가했다.

중개인　魏德太, 殷梧卿, 楊守中, 鄧毓梅

해설

　　합과 계약은 본질적으로 합과 당사자들이 합과 과정에서 준수해야 하는 책임, 권리, 이익을 기재한 법률문서이며, 상업 운영의 핵심내용을 기재한 것이다. 그러나 합과 계약서에는 해당 합과기업의 운영 상황 등을 반영하는 것이 아니라 성립 당시의 자본 구성과 상황만을 기록한 것이다. 따라서 합과 기업 성립 이후의 실제 경영에서 고동의 지분이 어떻게 변동이 되는지는 합과 계약문서만으로는 알 수 없다. 일반적인 합과기업은 기업을 운영함에 따라 고분에 변동이 발생할 수 있고, 특히 상호 내부의 인원 변동이 있을 수 있기 때문에 고분제의 합과에서 인력고는 결산일마다 변화가 발생했다. 따라서 이러한 자본의 변동을 기재할 수 있는 장부가 필요했는데 이것이 만금장萬金賬이다.

　　만금장은 상호가 각 결산일마다 이익의 분배를 기록하는 장부이기 때문에 만금장이라고 불렸는데, 즉 '일―의 원금으로 만萬의 이익'을 얻는다는 뜻이다. 만금장은 평상시에는 사용하지 않다가 결산을 하고 이익을 분배한 후에 꺼내 볼 수 있었다. 형식면에서 만금장은 일반장부와 조금 다른데, 그것은 결산한 후 1고당 배분받아야 할 이익 및 각 고동의 지분과 그 변동 상황, 그들이 받은 금액을 기록하고 있기 때문이다. 또한 그 시작 부분에 합과 계약을 초록하기도 하고, 합과 계약을 맺을 때 덧붙인 규정을 함께 기재하기도 한다. 일반적으로 합과 기업에서는 특히 기업경영의 원칙이라든지 합과 내부인이 준수해야만 하는 원칙 등이 규정되는데, 만금장에는 이러한 내용도 포함되었다. 그 내용은 구체적으로 다음과 같다.

우선, 상호의 명칭, 합과인의 성명, 원금 액수 및 지분 구성을 기재한다.

둘째, 결산일마다 각 고동이 받은 이익금 및 급여를 기재한다.

셋째, 결산일마다 각 고동의 지분 변동사항을 기재한다.

넷째, 폐업할 때 모든 회계를 정산하고 만약 손실이 있으면 만금장에서 규정하고 있는 채무 부담 책임에 근거하여 각 고동이 그에 상응하는 채무부담을 지도록 한다.

그러나 모든 만금장에 이러한 내용을 다 기재하는 것은 아니고, 어떤 만금장은 비교적 간단하게 기록하기도 했다. 예를 들어 합과인 성명과 초기 투자 자본만을 기록하는 경우도 있고, 합과 계약만 기록하는 경우, 각 동업자의 자금만을 기록하는 경우 등 다양했다. 만금장의 이런 다양한 형태와 내용 때문에 그 명칭도 상당히 다양했다. 예를 들어 고본장股本賬, 중과신금장衆夥身金賬, 퇴금노장堆金老賬, 합동저장合同底賬 등은 모두 만금장을 일컫는 용어이다.

본 만금장의 내용은 상대적으로 완전한 것으로, 상호의 창립 연유, 규정, 고동 및 이익 분배 상황을 포함하고 있다. 특히 후자경侯子慶이 광서 20년 정월에 200환문串文을 더 투자한 상황, 조명요趙明耀 역시 광서 20년 정월에 600환문을 더 투자했지만 광서 30년 9월 28일 의논 끝에 투자한 돈 525량을 회수했다는 내용, 조명인趙明仁은 광서 23년 정월 신고 2리, 25년 정월 신고 3리를 가지게 되었다는 등 자본 변동 상황이 기재되어 있다.

[牛書] 合同

第貳號

立合同文約人劉積易堂、和三益堂、董晉安堂, 今我等志同道合, 風追管鮑, 在陵川縣附城鎭設立興泰和當典生理, 共集資本錢叁萬玖仟串文整, 以叁仟串作股共拾叁股, 所入資本人力俸股多寡不同, 詳列於後, 算賬之期三年爲限, 每賬所獲紅利以壹玖與夥友酬勞外, 其餘外按股均分, 恐後無憑, 爰立一樣合同四紙, 鋪與東各執一紙存證。

劉積易堂入本錢叁仟串文整, 作爲壹股
和三益堂入本錢叁萬叁仟串文整, 作爲拾壹股
董晉安堂入本錢叁仟串文整, 作爲壹股
和連璧頂身股一俸
(發起人)董忠漢頂身股伍厘
董其勳頂身股捌厘
胡福慶頂身股伍厘伍毫
張懷椿頂身股伍厘

中華民國十四年夏曆九月初八日吉立
[牛書] 壹樣四張
注: 合約右上角粘貼有印花稅票十張

[반서] 합동
제2호

合同文約을 작성하는 자는 劉積易堂, 和三益堂, 董晉安堂이다. 지금 우리는 뜻을 같이 하고 길을 합하여 管鮑의 길을 쫓아가니 陵川縣 부근의 城鎮에 興泰和를 설립하여 當典 영업을 하고자 한다. 모집한 자본은 총 3만9천환문정이고 3천환을 1股로 하여 13고로 하며, 투입한 자본과 인력고의 다과가 동일하지 않으니 다음에 상세하게 나열한다. 결산기는 3년에 한번이고 결산기마다 홍리를 1대 9로 夥友에게 보수로 지급하는 것 외에 나머지는 고에 따라 균분한다. 이후 증빙이 없을 것을 염려하여 동일한 계약서 4장을 작성하여 점포와 재동이 각 한 장을 가져 증명으로 삼는다.

劉積易堂이 투입한 자본은 3천환문정으로 1고이다.
和三益堂이 투입한 자본은 3만3천환문정으로 11고이다.
董晉安堂이 투입한 돈은 3천환문정으로 1고이다.
和連璧은 정신고 1봉
(발기인) 董忠漢은 정신고 5리
董其勳은 정신고 8리
胡福慶은 정신고 5리5호
張懷椿은 정신고 5리이다.

중화민국 14년 夏曆 9월 초8일 순조롭게 작성
[반서] 같은 양식 4장
부기: 계약서 우측 상단 모서리에 인화세표 10장이 붙어 있음

> **해설**

   이 문건은 동업하여 상호를 설립한다는 합과 계약서이다. 상호를 개업한 세 명의 출자자, 상호 개설 지점, 상호 명칭, 경영 범위, 점주의 출자 및 지분 점유 상황, 그리고 이윤 분배 방식이 기재되어 있다.

이 계약에서 주목할 만한 것은 이윤에 대한 분배 방식이다. 계약서에는 고동과 합과인의 지분을 규정하고 결산기에 홍리를 분배하도록 규정하여 각자 소유한 지분에 따라 배당받을 수 있도록 했다. 그러나 계약서상에는 고동과 신고를 가진 경영인의 지분만을 언급하고 있고 상호 내부의 일반 점원이 소유한 지분에 대해서는 언급하지 않은 것으로 보아 점원의 지분은 없었던 것으로 보인다.

합과 성립 당시에는 일반적으로 경리가 아닌 점원에게는 고정된 급여를 지급했고 점원들은 고분이 없으므로 홍리 분배에 참여하지 못했다. 이후 점원은 해당 합과에서의 근무한 연한에 따라서 정신고를 부여받고 홍리를 분배받을 수 있었다. 이는 진상이 상호 내부 사용자에 대해 지급하는 일종의 성과급이었다. 그러나 해당 상호는 계약을 체결할 때 직접 점원도 이윤 배분에 참여할 수 있다고 규정하고 있다는 것이 특이하다. 본 계약서에는 "정산할 때마다 홍리를 1대 9의 비율로 점원(夥友)과 합과인에게 각각 지급하는 외에, 나머지는 고분에 따라 균분한다"고 하고 있다. 즉 이윤 중에서 점원이 10%, 고동이 90%를 점하는 방식으로 홍리를 분배한다는 것이다. 이는 합과 성립 당시부터 점원에게도 일종의 성과급의 지급을 약속함으로써 상호의 영업활동에 적극성을 갖도록 했던 것으로 보인다.

合同字據

立合約字人黃良記、傳壽記、金仁記, 緣我等集議設立於蛟湖上街, 牌名協記字號, 由各處採辦油鹽紙煙等項運往蛟湖一帶銷售, 黃良記出股本龍洋四百元, 傳壽記 出股本龍洋四百元、金仁記出股本龍洋四百元。共集成股本龍洋壹仟貳百元正。 如股本之洋投, 月一分行息, 所有長短照底核清。自從成立之後, 各人協力經營, 情 同管鮑, 義重金蘭。生意周年一結, 倘有盈虧, 公同負責, 各處往來賬項, 公借公還。 號中經理每年薪水各人四拾元, 亦不能透用, 不許私人營業, 滑滴歸公。恐口無憑, 公立合約三紙, 各執一紙永遠存照。

在場人　大有來(畫押)、同發齋(畫押)、楊文記(畫押)、陳興勝(畫押)、劉人和(畫押)
書議　楊維志(畫押)
民國庚午拾九年國曆七月十日立合約字人黃良記、傳壽記、金仁記
(外批) 永遠作廢
注：合約右上角粘貼有面值一分的國民政府印花稅票十張。

合同字據를 체결하여 상호를 개설한 사람은 黃良記, 傳壽記, 金仁記이다. 우리 몇 사람은 蛟湖上街 지역에 協記字號라는 이름의 상호를 개설하기로 함께 상의하고, 각지에서 油, 鹽, 紙, 煙 등의 화물을 採辦하고 蛟湖 일대로 운반하여 판매하기로 한다. 상호에서 黃良記는 股份의 本錢으로 龍洋 400원을 출자하고, 傳壽記도 股份의 本錢으로 龍洋 400원을 출자하고, 金仁記도 股份의 本錢으로 龍洋 400원을 출자하여 세 사람이 모집한 자본 총액은 龍洋 1,200원이다. 모든 이는 股本을 투입할 때 매월 1分의 이자로 계산하고 모든 투입 자본은 시간의 길고 짧음과 관계없이 액수에 따라 청산하기로 약정한다. 상호가 세워진 다음 각각은 모두 반드시 협력하여 공동으로 경영하고 모든 이의 우정은 마치 관중과 포숙아와 같으며 모두의 의기는 결의형제보다도 더욱 진귀한 것이다. 상호가 개설된 다음 1년을 주기로 한 차례 결산하고, 만일 잉여와 손실이 있으면 모두가 공동으로 책임진다. 각지와 왕래하는 항목별 비용은 상호 내에서 公款으로 빌리고 公款으로 돌려놓는다. 그 중 상호의 경리는 매년 급여가 인당 40원이고 초과 지급할 수 없다. 개인이 상인의 명의로 사적인 사업을 진행하는 것을 허락하지 않으며 상호의 모든 수입은 모두 공동으로 소유한다. 다만 구두 약정만 있고 증거가 없는 것을 우려하여 모두가 함께 계약서 3부를 작성하고 각각 1부씩 가져 영원히 증거로 삼도록 한다.

현장 증인   大有來(서명), 同發齋(서명), 楊文記(서명), 陳興勝(서명), 劉人和(서명)
書議   楊維志(서명)
중화민국 19년, 음력 庚午年 7월 10일
합과 계약서 작성인   黃良記, 傳壽記, 金仁記
비주(外批): 영원이 폐기한다.
부기: 성립된 계약의 우측 상단 모서리에는 1分 가격의 국민정부 印花稅票 10張이 붙어 있음

해설

  이 문건은 강서성 청강현淸江縣의 것으로 1930년 황량기黃良記, 전수기傳壽記, 김인기金仁記 등 세 사람이 협기자호協記字號를 개설하기 위해 작성한 동업 계약서이다. 문건에는 이들의 동업 조건이 상세하게 기록되어 있다. 이들 세 사람의 출자금은 400원으로 모두 동일하다는 것이 특징이며, "모든 이는 고본股本 투입에 대해 매월 1분의 이자로 계산한다"는 것으로 보아 이것은 영업 이익 이전에 분배하는 '관리' 규정인 것으로 보인다. 경리에 대해서는 설명이 없어 자세한 내용은 알 수 없지만 경리는 출자자가 아닌 경영자이며, 경리의 급여가 40원이라는 것을 보면 경리는 출자자 외에 다른 사람을 고용한 것으로 보인다. 이익과 손실

이 발생했을 때는 공동으로 분배하고 공동으로 책임을 지며 개인이 상호를 통해 사적인 이익을 취할 수 없음을 명기하고 있다.

이 문건은 21번, 22번 문건과도 관련이 있는데, 본 문건에 '서의書議'로 등장하는 양유지楊惟志는 해당 계약의 협의 내용을 대신 기록하는 역할을 담당하고 있다. 그러나 본서의 'I-4 합과의 변동'에 수록되어 있는 21번, 22번 문건은 이후 그가 참여했던 합과의 계약서로, 해당 합과의 흥망 과정이 잘 나타나 있다.

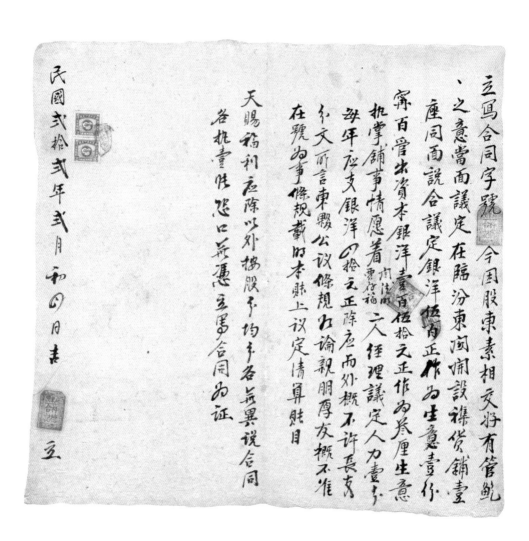

立寫合同字號　今因股東素相交好有管鮑
一、之意當面議定在臨汾東門坰設雜貨鋪壹
座同面説合議定銀洋恕有正作為生意計
寧百嘗出資本銀洋壹百伍拾元正作為夥庄生意
執掌鋪事情愿着　周法福
　　　　　　寧百號　二人經理議定人力壹分
每年皮支銀洋四拾元正除應而外概不許長支
分文所言東夥公议條規如論親朋厚友概不准
在鑷為事條規載明本賬上议定清算賬目

天賜福利應陳以外撥股平均亭各无異説合同
各執壹性恐口無憑立為合同為証

民國弐拾弐年弍月　和日立

立寫合同字號祥德合記今因股東素相交好，有管鮑之意，當面議定在臨汾東關開
設雜貨鋪壹座，同面說合，議定銀洋伍百正作爲生意壹份，寧百管出資本銀洋壹百
伍拾元正作爲叁厘，生意執掌鋪事，情願着閆清明、賈存福二人經理，議定人力壹
分，每年應支銀洋四拾元正，除應而外，概不許長支分文，所言東夥公議條規，無論
親朋厚友，概不准在號爲事，條規載明本賬上，議定清算賬目，天賜獲利，應除以
外，按股分均分，各無異說，合同各執壹張，恐口無憑，立寫合同爲證。

注：合約左上角粘貼有印花稅票兩張
民國式拾式年式月初四日吉「祥德合記(圖章)」立

합동자호를 작성하는 祥德合記는 지금 股東과 평소에 관계가 좋고 管鮑의 뜻이
있어, 당면하여 臨汾東關에 잡화포 하나를 개설하고자 논의하였다. 중개인과 함께
은양 500원정으로 1份을 삼기로 하고 출자은 150원정을 3厘로 하여 점포를 경영하
기로 한다. 閆清明, 賈存福 두 사람을 초빙하여 경리로 삼고, 인력고 1분을 소유하
는 것으로 하며, 매년 應支銀은 40원정이고, 應支 외에는 가불 등을 허락하지 않는
다. 모든 것은 재동과 점원이 논의하여 규정하며 친우의 우정의 깊이와 상관없이
상호에서 일하는 것을 허락하지 않는다. 규정은 모두 본 장에 기재하고 청산목록을
의논했으며, 하늘이 이익을 허락한다면 응지은을 제하고 고분에 따라 균분하며 각
각 다른 말이 없다. 계약서는 각자 한 장씩 가지며 증거가 없을 것을 염려하여 계
약서를 작성하여 증거로 삼는다.

부기: 계약서 좌측 상단에 인화세표 두 장이 붙어 있음
민국 22년 2월 초4일 「祥德合記(도장)」가 순조롭게 작성

　본 합과 계약서는 상호의 명의로 서명하고 계약을 맺고 있다. 일반적으로 합과 계약은 출자자와 경리의 명의로 서명하는 경우가 많지만 본 문건처럼 상호명 혹은 당호 명의로 하기도 한다. 그러나 상호명 혹은 당호로 계약을 했다고 해도 진상 상호의 주요 조직 형식이 합과이고 상호의 대표는 모두 합과인이기 때문에, 이는 직접 합과인을 기재한 계약과 본질적으로 차이는 없다.

　해당 계약서에는 특별히 두 가지 규정을 밝히고 있다. 하나는 두 명의 경리를 초빙하여 매년 은량銀洋 40원을 지급하며, 지급해야 하는 액수 외에는 가불 등의 방식으로 별도의 지급을 허락하지 않는다는 것이다. 둘째는 우정이 깊이와 상관없이 합과인의 친지 등이 상호에서 일하는 것을 허가하지 않는다는 것이다. 이 두 규정은 사사로운 감정으로 인해 상업 경영에 지장을 줄 것을 사전에 방지하는 의미가 있다. 이러한 규정을 통해 출자자와 경영자 모두 멋대로 상호의 자금에 손대는 상황을 막고, 그들의 친우들을 상호에 취직시킴으로써 서로 결탁하여 상호에 손해를 끼치는 상황을 사전에 미리 방지하고자 했던 의도를 알 수 있다.

I-4 합과의 변동

분석과 개괄

합과는 여러 사람의 자본을 모아 형성된 것이기 때문에 자본이나 합과 참여자 등 여러 상황에서 변동이 발생했다. 합과의 출자인 은고는 영원히 이익을 향유할 수 있었으며, 이것은 아버지가 사망하면 아들이 상속하고 해당 합과가 존재하는 한 영원히 계속되었다. 그러나 신고는 사망하면 그것으로 합과에서의 이익 분배는 정지되었다. 합과에서 차지하는 은고와 신고의 위치와 역할이 달랐던 것이다.

이미 언급한 것처럼 신고는 결산기 때 홍리를 분배받는 합과인이었다. 그러나 결산기는 최소 2-3년에 한 번씩이었기 때문에 결산기가 되기까지 신고는 생활에 어려움이 있었다. 따라서 정신고에게는 매년 응지은(혹은 지사은支使銀)의 명목으로 비용을 지급하여 우선 생활에 충당하도록 했다. 그리고 결산기가 되면 원래 받게 되어 있는 홍리에서 이미 받은 응지은을 제외하고 나머지를 수령했다. 본서의 'I-3 합과의 성립과 운영'에 수록된 16번 문건은 바로 그러한 예를 보여주고 있다. 이 합과 계약서는 1933년 산서지역의 것으로, 잡화포를 설립하고 두 명의 경리를 초빙했는데, 이들은 '각각 신고 1분을 소유하며 매년 응지은 40원을 지급받고', '하늘이 이익을 허락한다면 응지은을 제하고 고분에 따라 균분한다'고 명시하고 있다. 이는 신고가 결산기의 홍리 분배에서 응지은을 공제한 후 나머지를 받을 수 있었다는 것을 의미한다. 오가와히사오小川久男의 연구에 의하면, 민국시기 내몽고 포두包頭에서는 물가상승으로 인해 과계들의 생활이 곤란하게 되자 1934년부터 응지은을 홍리에서 공제하지 않는 경우도 있었다고 한다.[55] 이런 경우는 경리가 응지은과 홍리를 모두 지급받았다는 것을 알 수 있다.

이러한 응지은은 은고에게는 해당이 없고 신고에게만 주어졌던 일종의 생활비 명목이었다. 그 권리는 신고 당사자에 한했다. 그러나 실제로 정신고 당사자가 사망한 후에도 일정기간 동안 그 가족들이 홍리 분배를 받을 수 있었는데, 이를 고신고故身股(혹은 공봉空俸)라 부른다. 이는 당사자가 사망한 후에 남아 있는 가족들이 생활을 도모할 수 있도록 배려하는 차원에서 분배하는 일종의 복리였다. 정신고 당사자가 사망하고 나면 그가 생전에 가지고 있던 신고의 다소에 따라 홍리 분배를 받을 수 있는 기한이 규정된다. 진상은 이에 대한 상세한 규정을 두고 있었는데[56] 이는 점포에서 경리와 점원이 차지하는 비중이나 중요도가 높았기 때문에 이들에 대한 일종의 우대정책이었다. 17번 문건이 바로 고신고의 한 예이다. 본 계약서에는 서특달徐特達의 부친이 옥성의기玉成義記에서 5리의 인력고를 점유하고 있었기 때문에 부친 사망 후 3년 동안 그 아들이 고신고를 받아오다가 기한이 다 되어 지분을 완전히 정산한다는 내용을 담고 있다.

이러한 고신고는 고동이 사망한 동료의 가족에게 표하는 동정이자 동료에 대한 배려이므로, 동료가 혼신의 힘을 다하여 상호를 위해 일할 것을 격려하는 작용을 했다. 그러나 일반적으로 그 권리가 해당 자녀에게까지 상속되지는 않았다. 다만

---

55) 小川久男, 「包頭に於ける貨店(上)-內蒙古に於ける商業資本の特質に關する一硏究」, 『滿鐵調査月報』 23-10(1943), p.63.

56) 山西票號 중 하나인 大德通票號의 경우를 예로 들면, 1904년 大德通票號의 號規에는 이에 대한 명확하고 상세한 규정이 있다. 즉 "상호동료(號夥)의 故股는 1~3厘인 자는 3년 만에 청산하고, 4~5厘인 자는 4년 만에 청산하며, 6~7厘인 자는 5년 만에 청산하고, 8~9厘인 자는 6년 만에 청산하며, 1俸인 자는 7년 만에 청산한다. 경리 역시 1俸으로, 領袖(총지배인)를 맡은 자는 8년 만에 청산하고, 俸股는 있으나 점포에 들어온 지 4년이 안 되어 사망한 경우 1~5厘는 2년, 6厘 이상은 3년 만에 청산한다. 사망한 해가 10월 1일 이전이면 해당 연도를 1년으로 치고, 10월 1일 이후이면 해당 연도는 계산에 넣지 않는다. 이 규정을 정비하기 이전에 사망한 자는 舊규정에 귀결시키고, 이후에 사망한 자는 新규정에 귀결시킨다"라고 되어 있다. 黃鑒暉, 『山西票號史料(增訂本)』, 山西經濟出版社, 2002, pp.599-600.

예외적으로 내몽고 포두 화점貨店의 관행조사에 의하면, 청대에는 정신고 과계夥計가 사망하면 해당 상점 경영에 공적이 컸던 경리 혹은 부경리에게 해당 상점이 존속하는 한 그 권리를 영원히 상속하는 경우도 있었다고 한다.[57] 이를 영원신고永遠身股라 불렀는데, 영원신고의 경우에는 은고와 마찬가지로 영구성이 있었다. 이러한 응지은과 고신고의 의미는 사회보장제도가 없었던 당시에 합과 당사자의 사망으로 인해 가족의 생계가 어려워질 것을 고려하여 사망 후 해당 상점에 대한 공헌이나 근무 연수 등에 따라 몇 년의 유예를 두어 살아갈 방도를 찾도록 하는 데 있었다.

합과의 지분이 변동하는 원인 중의 하나는 합과인의 탈퇴였다. 고동 혹은 경영자가 자신의 지분을 돌려받고 탈퇴하기를 원하면 그렇게 할 수 있었다. 이때도 계약서를 작성했는데 이를 퇴과退夥(혹은 퇴고退股) 계약이라고 한다. 원래 투자했던 자신의 지분을 돌려받는 계약이다. 퇴과는 합과 존속기간 중 합과인이 원래의 합과에서 퇴출하는 것을 의미한다. 퇴과할 때 문제가 되는 것은 합과 성립 당시 자신이 투자했던 자본(노동력 포함)을 어떻게 회수할 것이며 합과의 이윤과 손해를 어떻게 분담하여 취할 것인가의 문제였다. 이때에도 역시 계약서를 작성하는데 각 합과의 사정이나 합과인의 사정에 따라 달리 처리되었다. 이와 관련된 계약서의 내용을 구분해 보면 다음과 같다.

첫째, 합과인이 자신의 지분이나 이윤에 대한 어떠한 요구도 하지 않고 권리와 의무를 모두 남아 있는 합과인에게 승계하도록 하는 방법이다. 합과에 대한 책임도 지지 않는 대신 권리도 포기한다는 계약서를 작성하여 이후에 어떠한 권리나 책임도 묻지 않겠다는 약정을 하는 것이다. 따라서 계약서 속에는 이후 어떠한 권리나 의무를 내세우지 않는다는 문구를 집어넣어 규정하고 있는 것이 특징이다.

둘째, 합과인이 자신의 지분과 이윤의 분배 및 손실책임에 대해 언급하는 방법이다. 합과는 두 사람 이상의 자본 결합이었던 만큼 자신이 투자한 지분에 대한 권리

---

57) 小川久男,「包頭に於ける貨店(上)-內蒙古に於ける商業資本の特質に關する一硏究」,『滿鐵調查月報』 23-10(1943), p.45.

가 있는 것도 사실이었다. 따라서 일반적으로는 자신의 지분에 대해 언급하고 있다. 더 나아가 어떤 경우에는 자신이 투자한 자본 이외에 이윤 분배와 손실에 대한 책임을 어떻게 부과한다는 내용이 포함된다.[58] 퇴과계약에서 최소한 자신의 지분이나 이윤 분배 및 손실책임을 언급하는 것은 일반적인 일이었다.

그 외에 합과를 성립할 때 이미 탈퇴에 대해 언급하고 있는 합과 계약서도 있다. 예를 들어 만일 합과를 탈퇴하게 되면 어떻게 할 것이라는 규정을 합과 성립 때 분명히 언명하는 것이다. 이렇게 되면 합과를 탈퇴하게 되더라도 규정된 방식대로 실현하고 효력을 발휘할 수 있었다.

이와 같이 합과 계약은 계약을 체결하는 당사자 간의 협의의 과정과 내용을 보여준다는 데 의미가 있었다. 특히 지분의 변동 상황이나 합과의 양도, 판매, 해산 등의 내용도 그대로 나타나 있다. 본서에 수록된 문건으로 예를 들면, 17번 문건은 앞에서 언급했듯이 상호의 합과인이 사망한 후 그의 지분을 청산하기 위한 퇴과계약이다. 그 내용 중에 고신고의 한 예를 볼 수 있다. 18번 문서 역시 퇴과계약이다. 이 계약은 취흥호聚興號에서 경영의 책임을 맡고 있던 남편이 사망하자 그 부인이 남편 생전의 상호에 대한 지분을 결산하고자 상호의 다른 합과인과 함께 작성한 퇴과계약이다.

이상과 같이 합과인 중의 일부가 자신의 지분을 회수하는 퇴과는 합과인 중의 한 사람 혹은 일부가 탈퇴하는 것이기 때문에, 퇴과한 이후에도 해당 합과는 기존의 합과인으로 영업을 지속하든 아니면 새로운 합과인을 받아들이든 영업을 계속할 수 있었다. 한편 합과인의 지분은 다른 사람에게 양도할 수 있었다. 즉 양도계약은 합과인의 지분을 회수한다는 면에서는 퇴과와 비슷하지만, 자신의 지분을 다른 사람에게 양도하여 그 사람으로 하여금 합과에 참여하게 한다는 점이 다르다. 합과 고분의 양도는 일반적으로 협의를 통해 자신의 정고분頂股份을 돌려받는 계약을 작성하는 것이다. 그러나 합과 고분의 양도와 탈퇴 등 고분의 변동이 있을 경우는 다른 고동의 동의를 얻어야 가능했다. 고분을 양도할 때는 내부 합과인 중에서

---

58) 張喜琴·劉俊, 「清代晉商的退夥, 散夥與股份繼承」, 『福建師範大學學報』, 2014-5, pp.139-140.

양도받을 사람을 우선 물색하고 없는 경우에 비로소 타인에게 양도할 수 있었다.

합과인 중의 일부의 변동뿐이 아니라 여러 가지 사정으로 인해 더 이상 합과를 유지할 수 없을 때 합과는 해산할 수 있었다. 예를 들어 참여한 합과인이 모두 합과를 탈퇴하게 되는 경우 합과가 해산된다. 이런 경우에 합과는 명확하게 합과인의 지분과 이윤 분배, 손실 부담 등 합과의 최종 결산을 하게 된다. 특히 채권 채무를 어떻게 분담하는 지는 합과인 간의 중요한 문제였다. 여기에는 세 가지 방법이 있었는데, 하나는 합과에 투자한 고분에 따라 균등 분배하는 방법이고, 다른 하나는 고분에 따라 균분하되 제한 조항을 삽입하는 방법이다. 예를 들어 합과의 이윤은 기본적으로는 고분 수에 따라 균등분배를 하고 합과의 손실에 대해서도 고분 수에 따라 균등분배를 하되 완전한 무한 책임이 아니라 어느 정도까지의 책임을 떠맡는 것이다. 또 하나의 방법은 채무를 균등 분할하는 것이다. 장시친張喜琴과 류쥔劉俊의 연구에 의하면 채무에 대해 고분에 따른 분배가 아니라 균등 분할을 하는 경우는 해당 합과가 가족이나 친지로 구성된 합과인 경우가 일반적이라고 한다.59)

합과인의 사망으로 퇴과하거나 혹은 해산하게 될 때는 아들이나 부인 등 상속인이 우선 합과의 고분을 상속한 다음 퇴과나 해산이 진행되는 경우가 많았다. 이런 경우 사망인의 고분을 계승할 뿐 아니라 신분도 계승하기 때문에 생전의 해당 합과인이 향유했던 권리를 일정정도 향유할 수 있었다. 그러나 그들이 퇴과할 때 퇴과 전의 채무 부담에서 무한 연대책임을 질 필요는 없었다. 합과인이 협상하여 계약을 약정함으로써 일정 정도 원래 합과의 채무를 면제할 수 있었기 때문이다. 이러한 계약은 청대의 합과 내부에서 효력이 있었을 뿐 아니라 관방제도의 측면에서도 인정되어 민간의 관습법으로서 보호되었다.60)

본서에 수록된 문건을 예로 들면, 19번 문건은 합과를 해산하면서 지분에 따라 합과의 재산을 분배한 해산계약이다. 20번 문건은 자본과 주주권을 양도한다는 지분 양도계약이다. 21번 문건은 의기장이라는 상호를 합과인이 아닌 다른 사람에게

---

59) 張喜琴·劉俊, 「淸代晉商的退夥, 散夥與股份繼承」, 『福建師範大學學報』, 2014-5, p.142.
60) 張喜琴·劉俊, 「淸代晉商的退夥, 散夥與股份繼承」, 『福建師範大學學報』, 2014-5, p.145.

판매하는 상호 매매계약이다. 22번 문건은 합과의 소유권을 이전하고 합과인의 출자 지분을 회수하기 위해 맺은 퇴과계약이다.

합과의 해산 시에 손익에 대한 책임 부담 말고도 합과의 자호字號를 어떻게 할지에 대한 논의도 중요한 문제 중의 하나였다. 합과의 해산은 합과 경영을 더 이상 하지 않는다는 의미이기 때문에 합과의 자호도 그 생명을 더 이상 유지할 수 없었다. 합과의 자호 역시 해당 합과의 무형자산이기 때문에 이를 존중했다. 따라서 합과를 해산할 때 특정 합과인이 이후 다른 합과를 구성하여 영업을 재개하고자 할 경우 누구도 마음대로 해당 상호의 자호를 사용할 수 없다는 규정을 분명히 명시하기도 했다. 만일 이러한 조항이 삽입되지 않았다고 하더라도 합과의 소멸과 함께 자호도 함께 소멸하는 것이기 때문에 관습적으로 더 이상 해당 합과의 자호는 사용할 수 없었다. 합과인은 마음대로 자호를 사용할 권리가 없으며 그에 수반한 상업적 효용성도 누릴 권리가 없었던 것이다.

그러나 합과를 양도하거나 소유권이 이전되는 경우도 있었다. 이런 경우에는 합과의 자호가 소멸되고 합과 자체가 해산되는 것과 달리 자호는 소멸된다 하더라도 해당 합과는 그대로 남아 다른 자호로 바꾸고 영업을 계속할 수 있었다. 23번이 그 한 예이다. 사지호謝志豪, 양유지楊維志 등이 영풍미점永豐米店의 고분을 완전히 회수하고 영풍미점을 여덕파余德波 개인의 소유로 넘기면서, 이후 상호의 원래 이름을 사용하든 변경하든 여덕파 마음대로 할 수 있다고 규정하고 있는 것이 그것이다. 특히 23번 계약서는 21번, 22번 문건과 연계되어 있는 동일 상호의 합과 계약서이다. 이 세 문건에는 합과기업이 성립되고 구성되는 과정과 지분 변동 및 해산, 소유권의 이전 등 민국시기 합과기업의 성립과 해산, 그리고 합과의 인수과정 등 변화과정이 나타나 있어 이와 관련된 여러 상황들을 파악할 수 있게 한다.

17 도광10년 徐特達의 玉成義記 退約

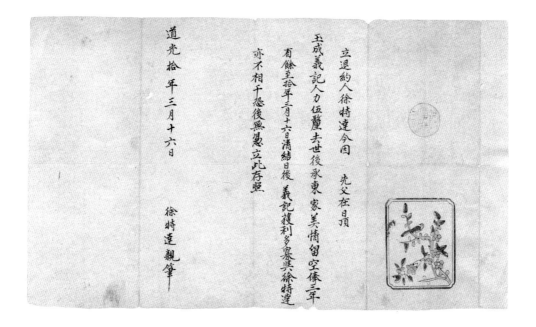

立退約人徐特達今因　先父在日頂

玉成義記人力伍蕫去世後承東家美情留空俵三年

有餘至拾年三月十六日清結日後　義記穫利多寡與徐特達

亦不相干恐後無憑立此存照

道光拾年三月十六日　　徐特達親筆

立退約人徐特達今因先父在日頂玉成義記人力伍釐，去世後承東家美情，留空俸三年有餘，至拾年三月十六日清結，日後義記獲利多寡，與徐特達亦不相干，恐後無憑，立此存照。

道光拾年三月十六日徐特達親筆

退夥 계약서를 작성하는 徐特達은 부친이 생전에 玉成義記에서 5厘의 人力股를 점유했던 연고로 부친 사망 후에도 東家가 두터운 정을 발휘하여 부친을 위해 3년여의 人力股權을 보류함으로써 3년여 동안 계속해서 商號의 이윤배당에 참여할 수 있었다. 도광 10년 3월 16일에 이르러 이 모든 賬務를 결산한다. 이후 義記가 얻는 이익이 많든 적든 상관없이 모두 徐特達의 부친과 무관하며 徐特達과도 무관하다. 이후 빙증이 없을 것을 우려하여 이 계약을 작성하여 증거로 삼는다.

도광 10년 3월 16일 徐特達 친필

　이 문서는 상호의 동료가 병으로 세상을 떠난 후 그 아들이 3년간 고신고를 받아오다가 기한이 끝나서 합과의 지분을 모두 정산하기 위해 맺은 퇴과 계약이다. 합과인의 사망은 합과에서 지분 변동이 발생하게 되는 가장 흔한 원인이었다. 진상의 합과에서 신고를 가진 사람이 사망한 경우 남아 있는 가족이 일정한 기간 동안 이윤배당을 향유할 수 있었다. 이를 보통 '고신고' 혹은 '공봉空俸'이라고 불렀다. 이는 상호가 점원들에게 주는 일종의 복리이며 상호의 규약에서도 빠질 수 없는 부분이었다. 산서표호 중 하나인 대덕통표호大德通票號는 1904년

이에 대해 상당히 상세한 규정을 두었던 바 있다. 이러한 고신고는 질병으로 죽은 동료의 가족에게 동정을 표시하고 동료로서 그동안 상호를 위해 진력을 다했던 것에 대한 고마움의 표시였다. 또 한편으로는 죽은 동료의 가족이 살아갈 방도를 찾을 동안 일정정도의 생활비를 유지하게 하기 위한 것이었다. 따라서 고신고의 존재는 사회보장제도가 없었던 전통사회에서 일정정도의 역할을 했고, 합과인 혹은 점원들이 상호를 위해 진심을 다해 일할 것을 격려하는 작용을 했다.

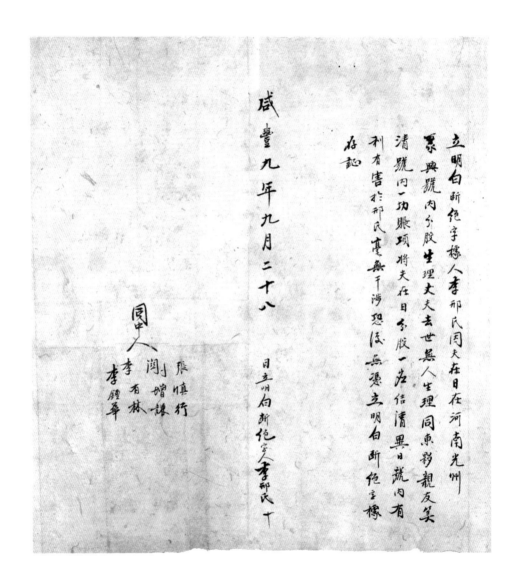

立明白斷絶字據人李邢氏因夫在日在河南光州

聚興號內分胶生理大夫去世無人生理同東彩親友笑

清號內一功賑項將夫在日分胶一名信清異日號內有

利有害於邢氏毫無干涉恐後無憑立明白斷絶主據

存証

咸豊九年九月二十八日立明白斷絶字李邢氏十

同中人
閆贈謀
李有林
李麗華
張愼行

立明白斷絶字據人李邢氏因夫在日在河南光州聚興號內分股生理，丈夫去世，無人生理，同東夥親友算清號內一切賬項，將夫在日分股一應結清，異日號內有利有害，於邢氏毫無干涉，恐後無憑，立明白斷絶字據存證。

咸豐九年九月二十八日立明白斷絶字人　李邢氏(十字押)
同中人　張慎行、閻增謙、李有林、李鐘華

李邢氏는 남편을 대신하여 (聚興號에 대한) 斷絶字據를 작성한다. 남편은 생전에 河南 光州의 聚興號 지분을 점유하고 동시에 경영에 참여했으나, 현재 남편이 죽어 사업을 경영할 사람이 없게 되었다. (이에) 남편의 錢主 동료와 함께 商號 내의 모든 장부의 항목을 결산하고 더불어 남편이 상호 내에 가지고 있던 지분을 모두 결산하고자 한다. 이후로는 商號에서 이익이 나든 손해를 보든 모두 邢氏와는 아무 상관이 없다. 구두 약속만 있고 빙증이 없는 것을 우려하여 분명하게 이 斷絶 계약을 작성하여 증거로 삼는다.

함풍 9년 9월 28일 명백하게 단절 계약서를 작성하는 사람　李邢氏(서명)
중개인　張慎行, 閻增謙, 李有林, 李鐘華

이 문서는 상호의 경영자가 병으로 세상을 떠난 후 그 부인이 작성한 지분철회 계약으로, 이것이 본 합과 기업에서 지분 변동이 발생하게 된 이유이다. 계약의 내용에서 알 수 있는 것은 이형씨李邢氏의 남편이 생전에 취흥호聚興號에서 사업경영을 책임졌으나, 남편이 사망한 후 경영을 담당할 사람이 없는 상황이 발생했다는 것이다. 특히 남편은 해당 상호에서 중요한 위치에 있었는데 현재는 해당 업무를 인계할 사람이 없는 상태에서 돌연 사망했다는 것을 알 수 있다. 이는 해당 상호가 지속적으로 발전하는 데에 치명적인 것이었다.

합과 기업 중 자본과 노동이 결합한 합과는 출자자와 경영자의 결합 형태이다. 이런 경우 자본의 소유권과 경영권이 분리되어 출자자는 경영에 참여하지 않고 전문 경영인을 두는 것이 일반적이었다. 경영자는 신고를 가지는 방식으로 상호의 배당에 참여했다. 이러한 방식을 통해 능력 있는 경영자를 잔류시킬 수 있고 경영자가 전심전력으로 경영할 수 있도록 했다. 이는 경영자의 적극적 경영을 유도하는 데 유리하며 경영자가 그 능력을 충분히 발휘할 수 있도록 하는 장점이 있었다.

그러나 단점도 존재했다. 규모가 큰 상호의 경우에는 일반적으로 한 사람의 총괄경영자(總經理)와 몇 명의 부경영자(경리)가 있지만, 규모가 작은 상호의 경우에는 통상 한 사람의 경영자가 있을 뿐이었다. 따라서 해당 경영자가 자신의 사무를 인계할 사람을 키워놓지 않은 상태에서 경영자에게 의외의 사고가 발생하게 되면 정상적인 경영은 불가능하게 되고, 심지어는 사업을 중단할 수밖에 없게 된다. 본 계약에서 언급한 취흥호의 상황은 바로 이러한 경우인 것으로 보인다.

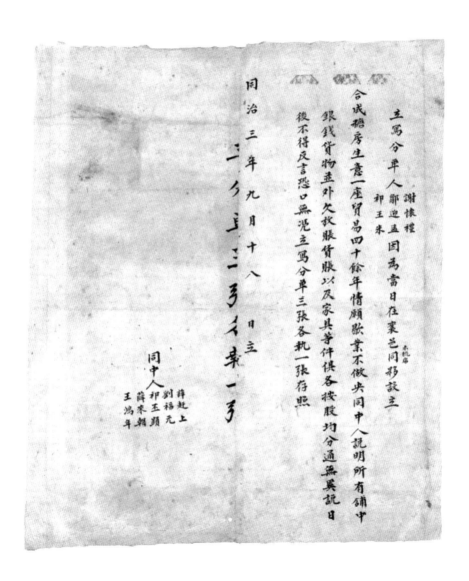

主寫分單人　謝懷禮
　　　　　　鄒迎孟
　　　　　　齊王朱

合成糖房生意一座貿易四十餘年情願歇業不做共同中人說明所有舖中
銀錢貨物並外欠賬貨賬以及家具等件俱各按股均分通無異說日
後不得反言恐口無憑立寫分單三張各執一張存照

同治三年九月十八日立

同中人　劉福元
　　　　齊玉顕
　　　　薛來姐
　　　　王鴻年
　　　　薛起上

立寫分單人鄒迎孟、謝懷禮、齊王朱因爲當日在襄邑木梳店同夥設立合成糖房生
意一座, 貿易四十餘年, 情願歇業不做, 央同中人說明, 所有鋪中銀錢貨物並外欠
放賬、貨賬, 以及家具等件, 俱各按股均分, 通無異說, 日後不得反言, 恐口無憑,
立寫分單三張, 各執一張存照。
同治三年九月十八日立
[半書] 立分單三張各執一張
同中人 薛赶上、劉福元、祁丕顕、薛來朝、王鴻年

分單을 작성하는 鄒迎孟, 謝懷禮, 齊王朱는 일찍이 襄汾縣에서 동업하여 合成糖
房 사업을 개업하고 사업한 지 40년이 되었으나 (이제) 폐업을 원하게 되었다. 중
개인과 함께 논의하여 모든 점포의 銀錢, 貨物과 외부에 대한 대출, 물건 대금 및
가구 등을 각기 지분에 따라 골고루 나누도록 한다. 서로 다른 의견이 없으며 이후
에 말을 바꿔서는 안 된다. 구두만으로는 증거가 없을 것을 염려하여 分單 3장을
작성하고 각자 한 장씩 보관하기로 한다.

동치 3년 9월 18일에 작성함
[반서] 分單 3장을 작성하고 각자 한 장씩 가져감
중개인 薛趕上, 劉福元, 祁丕顯, 薛來朝, 王鴻年

이 문건의 명칭은 분단分單이지만 일반 가정의 재산분할이 아니라 합과기업이
해산하면서 지분에 따라 기업의 재산을 분배한 해산계약이다. 본 계약서를 통해

합과의 해산과정도 알 수 있다. 우선 계약서에는 해당 합과기업의 창업과 경영의 이력이 나타나 있다. 이 기업은 추영맹鄒迎孟, 사회례謝懷禮, 제왕주齊王朱 세 사람의 합과조직이며 도광 원년에서 4년 사이에 개설되었고 이미 40여년 영업을 했었다는 것을 알 수 있다. 그러나 영업을 그만두는 이유에 대해서는 언급하고 있지 않다.

또한 본 계약서에는 해당 합과의 해산 과정에서 결산이 필요하여 장부 정리를 했다는 것을 언급하고 있다. 장부 정리는 합과의 해산 과정에서 가장 중요한 절차였다. 장부를 정리할 때는 기본적으로 "친형제라도 정산은 분명히 해야 한다"는 정신으로, 정을 따지지 않고 정산을 분명하게 하는 것이 필요했다. 본 계약서에서는 이익을 고분수에 따라 분배하듯 점포의 은전銀錢과 화물貨物, 외부에 대한 대출, 물건 대금 및 가구 등도 각기 지분에 따라 나누고 있다.

이외에 본 계약서로 알 수 있는 것은 해당 상호는 주로 당糖 사업에 종사했으나 대출사업도 했다는 것을 알 수 있다. 이는 장부에 '외부대출(外欠放賬)'이라고 기재되어 있기 때문이다. 이는 외부사람이 해당 상호에서 돈을 빌렸으며 해당 상호가 폐업할 때까지 아직 회수되지 않았다는 것을 보여준다. 진상이 개설한 상호 중에는 해당 상호처럼 대출사업도 겸하는 상호가 많았다. 이들은 상호 경영 과정에서 얻은 이익금을 대출해주고 큰 이윤을 얻기도 했다. 그러나 대부업에 종사한다는 것을 공개하지 않고 다른 사업을 내세워 경영하면서 대부업을 겸하는 경우가 많았는데, 이는 상인들이 도둑 등의 여러 위험을 피하기 위한 하나의 수단이었다.

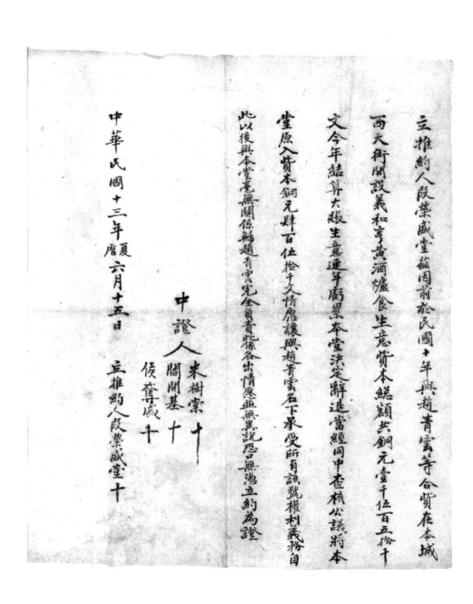

立推約人段榮盛堂茲因前於民國十年與趙青雲等合賃在本城

西大街開設義和亨黃酒爐食生意賃本總額共銅元壹千伍拾十

文今年結算大賬生意運年虧累本堂決定辭退當經同中查核公議將本

堂原入賃本銅元計百伍拾千文情願讓與趙青雲名下承受所有該號橫利義務自

此以後與本堂毫無關係歸趙青雲完全負責彼各出情願並無異說恐口無憑立約為證

中證人　米樹棠　十
　　　　閻開基　十
　　　　侯奪嵗　十

中華民國十三年曆六月十五日　立推約人段榮盛堂十

원문

立推約人叚榮盛堂，玆因前於民國十年與趙青雲等合資，在本城西大街開設義和亨黃酒爐食生意，貲[資]本總額共銅元壹千伍百五拾千文。今年結算大賬，生意連年虧累，本堂決定辭退當經，同中查核公議，將本堂原入貲[資]本銅元肆百伍拾千文，情願讓與趙青雲，名下承受所有該號權利義務，自此以後與本堂毫無關係，歸趙青雲完全負責，此係各出情願，並無異說，恐口無憑，立約爲證。

中證人　米樹堂(十字押)、閻開基(十字押)、侯奪盛(十字押)
中華民國三年夏曆六月十五日立推約人　叚榮盛堂(十字押)

번역

推約을 작성하는 叚榮盛堂은, 이전 민국 10년에 趙青雲 등과 자본을 합쳐 本城西大街에 義和亨 黃酒爐食 영업을 개설했으며, 자본금 총액은 銅元 1,550千文이었다. 올해 장부를 결산해보니 영업이 해마다 손해가 누적되어 본 사업에서 손을 떼기로 결정한다. 중개인과 함께 검토하고 논의하여 (叚榮盛堂이) 본 사업에 투자한 자본 銅元 450千文을 趙青雲에게 양도하니, 趙青雲이 叚榮盛堂 명의 하의 해당 사업의 모든 권리와 의무를 이어받는다. 이후로 叚榮盛堂과는 어떠한 관계도 없으며, 趙青雲이 사업을 완전히 책임지도록 한다. 이는 각자 원한 것이며 결코 다른 말을 해서는 안 된다. 말만으로는 증거가 없으므로 계약서를 작성하여 증거로 삼는다.

증인　閻凱基(십자서명), 米樹堂(십자서명), 侯奪盛(십자서명)
중화민국 3년 夏曆 6월 15일 推約 작성자　叚榮盛堂(십자서명)

해설

　본 계약서는 자본과 주주권을 양도하는 상업계약이며, 합과 상호 경영과정에서 흔히 볼 수 있는 현상이다. 실질적으로는 주주를 그만두는 계약으로 합과기업에서 고분의 변동이 발생하는 상황을 나타내고 있다.

　진상 합과 기업은 일반적으로 무한책임제를 시행했다. 무한책임이란 투자자가 기업의 채무 및 손실에 대해 완전하고 철저한 상환의 의무를 부담하는 법률책임을 말한다. 이는 원론적으로 말하면 투자자가 합과의 채무 및 손실에 대해 자기 명의로 부담을 지는 것 외에 합과의 다른 채무자의 부담까지도 지는 연대책임을 의미하는 것이었다.

　이 계약의 합과인 중 하나인 가영성당假榮盛堂은 해마다 영업에 손실이 나자 초기에 투자한 자본과 지분을 다른 사람에게 양도하고 있다. 즉 사업 손실에 대해 책임을 지고, 해당 사업의 모든 권리와 의무까지 양도한 것이다. 그러나 이렇게 양도할 경우 당사자가 임의로 양도를 결정하는 것이 아니라 증인의 참석 하에 상호의 다른 합과인 등 관계자들이 공동으로 상의하고 합의한 후에야 비로소 실행할 수 있었다. 합과기업의 이러한 상황과 처리방식은 무한책임제의 산물이라고 할 수 있다.

立賣貨物器皿字人義記莊今
因布業停歇数年生意利微開
消甚大累年虧本無從設法只
得將義記所有貨物器皿賬項
出賣與協記寶號承頂承受此
日當中核算貨物器皿賬項寺償
龍洋壹仟叁百九拾元其洋交付清
楚自頂之後任憑原店開張日後
生意宕發倘有盈餘虧折無有義
記相涉恐口無憑特立有賣貨物器
皿賬項一紙存與為據

邊在塲人

同發斋　大有來
楊文記
陳興勝
列人扣

國曆庚午年八月吉日立脫頂人仝前

立賣貨物器皿字人義記莊, 今因布業停歇, 數年生意利微, 開消甚大, 累年虧本, 無從設法, 只得將義記所有貨物器皿賬項, 出賣與協記寶號承頂承受, 比日當中核算貨物器皿賬項等價龍洋壹仟叄百九拾元。 其洋交付清楚, 自頂之後, 任憑原店開張, 日後生意宏發, 倘有盈餘虧折, 無有義記相涉。恐口無憑, 特立有賣貨物器皿賬項一紙存照爲據。

憑在場人　楊文記、同發齋、陳興勝、大有來、劉人和
國曆庚午年八月吉號立脫頂人　仝前

貨物과 器皿을 판매하는 문서를 작성한 자는 義記莊 商號이다. 현재 綢布行業의 사업이 정체되어 최근 몇 년 사업 이윤이 얼마 되지 않음에도 불구하고 비용이 너무 커서 계속해서 몇 년 간 자본금을 고갈시켰기 때문에, 어쩔 수 없이 義記商號의 모든 貨物과 器皿 및 외상장부를 協記商號에게 팔아넘겨 경영을 계속하게 하고자 한다. 당일에 중재인의 공정한 참여하에 심사하여 양측이 貨物, 器皿, 賬目의 가치를 총 은원 1,390元으로 평가했다. 이 銀元은 계약을 작성한 당일 이미 지급이 깔끔하게 완료되었다. 판매한 이후에는 買主 마음대로 원래의 점포를 계속 경영하고, 만일 사업이 커져서 이익이 나든 손해를 보든 義記商號와는 관계가 없다. 구두만으로는 증거가 없는 것을 우려하여 특별히 이 貨物과 器皿, 賬目을 판매하는 문서를 작성하여 증거로 삼는다.

현장 참석자　楊文記, 同發齋, 陳興盛, 大有來, 劉人和
國曆 庚午年(民國十九年) 公曆 8월 길일 판매 계약 작성자는 앞과 같음

이 문건은 의기장義記莊을 다른 사람에게 판매하는 강서성 청강현淸江縣의 상호 판매 계약서이다. 문건의 내용으로 보아 의기장의 영업은 정체되어 이윤은 나지 않고 영업유지 비용이 너무 커서 자본금마저 고갈된 상태였다. 따라서 부득이하게 의기상호의 모든 화물과 기명器皿 및 외상장부를 협기상호에게 판매한 것이다.

합과인이 자본이나 지분을 철수하거나 점포의 소유권이 이전되는 등의 변화가 발생하면 원래 자호를 어떻게 처리할지의 문제가 대두된다. 본 문건의 경우, 협기상호가 의기장을 인수한 다음 사들인 사람이 "마음대로 원래 점포를 개장할 수 있다"고 명시하고 있다. 판매한 이상 의기장 상호는 소멸하고, 이를 인수한 협기상호는 자유롭게 새로운 영업을 할 수 있게 된 것이다. 그러므로 이후 발생하는 이익이나 손해는 더 이상 의기장과는 무관하다는 내용을 담고 있다.

그런데 협기상호에 대한 내용은 15번 문건에 언급되어 있다. 협기상호는 민국 19년(1930년) 7월 10일 황량기黃良記, 전수기傳壽記, 김인기金仁記 등이 설립했다는 것이다. 한편 본 문건에서는 협기상호가 설립 1개월 후 의기장을 사들였다는 것을 밝히고 있다. 관련 내용이 22번, 23번 문건에도 나타나 있다.

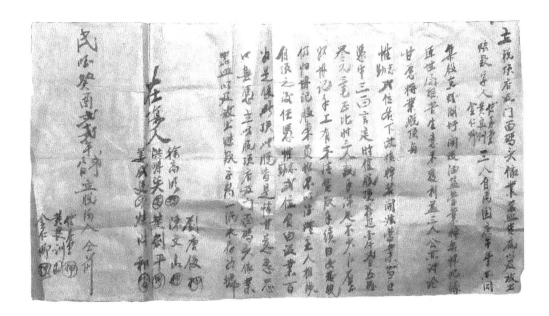

원문

立脫頂店及門面、碼頭、傢業、器皿、貨底以及放出賬款字人傳壽堂、黃良訓、金仁卿三人，自民國庚午年共同集股在蛟湖圩開設油鹽營業，牌名協記。緣近世局艱苦，生意不獲利，蓋三人公共討論，甘願將業脫頂與惟志、惟勤式位名下，改換牌名，開張營業。當日憑中三面言定時值脫頂花邊壹仟式百五拾叄元三毛正。比時三人親手收足，不少分厘。如協記手上有未清貨款手續，日後發現，仍歸協記股東負擔，不以清□主人相涉。自頂之後，任憑惟志、惟勤式位自由設業，百爲是便。此頂此脫皆是情甘意願，恐口無憑，立此脫頂店及門面、碼頭、傢業、器皿、貨底以及放出賬款字約一紙永存爲據。

在場人　徐高明(押)、洪疇興(押)、姜盛廷(押)、劉唐俊(押)、陳文山(押)、黃劍平(押)、張□和(押)
民國癸酉式十式年式月八日立脫約人 全前　傳壽堂(押)、黃良訓(押)、金仁卿(押)

번역

이 店鋪, 門面, 碼頭, 家具, 器皿, 貨物 양도 및 賬款 대출 문서를 작성하는 사람은 黃良訓, 傳壽堂, 金仁卿 세 사람이다. 우리 세 사람은 民國庚午(1930年)부터 공동으로 자본을 모아 蛟湖圩에 점포를 개설하여 油, 鹽을 취급하고 점포의 이름을 協記라고 지었다. 최근에 경기가 어려워 사업에 이윤이 나지 않기 때문에 세 사람이 함께 의논하여 스스로 이 점포를 楊惟志, (楊)惟勤 두 사람의 명의 아래로 소유권을 이전하기를 원하니, (이후) 그들이 경영하고 관리하며 그들이 마음대로 점포의 이름을 고쳐 새롭게 영업을 하도록 한다. 소유권을 이전하는 당일 중재인의 중재를 거쳐 모두 상의하여 이 점포 및 관련 재산의 가치를 銀元 1,253元 3角으로 확정하고, 거래를 하는 날 모든 은원을 직접 전달하여 한 푼도 부족함이 없었다. 만일 이후에 協記商號에 얼마간의 청산되지 않은 貨物, 款項 등이 발견 되면 (그

것은) 여전히 協記商號의 원래 股東의 부담으로 귀속되며 이후의 주인과는 무관하다. 소유권을 이전한 다음에는 楊惟志, (楊)惟勤 두 사람이 원하는 대로 자유롭게 점포를 개설한다. 이 항목의 소유권 인수·인계는 모두 쌍방이 마음으로 원한 것이다. 구두 약속만 있고 증거가 없음을 우려하여 이 店鋪, 門面, 碼頭, 家具, 器皿, 貨物의 소유권 이전 및 賬款 대출 문서를 작성하여 증거로 삼는다.

현장 증인　徐高明(서명), 洪疇興(서명), 姜盛廷(서명), 劉唐俊(서명), 陳文山(서명), 黃劍平(서명), 張□和(서명)
민국 癸酉 22년 2월 8일 소유권 이전 계약서 작성자　傳壽堂(서명), 黃良訓(서명), 金仁卿(서명)

> **해설**
>
> 　이 문건은 합과기업의 소유권을 이전하고 동업의 출자 지분을 회수하는 퇴고退股 계약서이다. 앞의 21번 문건에서 포업布業에 종사했던 의기장이 영업이 어려워져 1930년(민국19년)에 협기상호에게 팔려 소유권을 넘겼던 사실을 확인했다. 그런데 이번에는 의기장을 인수했던 협기상호마저 영업이 어려워져 양유지楊惟志, 양유근楊惟勤 두 사람에게 소유권을 넘기는 계약서를 작성한 것이다. 협기상호의 가치를 은으로 환산하여 정확하게 청산했지만 만일 이후에 아직 청산되지 않은 화물, 대출(款項) 등이 발견 되면 그것은 협기상호의 고동이 부담을 져야하며, 새로운 주인인 양유지, 양유근과는 무관함을 명시하고 있다. 소유권을 이전한 다음에는 양유지, 양유근 두 사람이 원하는 대로 자유롭게 점포를 개설할 수 있다고 명시하고 있다. 이후 이 두 사람이 설립한 상호가 무엇인지는 이 문건에서는 나타나 있지 않지만, 23번 문건에는 양유지가 다른 세 명의 출자자와 함께 영풍미점永豐米店을 개설했다는 것을 언급하고 있다.

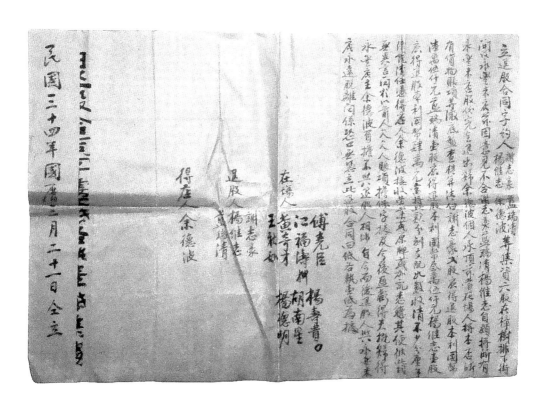

立退股合同字約人謝志豪、楊維志、藍瑞清、余德波等集資六股在樟樹排下街開
設永豐米店。茲因意見不合, 謝志豪、藍瑞清、楊維志自願將所有永豐米店股份完
全退出, 歸余德波個人承頂。茲當在場人將本店所有貨物、賑項等澈底盤查核算
清白, 謝志豪式股應得退股本利國幣陸萬伍仟元, 藍瑞清壹股應得退股本國幣叄
萬伍仟元, 楊維志壹股應得退股本利國幣肆萬元。當將此款分別自支配, 如數收
清, 不少分厘。手續既清, 任憑得店人余德波接收營業, 或原牌, 或加記, 悉聽其便,
彼此均無異言。關於以前人欠、欠人賑項擔保字據, 及今後盈虧得失, 概歸得永豐
店主余德波負擔, 不與退股人相涉。自今而後, 退股人與永豐米店永遠脫離關系。
恐口無憑, 立此退股合同四紙, 各執壹紙爲據。

在場人　傅堯臣、江福濤、黃奇才、王秋如、楊壽貴、胡南星、楊德明
退股人　謝志豪、楊維志、藍瑞清
得店人　余德波
民國三十四年國曆二月二十一日全立

이 퇴고 합동자약을 작성하는 사람은 謝志豪, 楊維志, 藍瑞清, 余德波 등이다. 우
리는 자본금을 모으고 (이를) 6개의 股份으로 나눠 함께 樟樹鎮 排下街에 永豐米
店을 개설했다. 현재는 의견이 통일되지 않는 관계로 謝志豪, 藍瑞清, 楊維志 세
사람은 스스로 원해서 자신이 永豐米店에 갖고 있던 股份을 완전히 退出하고 余
德波 개인의 소유로 소유권을 이전한다. 현재 현장에 있는 사람의 면전에서 本店
의 모든 貨物, 賑目 등을 철저하게 조사하고 검토하여 분명하게 한다. 그 중 謝志
豪가 가진 2股에 대한 회수 원금과 이자는 國幣 65,000元이고, 藍瑞清이 가진 1고
에 대한 회수 원금과 이자는 國幣 35,000元이고, 楊維志가 가진 1고에 대한 회수

원금과 이자는 國幣 40,000元이다. (거래가 이뤄진) 당일에 이 돈은 각각 3명의 退出者에게 지급하고 스스로 관리하도록 했으며 분명히 하여 한 푼의 부족함도 없었다. 절차는 이미 분명하게 처리되었으니 股份을 접수한 점주인 余德波가 마음대로 관리한다. 원래 사용했던 永豊米店 字號의 招牌를 사용하든 추가로 덧붙이든 그의 편의대로 하며 피차간에 다른 말을 하지 않는다. 退股 이전에 다른 사람이 본점에 빚지고 상환하지 않은 채무, 혹은 본점이 다른 사람에게 빚진 채무나 담보 문서, 그리고 이후 경영에서 발생하는 이익과 손해는 일체 이 股份을 획득한 永豊店主 余德波가 부담하며 퇴고한 사람과는 무관하다. 지금 이후로 股份을 退出한 세 사람은 永豊米店과 영원히 관계가 없다. 구두 약정만 있고 증거가 없는 것을 우려하여 특별히 이 퇴고 계약서 4장을 작성하고 각각 소지하여 증거로 삼도록 한다.

현장 증인 傅堯臣, 江福濤, 黃奇才, 王秋如, 楊壽貴, 胡南星, 楊德明
고분 양도자 謝志豪, 楊維志, 藍瑞清
점포 획득자 余德波
민국 34년 國曆 2월 21일 성립

해설

이 문건은 앞의 21번, 22번 문건과 연계되어 있다. 이 세 문건은 민국시기 상호의 인수와 변화과정을 알 수 있게 한다. 즉 의기장義記莊은 협기상호에 인수되었고 협기상호는 양유지楊惟志, 양유근楊惟勤에게 인수되었다. 두 사람에게 넘어갔던 협기상호에서 양유지와 양유근의 역할이 무엇이었으며 어떻게 경영했는지는 알 수 없지만, 본 문건으로 알 수 있는 것은 양유지는 다시 사지호謝志豪, 남서청藍瑞清, 여덕파余德波와 함께 자본을 모아 자본금 총 6고를 만들어 영풍미점 永豊米店을 개설했다는 것이다. 그런데 이후 투자자들 사이에 의견이 맞지 않아 양유지 등 세 사람은 출자자 중의 한 명인 여덕파에게 양도하고 자신들은 지분을 회수하는 퇴고 계약을 맺은 것이다. 이 과정에서 합과기업은 여덕파 한 사람 소유인 독자 기업으로 소유권이 전환된 것이다.

합과를 조직하여 상호를 창설할 경우 각 합과인 간에 관포管鮑의 우정으로 협력하고 금란지교金蘭之交와 같은 의를 지켜나가기를 원하지만 실제 운영과정에서 각종 갈등이 발생하는 것을 피하기는 어려웠다. 본 문서에서도 영풍미점 경영상 '의견이 일치하지 않은 것'을 지분 철수의 이유로 꼽고 있는 것이 그런 사실을 말해준다.

합과 기업의 자본 철수, 지분 철수, 점포의 소유권 이전 등 변동이 발생할 경우 원래의 자호는 다양한 방식으로 처리되었다. 특히 합과기업의 해산과 달리 지분 이전을 통하는 경우 원래의 상호가 유지되는 경우가 많았다. 본 문건의 경우에도 사지호, 양유지, 남서청이 영풍미점의 고분을 완전히 회수하고 여덕파 개인의 소유로 넘기면서 "이를 획득한 점주인 여덕파의 마음대로 경영하고 원래의 이름을 사용하든 변경하든 모든 것은 그의 편의대로 하며 피차간에 다른 말을 하지 않는다"라고 약정하고 있다.

21번, 22번, 23번 문건을 함께 보면 합과기업이 구성되는 과정과 지분 변동 및 해산, 소유권의 이전 등 합과기업의 성립과 해산의 과정을 잘 이해할 수 있게 된다.

I-5 기타

24 강희년간 漢口 휘상 汪元長, 謝臚의 議合同

안휘성, 연도미상

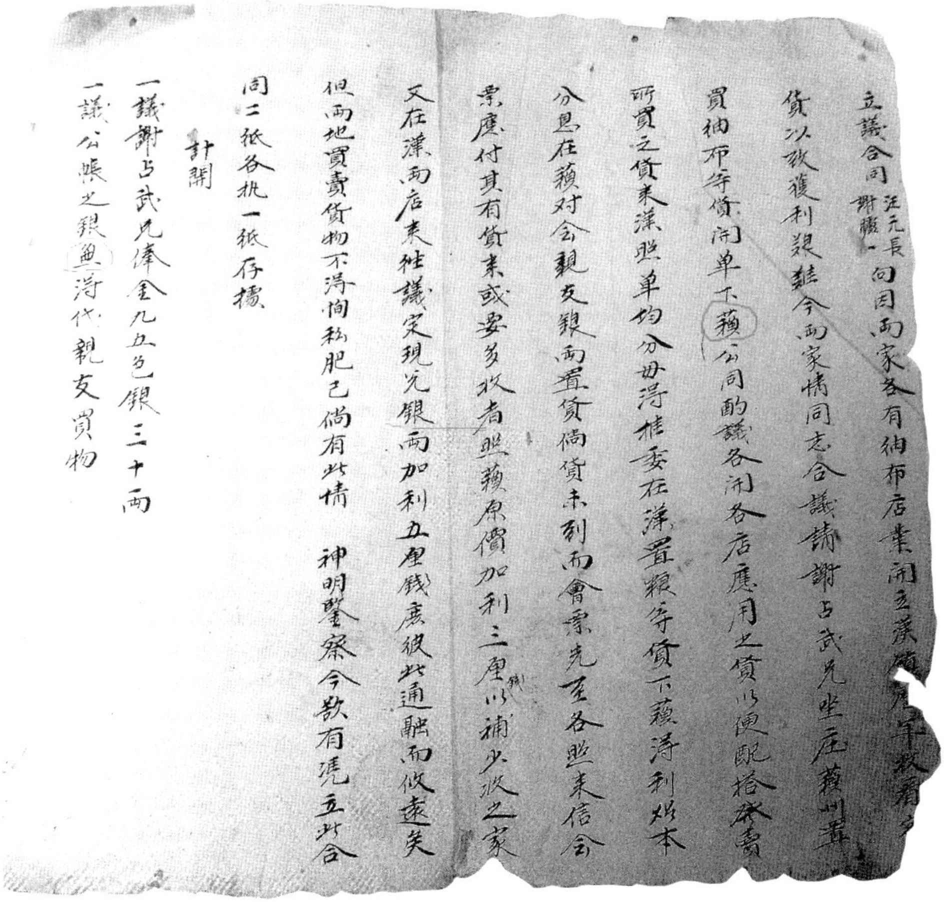
立議合同 汪元長 謝臚 向因兩家各有紬布店業開立漢鎮[illegible]年數着[illegible]
貨以致獲利艱難今兩家情同志合議請謝占武兄坐莊蘇州買
買紬布等貨開單下蘇公同酌議各開各店應用之貨以便配搭發賣
所買之貨來漢照單均分毋得推委在漢置粮等貨下蘇得利照本
分息在蘇對會親支銀兩置貨倘貨未到而會票先至各照來信會
票應付其有貨來或要多收者照蘇原價加利三厘以補少收之家
又在漢兩店來往議定現兌銀兩加利五厘錢應彼此通融而攸遠矣
但兩地買賣貨物不得徇私肥己倘有此情 神明鑒察今欲有憑立此合
同二紙各執一紙存據
計開
一議謝占武兄俸金九五色銀三十兩
一議公帳之銀無得代親友買物

立議合同汪元長謝臚向因兩家各有紬布店業開立漢鎮，歷年收看客貨以致獲利艱難。今兩家情同志合，議請謝占武兄坐莊蘇州置買紬布等貨，開單下蘇。公同酌議各開各店應用之貨，以便配搭發賣，所買之貨來漢照單均分，毋得推委，在漢置糧等貨下蘇得利，照本分息，在蘇對會，親友銀兩置貨，倘貨未到而會票先至，各照來信會票應付，其有貨來往或要多收者，照蘇原價加利三厘錢，以補少收之家。又在漢兩店來往議定現兌銀兩加利五厘錢廣，彼此通融，而攸遠矣。但兩地買賣貨物不得徇私肥己，倘有此情，神明鑒察。今欲有憑，立此合同二紙，各執一紙存據。

計開
一議謝占武兄俸金九五色銀三十兩；
一議公帳之銀照淂代親友買物。

합동 계약서를 작성하는 汪元長, 謝臚는 두 가정이 각각 漢鎮에서 포목점을 경영하기 때문에 매년 외부 상품을 맡아주는 것으로 이익을 얻기가 어려웠다. (이에) 현재 두 가정의 합의하에 占武형을 초빙하여 원단 구매 업무를 맡아 화물 리스트를 가지고 소주에 가서 구매하는 일에 대해 상의한다. 공동으로 참작하고 고려하여 각자의 상점에 필요한 화물의 리스트를 작성하고 화물의 구입과 거래가 잘 진행될 수 있도록 협력함으로써 편리를 제공하고자 한다. 구입된 화물은 한진에 도착한 후 리스트에 따라 분배하고 모든 사람은 분배 결과에 대해 책임을 미룰 수 없다. 또한 한진에서 식량 등 화물을 구입하여 소주에 가서 판매한 후 획득한 이득은 각자가 낸 원금에 따라 이윤을 나누며 소주에서 會票로 바꾼다. 친척과 친구들의 은전으로 화물을 구매한 경우, 화물이 아직 도착되지 않았는데 회표가 먼저 왔다면 회표에 따라 지불한다. 화물 왕래가 있으나 화물을 더 받은 경우, 소주에서 구매 당시의 원가에 이자

3리를 추가하여 화물을 덜 받은 집에 보충해준다. 그리고 한진에 있는 두 상점에 왕래하여 환은을 하는 경우 5리를 더 추가한다. 서로 간에 편리와 융통을 제공함으로써 장기적인 이익을 도모하고자 한다. 두 곳의 화물을 이용하여 개인적인 이익을 도모할 수 없다. 만약 이런 일이 발생하면 천지신명으로부터 감찰을 받는다. 나중에 근거로 남기기를 원하니 계약서 2부를 작성하여 각자 1부를 보관한다.

내역
일, 謝占武 형의 봉급은 九五色銀(순도 95도: 역자) 30량으로 한다.
일, 공금은 친척과 친구들의 요구에 따라 물품을 구입하는데 사용한다.

해설

　본 계약서는 동업 계약인 것은 확실하지만 동업하여 상호를 설립하는 것은 아니다. 대신 왕원장汪元長, 사려謝廬는 각각 한진에서 포목점을 운영하고 있는데, 원단 구매 등의 업무에서 사점무謝占武를 공동으로 고용하여 소주에서 원단 구매를 맡기는 것에 대한 합동 계약서를 작성하고 있다. 그런 면에서 본 계약서는 여타의 합과 계약서와는 차이점을 보이고 있다. 즉 본 계약서에는 사점무를 초빙하여 소주에서 원단을 구매한 후 왕원장과 사려 가정에 분배하는 과정과 방법이 상세히 규정되어 있는 것이 특징이다. 우선 구매 리스트를 작성하고 리스트에 따라 분배하며 소주에서 판매한 후의 이익은 원금에 따라 나누고 회표會票로 바꾼다는 것이다. 이밖에도 상세한 규정을 둠으로써 이후 두 가정 사이에서 발생할 수 있는 분쟁을 방지하고 있으며, 서로 간에 편리와 융통을 제공하고 장기적인 이익을 도모하는 것이 목적임을 분명히 함으로써 합리적인 동업관계를 규정하고 있다.

I-6 소결: 합과의 법체계로의 편입

   합과의 운영에서 가장 논란이 되었던 것은 채무 상환에 대한 책임 문제였다. 관습적으로 합과는 무한책임을 졌지만 안고분담의 원칙을 고수했다. 그러나 근대법의 제정으로 이러한 합과의 관습과 근대법 사이에서 모순이 발생했다. 즉 합과를 처음 법률로 규정한 대청민률초안(1911) 채권債權 828조에는 만일 합과인 중 그 부담액을 지불할 수 없는 자가 있을 때는 다른 합과인이 "평균하여 분담해야 한다"고 규정하고 있기 때문이다.[61] 그 후 1925년 제정되었던 민국민률초안 채권 686조에서도 이 조항이 규정되었다. 다만 그 내용에서 약간의 변화가 있었는데, 만일 합과인 중 그 부담액을 지불할 수 없는 자가 있을 때는 다른 합과인이 각자 "출자액에 비례하여 분담한다"고 규정했다.[62] 그러나 이것은 중국의 전통관습인 '안고분담按股分擔'이라기보다는, 채무상환이 부족한 부분에 대해 합과인들이 연합하여 출자에 따라 분담하는 '연합분담'이었다. 전자는 채무인이 자기의 출자에 대한 책임만 부담하면 되지만, 후자는 채무인이 연합하여 채무를 무한 상환한다는 것을 의미했다.

---

61) 債權 第828條: 合夥財産不足償還合夥之債務, 及各合夥人之出資額者, 各合夥人須依分配損失之成數, 擔負其不足額。前項情形, 合夥人中有無力完繳其擔負額者, 須由他合夥人平均分任其擔負額。楊立新點校, 『大淸民律草案民國民律草案』, 吉林人民出版社, 2002, pp.106-107.
62) 債權 第686條: 合夥財産不敷淸償合夥之債務者, 由各合夥人按照分配損失之成數, 負擔其不足額。前項情形, 合夥人中有不能繳納其負擔者, 他合夥人應分擔之。分擔之成數, 無特別訂定者, 以各自出資額之比例定之。前項分擔者, 有求償權。楊立新點校, 『大淸民律草案民國民律草案』, 吉林人民出版社, 2002, pp.295-296.

이 두 초안은 청의 멸망과 당시의 정치적인 변동으로 인해 실제 법령으로 반포되지는 못했다. 그러나 당시 현행법이었던 대청현행률 민사유효부분이 시대에 맞지 않는다는 이유로, 이 두 초안은 사법부의 통령에 의해 각급 법원의 판결례에 적용되었다. 따라서 이 시기 계약법은 이 두 초안을 적용한 판결례와 해석례의 적용을 받았다. 이 두 초안은 민법 제정 전까지 각각의 시기에 실제적인 민상법의 역할을 했던 것이다.[63]

이 두 초안이 제정되었을 당시에도 합과의 채무상환 문제는 상인단체 및 관련 기관의 관심 사안이었다. 합과의 채무가 전통적으로 무한책임이라고 할지라도 실제로 어디까지를 책임져야 하는지의 문제는 상인들과 밀접하게 관련되어 있었기 때문이다. 이에 대해 당시 최고의 사법기구인 대리원에서는 합과의 채무는 합과인이 안고분담해야 하고 만일 합과인 중 채무상환이 불가능한 자가 있으면 기타 합과인이 '분담상환' 혹은 '연합분담'해야 한다고 판결을 내리고 있다.[64] 그러나 상해 상업단체들은 이러한 판결이 엄격하게 안고분담의 원칙을 고수하는 상해의 상사관습과는 배치된다고 주장했다. 상해의 상사관습은 자신의 출자액에 비례하여 무한책임을 질뿐 다른 합과인이 상환하지 못하는 부분에 대해서는 간섭하지 않는다는 것이다. 따라서 각 상업단체는 관습을 판례에 우선하여 적용해야 한다고 주장했다.[65]

그러나 대리원에 이어 1927년부터 최고의 사법기구가 되었던 최고법원에서도 동일한 사건에 대해 연합분담을 해야 한다고 판결을 내리고 있다.[66] 또한 "합과재산은 우선 합과 채무를 청산해야 하고 합과원의 출자는 순전히 내부관계이므로 합과 채권인에 대항해서는 안 된다"고 판결하고 있다.[67] 이는 채무인에게는 불리하지만

---

63) 楊立新點校, 『大淸民律草案民國民律草案』, 吉林人民出版社, 2002, p.8.
64) 분담상환의 판결을 내리고 있는 문건은 大理院判決例 上字 第222號(1914), p.117; 上字 第292號(1914), p.118이며, 연합분담의 판결을 내리고 있는 문건은 上字 第58號(1915), p.121, 이상은 모두 郭衛, 『大理院判決例全書』, 會文堂新記書局, 1931에 수록;「合夥共同債務負連合分擔責任」(大理院判決例 上字 30號(1915), 『司法月報』 1(1916) 등이다.
65) 樓明遠,「合夥債務之硏究」, 『法律評論(北京)』 4-15(1926), p.15.
66) 最高法院民事判例 上字 第448號(1928), 『法令月刊』 18/19(1931).
67) 最高法院民事判例 上字 第592號(1929.4.26), 『浙江杭鄞金永律師公會報告錄』 117(1929).

채권인의 권리를 완전히 보호한다는 것을 의미했다.

이를 둘러싼 논쟁은 계속되었다. 그러나 이후 1929년 공포된 민법 채편債編(1930년 5월 5일 시행) 681조에서는 '연대책임제'가 규정되었다. 이는 대청민률초안이나 민국민률초안보다 더욱 분명하게 나머지 합과인의 채무에 대한 무한연대책임을 명시한 것이었다. 이에 대해 상인들은 반발했다. 만일 각 합과인이 합과 채무에 대해 연대책임을 져야 한다면 재산이 있는 자만이 투자할 수 있게 되어 상업 발전에도 장애가 된다는 것이다.[68] 상인들의 반발이 이렇게 심했던 것은 '안고분담'하에서는 채무 분쟁이 발생하면 상회가 나서서 채권인과 채무인 쌍방 간을 조정하여, 채무인은 '분담에 진력'하고 채권인이 어느 정도 양보하는 선에서 마무리되는 경우가 많았기 때문이다.[69] 만일 국가법으로 '연합분담' 혹은 '연대책임'을 져야한다고 규정한다면 상인들은 실제로 '완전한 책임'에서 벗어나기 힘들다는 것을 의미했다.

그러나 합과가 무한 연대책임을 져야한다는 의견도 만만치 않았다. 채권인은 합과의 내부 사정을 알 수 없고 합과인 중의 한 사람을 신뢰하여 거래를 했기 때문에 합과인이 연대책임을 지지 않으면 채권인의 권리와 거래의 안전을 보호할 수 없다는 것이다. 채무상환을 둘러싸고 형성된 이러한 찬반 논란에 대한 해결책으로 상해 회계사 반서윤潘序倫은 공사법에 분담무한공사分擔無限公司를 하나 더 만들자는 의견을 제시했다. 당시의 공사법은 출자자의 책임에 따라 무한공사無限公司, 양합공사兩合公司, 고분유한공사股份有限公司, 고분양합공사股份兩合公司의 네 종류로 구분하는데,[70] 여기에 분담무한공사를 두어 5종으로 만들자는 것이다. 그에 따르면 합과는 안고분담의 원칙이 있고 민법에서는 연대책임을 져야 한다고 하니, 이 양자를 절충하여 공사법 속에 분담무한공사를 하나 더 만들어서 무한책임을 지되 안고

---

68) 연대책임은 독일 민법의 영향을 받은 것이고, 분담책임은 일본의 영향을 받은 것이다. 裵錫晉, 「合夥人對於合夥債務應負如何責任」, 『法治週報』 1-40(1933), p.3.

69) 仲繼銀, 「中國傳統合夥經營中的公司制要素」, 『中國新時代』, 2013-12, p.87.

70) 이러한 공사의 분류는 1914년 공사조례에서 처음 규정된 후 1929년 공사법에서도 동일했고, 그 기본 틀은 1946년 공사법에서도 유지되었다. 李浩賢·盧恩泳, 「중국 회사법의 변천과 근대성」, 『중국사연구』 92(2014), pp.262-264.

분담하게 하자는 것이다.[71] 이는 전통기업의 성격과 근대기업의 성격을 절충한 것으로 합과를 근대기업 속에 편입시켜 투명하게 하자는 것이었다.

반서윤이 이렇게 주장하는 데는 합과 자체의 성격에 그 분명한 이유가 있었다. 즉 합과는 전통기업이기 때문에 근대기업을 규정한 공사법의 규제를 받지 않았다. 사실 청 정부는 1904년 중국 최초의 기업법인 공사율을 공포하면서 합과도 근대기업으로 흡수하고자 했다. 공사율 제23조에는 "이미 설립되었거나 이후 설립하는 공사公司, 국局, 공장, 행호行號, 점포 등도 모두 상부商部에 등록하여 일체의 보호를 받아야 한다"고 규정하고 있는데, 이는 바로 이러한 사실을 말해준다.[72] 더구나 공사율에서 규정한 합자공사合資公司, 합자유한공사合資有限公司, 고분공사股份公司, 고분유한공사股份有限公司의 네 종류[73]의 기업 중 합자공사는 전통 합과와 비슷하기 때문에 만일 합과가 공사률에 따라 합자공사로 등록하면 실제로 원래의 체제를 바꿀 필요 없이 공사로의 전환이 가능했다.[74]

이후 1914년 공사조례, 1929년 공사법에서 규정했던 무한공사無限公司, 양합공사兩合公司를 통해서도 정부는 합과를 공사 형식의 근대기업으로 전환시키고자 했다. 무한공사와 합과를 비교해 보면 둘 다 무한책임을 졌다는 점은 동일하다. 그러나 무한공사는 법인 자격이 있는 근대기업이고, 실업부에 등록이 되어 있어 공사법

---

71) 이에 대해 반론을 제기한 대표적인 사람은 馬寅初으로, 분담무한공사는 폐단이 많고 채무인에게는 유리하지만 채권인에게는 불리하다는 입장을 내세웠다. 합과에게 무한 분담의 책임을 지우고자 한다면 공사법에 분담무한공사를 둘 것이 아니라 민법의 합과 조항을 수정해야 한다는 것이다. 馬寅初, 「合夥企業之連帶無限責任問題(上)」, 『銀行週報』 19-16(1935), pp.8-9.

72) 張銘新・王玉洁, 「略論淸末『公司律』的産生及特点」, 『法學評論』, 2003-3, pp.151-152.

73) 합자공사는 2인 혹은 2인 이상의 자본을 모아 운영하는 것이고, 합자유한공사는 2인 혹은 2인 이상이 합자 경영하되 자본에 제한을 두는 것을 말한다. 고분공사와 고분유한공사는 모두 7인 혹은 7인 이상이 자본을 모아 운영하는 것을 말하되, 후자는 자본에 제한을 두는 것을 말한다. 〈公司律〉 제1조, 제4조, 제6조, 제10조, 제13조, 懷效鋒主編, 『淸末法制變革史料』(下卷), 刑法, 民商法編, 中國政法大學出版社, 2010, pp.865-866.

74) 1904-1908년간 농공상부에 정식 등록된 기업은 228가로 그중 합자공사가 22가, 합자유한공사가 48가, 고분공사가 5가, 고분유한공사가 153가였다. 張銘新・王玉洁, 「略論淸末『公司律』的産生及特点」, 『法學評論』, 2003-3, pp.151-152.

의 규제를 받았다. 반면 합과는 합과인의 자유로운 집합체일 뿐 법인 자격이 없었다. 합과는 동업공회同業公會 등에 등록되었지만 실업부에는 등록되어 있지 않아 정부로부터 직접적인 감독이나 관리도 받지 않았고, 여전히 민간계약관습에 따라 당사자들의 협의에 의해 성립되었다. 그러므로 합과가 무한공사나 양합공사로 전환된다면 전통기업도 정부의 직접적인 관리 감독하에 놓이게 되는 것이었다.

반서윤의 의견에 전적으로 동의하지는 않는다고 하더라도, 합과는 그 내부사정을 밖에서는 알 방법이 없기 때문에 합과가 대외적으로 짊어져야 하는 부담이 중대하므로 반드시 연대책임을 져야 한다는 의견도 많았다. 책임을 지지 않으면 합과의 본질인 공동 손익분배라고 할 수 없다는 것이다.[75] 이는 합과의 비공개성을 지적한 것으로, 등록 등을 통해 내부를 공개하든지 아니면 채무에 대한 무한책임을 져서 최소한의 기업의 투명성을 강화하고자 했던 것이다.[76] 이 문제를 해결하기 위한 방안으로 분담무한공사 이외에 합과기업에 대한 상업등기제도가 제안되기도 했지만[77] 이 역시 정식 법률로 채택되지는 않았다.[78]

이러한 논쟁과는 무관하게 민법 공포 후 최고법원의 판결은 민법 채편의 규정을 적용했다. 그 기준은 민법 시행 여부였다. 즉 채무의 발생이 민법 채편 시행 전이라면 민국민률초안을 적용해야 한다는 당시 법에 따라 합과의 재산으로 상환이 부

---

75) 馬寅初, 「合夥企業之連帶無限責任問題(上)」, 『銀行週報』 19-16(1935), pp.5-6; 裵錫晉, 「合夥人對於合夥債務應負如何責任」, 『法治週報』 1-40(1933), p.3; 薛福田, 「中外合夥與無限公司之差別」, 『商業雜誌』 3-1(1928), p.1; 樓明遠, 「合夥債務之硏究」, 『法律評論(北京)』 4-15(1926), p.16.

76) 同業公會의 등록제도를 통해 합과의 내용을 공개하기도 했지만 합과 계약서 혹은 만금장 등은 고동 이외에는 볼 수가 없는 등 여전히 비공개적 경향이 강했다. 幼方直吉, 「中支の合股に關する諸問題(一)-主として無錫染織業調査を通じて」, 『滿鐵調査月報』 23-4(1943), p.97.

77) 상업등기제도案은 채무에 대해 연대책임을 지되, 합과가 주관 관할서에 정식으로 등기를 한 경우에는 각 합과인이 소유 고분 수에 비례하여 책임을 질 수 있다는 것을 명기하는 방식이다. 정지호, 「民國時期 合夥 改良案을 둘러싼 論爭」, 『인문학연구』 20(2011), pp.166-172.

78) 중국의 상업등기제도법은 1937년에 공포, 시행되었지만 합과의 경우 등기가 그 성립 요건은 아니었기 때문에 등기하지 않아도 합과 성립에는 지장이 없었다. 李文杰, 「合夥企業之聚散問題」, 『立信月報』 4-1(1941), p.24.

족할 경우 합과인이 자신의 고분에 비례하여 '연합분담'의 책임을 져야 한다는 것이다.[79] 그러나 합과 채무의 발생이 민법 채편 시행 후라면 민법 681조의 규정에 따라 합과인이 '연대책임'을 져야 한다고 판결하고 있는 것이다.[80]

이러한 민법의 연대 무한책임 규정은 독일 민법의 영향을 받은 것이었다. 일찍이 서양에도 고전적인 기업조직의 하나로서 합과가 존재했다.[81] 서구의 합과가 존재했던 제도적 문화 환경은 중국의 그것과 달랐는데, 서구사회는 일찍이 로마법에서부터 비교적 명확한 소유권과 계약에 관한 법률 규정이 있었다. 따라서 이후 서구사회에는 소유권, 채권 등 민법의 기본 개념이 계속 존재하고 있었다. 과실에 대한 책임을 지는 대원칙도 로마법에서 규정된 이후 근대 입법의 원칙 중 하나로 채택되었다. 이러한 전통은 서구사회에서 민법의 근대 기업제도가 형성되고 발전할 수 있도록 적합한 토양을 제공했다고 할 수 있다.[82] 그러나 이러한 전통이 없었던 중국에서는 고의 혹은 과실로 타인에게 손해를 끼치면 배상의 의무가 있다는 것이 대청민률초안에서 처음으로 규정되었다.[83] 이러한 영향은 민법에서도 계속되어 합과

---

79) 最高法院民事判例 上字 第2294號(1934), 『法令週刊』 298(1936).

80) 最高法院民事判例 上字 第1932號(1934.1.12), 宜亭, 『法律評論(北京)』 11-32(1934); 最高法院民事判例 上字 第1430號(1934.11.6), 宜亭, 『法律評論(北京)』 13-1(1935); 最高法院民事判例 上字 第2481號(1936.1.18), 『商業月報』 17-3(1937); 最高法院民事判例 上字 第2294號(1934), 『法令週刊』 298(1936) 등.

81) 류추건은 그가 분류했던 합과의 종류 중 제1종인 자본·자본의 합과는 서양 중세 후기와 근대 초기 합과 형식인 companion과 비슷하고, 제2종인 자본·노동 합과는 이탈리아 연해 각 도시의 해상무역 합과 형식인 commenda와 비슷하며, 제3종은 중세기 이탈리아 각 도시 공화국의 합과 형식인 societas maris와 흡사하다고 주장했다. 이와 같이 비슷한 역사적 환경 속에서 동서양 각국사람들이 합과라는 비슷한 경제관행과 제도를 만들어냈다는 것이다. 그러나 환경에 따라 그 차이점도 분명했는데, 자본의 소유권과 경영권의 분리 여부, 상환 책임의 유한·무한 및 합과 자본의 가치화와 상품화, 합과기업 내부의 고용관계 등 각 방면에서 차이가 있다고 지적했다. 劉秋根, 「十至十四世紀的中國合夥制」, 『歷史研究』, 2002-6, p.121.

82) 虞政平, 『股東有限責任-現代公司法律之基石』, 法律出版社, 2001, 魏淑君, 「由一例民國時期的移植法與民間習慣衝突展開的思考」, 『法學』 2005-9, p.63에서 재인용.

83) 土肥武雄, 「合夥股東の責任に關する一研究(一)-民法第六八一條を中心として」, 『滿鐵調査月報』 16-1(1936), p.76. 大淸民律草案 債權 第945條: 因古意惑過失侵他人之權利而不法者,

채무에 대한 연대책임을 채택하게 되는 계기가 되었던 것이다. 전례가 없었던 중국에 서양의 소유권, 채권 개념 등을 포함하는 민법이 제정되었으니 상인들의 반발이 심했던 것은 당연한 일이었다. 이는 근대법과 중국의 전통 관습과의 차이로 인한 갈등과 충돌이었던 것이다.

이상과 같은 논쟁과 갈등이 발생했던 것은 독자기업과 합과기업이 주류를 이루던 청말, 민국시기에 근대기업을 규정한 공사법이 속속 제정되면서 각각의 기업에 대한 규정이 필요했던 데에 기인한다. 특히 전통기업인 합과도 국가법 속에 편입되는 과정에서 발생했다. 정부의 입법자들은 서구의 입법 원리를 내세우며 세계적 조류를 강조했고 상인들은 중국 고유의 상사관례를 중시했던 것이다. 서구의 근대 기업법이 상인들의 자치에 따라 형성되었다면, 중국의 공사법은 국가권력에 의해 위에서부터 제정되고 공포되었다. 따라서 합과의 자치적 성격을 고수하고자 하는 상인들과 전통기업을 근대국가의 법체계 속으로 편입하고자 하는 국가권력의 의지가 갈등 양상으로 표출되었던 것이다.

그러나 전통적인 관습에 익숙한 상인들이 선호했던 것은 여전히 중국 전통의 합과였다.[84] 1930년대에도 합과의 비율이 근대기업보다 훨씬 높았다는 것은 그 증거이다. 따라서 청, 민국시기 정부는 합과를 공사법의 범위에 귀속시키지는 않았다. 대신 합과를 민률 혹은 민법 속에서 규정함으로써 어느 정도 전통기업에 대해 존중하는 태도를 보였다. 남경국민정부도 민법 속에 합과에 대한 별도의 항목을 두어 합과를 계약형식에 의해 성립되는 전통 자본조직임을 인정하고, 이에 대해 기업법이 아닌 민법으로 법률규정을 했던 것이다. 정부는 강력한 법적 조치보다는 사회적 갈등과 불만을 최소화하면서 법률적으로 통치의 정당성을 확보하는 것이 필요했기 때문이다.

다만 한편으로는 합과의 근대적 변화도 기하고자 했기 때문에 합과 계약의 절대

於因加侵害而生之損害, 負賠償之義務。前項規定, 於失火事件不適用之, 但失火人有重大過失者, 不在此限。楊立新點校, 『大淸民律草案民國民律草案』, 吉林人民出版社, 2002, p.123.
84) 仲繼銀, 「中國傳統合夥經營中的公司制要素」, 『中國新時代』, 2013-12, p.86.

적 자유에 일정한 제약을 가하고자 했던 것이다. 그것은 바로 대외적으로 연대책임을 지도록 하는 것이었다. 합과를 구성하는 상인들도 피동적이나마 근대적 기업의 규정을 체험하게 함으로써 합과의 단점을 보완하고자 했던 것이다. 상업등기제도 역시 원래 근대국가에서 법률로 상공업을 관리하는 주요한 수단으로 활용되어 왔는데, 남경국민정부가 합과를 상업등기제도에 등록하여 관리하게 하지 않았던 것도[85] 그러한 이유 때문이었던 것으로 보인다. 이를 통해서 보면 남경국민정부의 입법자들은 합과의 민간 자치조직으로서의 성격을 인정하고 합과의 비공개 관습을 어느 정도 묵인했다는 것을 알 수 있다. 다만 민법에 연대책임이라는 조건을 전제함으로써 합과의 비공개성으로 인한 폐단을 수정하고 일정부분은 법체계 속에 편입시키고자 했던 것이다.

이러한 외부적인 요인 외에 합과 자체가 가지는 성격도 갈등과 충돌의 원인이 되었다고 할 수 있다. 채무상환 문제에서 전통 합과와 근대 민법의 충돌 원인은 우선 계약서에 손실책임에 대한 분명한 언급이 없었기 때문이다. 또한 상해의 상인 단체들은 중국이 안고분담의 관습이 확고하다고 했지만 실제 전국적으로 각 지역마다 관습적인 차이가 존재했던 것도 사실이다.[86] 더욱이 합과인 중에 신고는 합과 자본을 구성하는 중요한 요소이지만 무한책임을 지기 위해 신고의 노동력과 능력을 계량화하는 것에는 한계가 있었다. 그로 인해 신고의 무한책임은 현실적으로 어려움이 있었다. 따라서 합과의 규모가 커지고 고분제가 발달할수록 출자자가 출력자를 관리 감독하고자 하는 요구가 커지게 되었고, 이는 양자가 평등한 관계에서부터 점차 고용과 피고용의 관계로 변화하는 계기가 되기도 했다.

---

85) 魏淑君, 「由一例民國時期的移植法與民間習慣衝突展開的思考」, 『法學』, 2005-9, p.66.
86) 『中國民事習慣大全』에 의하면, 합과의 채무상환은 상환 능력이 없는 합과인의 몫은 다른 합과인이 분담하여 동일하게 책임진다는 현, 상환 능력이 없는 합과인을 위해 절대로 대신 분담하지 않는다는 현, 상환 능력이 없는 합과인에게 능력 있는 합과인이 돈을 빌려주어 우선 상환하게 하고 나중에 돌려받는다는 현, 합과인이 도의적으로 공동 분담한다는 현 등 처리방식이 다양했다. 施沛生編, 『中國民事習慣大全』, 上海書店出版社, 2002, 第1編 債權, 第2類 契約之習慣, 第6類 關於淸償之習慣 참조.

더욱이 기업형태의 관점에서 보면 합과는 각 합과인의 집합에 불과할 뿐 법인이 아니었다. 당시 공사법에 규정을 받는 근대기업들은 모두 법인자격이 있어 공사 자체가 권리와 의무의 주체이지만, 합과는 계약 관계에 의해 성립된 것이고 법인자격이 없었다. 따라서 연대책임을 주장하는 사람들은 합과의 채무는 각 합과인의 것이기 때문에 합과인의 무한 연대책임이 타당하다는 것이었다.[87] 그러나 당시 합과의 법인자격에 대한 이러한 명확한 인식이 있었는지는 의문이다. 오히려 민국시기 공사법이 제정되면서 근대기업의 법적 지위와 권리 의무가 규정됨에 따라 합과와의 경계선을 분명히 할 필요가 있었고, 그 과정에서 합과도 일정정도 법체계 속에 포섭하고자 했기 때문에 비로소 문제가 되었던 듯하다.

또 하나 주목할 만한 것은 현재 중국에도 합과기업과 합과기업법이 존재하고 있다는 것이다. 1997년에 처음 제정되어 2006년 개정된 이 합과기업법은 전통적인 합과의 성격과 근대기업을 연결시켜 기업형태로서 합과를 규정하고 있다. 그 성격에서는 전통적인 합과와 크게 다르지 않다. 즉 두 명 이상이 공동출자, 공동경영을 하고 협의에 의해 성립하며, 법인이 아니기 때문에 민사 권리의 주체는 합과인 개인에게 있다는 것이다. 다만 합과 채무에 대해서는 다음과 같이 규정하고 있다. 합과기업은 보통합과와 유한합과로 나뉘는데, 그 차이점은 출자자의 책임범위에 있다. 즉 보통합과의 합과인은 모두 채무에 대한 무한 연대책임을 지고, 유한합과는 보통합과인과 유한합과인으로 구성되며 보통합과인은 무한책임을 지고 유한합과인은 유한책임을 진다는 것이다. 따라서 보통합과는 전통 합과와 그 성격이 다르지 않다.

흥미로운 것은 보통합과와 유한합과는 1914년 공사조례, 1929년 공사법, 1946년 공사법에서 규정되었지만 중화인민공화국시기에 사라졌던 무한공사, 양합공사 규정과 유사한 성격을 가지고 있다는 것이다. 즉 보통합과는 무한공사와, 유한합과는

---

87) 裵錫箸, 「合夥人對於合夥債務應負如何責任」, 『法治週報』 1-40(1933), p.3; 薛福田, 「中外合夥與無限公司之差別」, 『商業雜誌』 3-1(1928), p.1; 樓明遠, 「合夥債務之硏究」, 『法律評論(北京)』 4-15(1926), p.16.

양합공사와 흡사하다는 것이다. 관련 연구에 의하면 무한공사와 양합공사는 서구 근대기업 형태에서 영향을 받은 것으로 보고 있다.[88] 따라서 전통 합과와 현대 합과의 연속성과 단절성에 대해서는 별도의 연구를 기다려야 하겠지만,[89] 현재의 합과기업 규정은 전통 합과의 부활이라고 보기보다는 서구 근대 회사법 이식의 연장선에서 보는 것이 타당할 것이다. 다만 합과기업을 공사법 속에 귀속시키지 않고 별도의 합과기업법으로 규정했다는 것은, 여전히 민간의 중소기업에 남아 있는 혈연, 지연의 중국적 합과의 전통을 보호하고 이를 법체계 속으로 흡수하기 위한 조치로 볼 수 있을 것이다.

---

88) 유한책임 주주와 무한책임 주주로 구성되는 양합공사는 유럽 중세기 항구도시의 해상무역에서 성행했다. 즉 자본을 제공하는 commenda와 노동력을 제공하는 tractator로 구성되는 양합구조를 가지고 있었다는 것이다. 楊秋岭·鄭娟, 「"兩合結構"商事組織的源與流」, 『政法論叢』, 2008-3, p.32. 중국 양합공사의 발전과정과 양합공사와 유한합과를 비교한 연구로 王玉洁, 「民國時期的兩合公司及其借鑒意義」, 淸華大學法學碩士論文, 2003이 있다.
89) 합과가 어떻게 근대기업으로 전환되었는지에 주목한 연구는 있지만, 전통 합과와 당대 합과기업의 관련성에 주목한 연구는 아직 없는 듯하다.

II
대차문서

II-1 서론

II-1-1 민간 대차의 기본 특징

중국 전통사회는 사회경제적 발전에 따라 빈부의 격차가 날로 현저해졌다. 민중들은 천재지변을 견뎌야 했고 생활 속에서도 자주 부족한 자금으로 인해 곤란을 겪어야 했다. 그럴 때마다 민간에서는 자금을 융통하여 급한 수요에 충당했다. 따라서 민간의 대차는 민간사회의 생존을 위해서 반드시 필요한 수단이었다. 상인들에게도 상업 경영을 유지하기 위해서 자금은 늘 필요한 자원이었다. 이러한 사회적인 수요와 필요는 일찍부터 민간 대차가 발달하게 된 원인이 되었다. 특히 명청시기 이후 민간 대차는 크게 발전하여 일종의 자금 융통 수단이 되었다. 일반 민중들에게는 생활의 곤란을 해결할 수 있도록 도와주었고, 상인들에게는 경영성 대차를 통해 상업 경영의 곤란이나 자금 유통문제를 해결해 주었던 것이다.

중국의 농촌 인구는 2018년 현재에도 전체 인구의 약 40%를 점할 정도로 큰 비중을 차지하고 있다. 전통시대에는 이러한 경향이 더욱 커서, 농촌 인구가 전체 인구에서 차지하는 비중은 1840년에 95%, 1894년에 92%, 1920년에 90%, 1936년에 88%, 1949년에는 89%였다.[1] 이렇게 인구의 다수를 점하고 있는 농촌에 관심을 갖고 농촌의 기본 사회구조와 생활방식을 연구하는 것은 중국을 이해하고 중국인을

---

1) 李金錚, 『民國鄕村借貸關係硏究』, 人民出版社, 2003, p.2.

이해하는 하나의 방편이 될 수 있을 것이다. 특히 근대시기 농촌에 자금이 유입되는 통로가 주로 개인대차에서 비롯되었기 때문에 농촌의 대차문제는 농촌 자본시장의 중심 문제이기도 했다.[2] 즉 중국의 농촌과 농업발전 과정에서 농촌의 대차문제는 직간접적으로 농촌의 자금시장이나 자본시장의 형성과 변화에 영향을 주었다는 것이다.

　민국시기에도 농촌은 궁핍했고 농민들의 자금 부족현상은 항상적인 일이었다. 심지어 농촌경제는 파산 상황이었다. 중국 농민이 가난하고 농촌경제가 파탄지경에 이르게 되었던 것은 여러 원인이 있다. 천재지변이 그중 하나이고 열강의 경제 침략도 또 하나의 중요한 부분이었다. 그러나 당시의 혹자는 외래의 침략보다 더 심각하게 농촌을 착취했던 것은 소작료(租佃)와 대차(借貸)였다고 지적한다.[3] 농촌과 농민의 일상적인 빈곤은 농민들로 하여금 늘 양식을 구하고 자금을 조달하기 위해 땅을 빌리고 자금을 빌리도록 했기 때문이다.

　대부분 농민들의 빈곤은 토지문제와 밀접하게 관련되어 있었다. 전통적으로 농업을 위주로 했던 중국사회에서 토지는 농가의 생명을 유지하고 기본적인 생활을 영위하기 위한 생산 자료이자 농민생활의 기초였다. 그러나 전통사회의 토지 총량은 충분하지 않았다. 게다가 인구의 증가로 인해 인구와 경지면적 사이에 모순이 발생했고 이는 점차 확대되었다. 이에 따라 농가의 물질적인 생활수준은 악화되었고 전체 농가의 빈곤화 역시 더욱 확대되었다.[4] 1930년대까지도 이러한 상황에는 근본적인 변화가 발생하지 않았다. 평균 경지의 부족은 수많은 농가의 가족 성원들로 하여금 기본적인 생활을 유지할 수 없도록 했다. 이러한 문제를 해결하기 위한 방편이 곧 대차였다. 농촌의 대차는 농민에게 있어 일상적인 일이었다는 것이다. 따라서 농촌의 대차문제를 검토하는 것은 중국 민간 기층사회의 경제생활의 단면을 파악할 수 있게 하는 하나의 지표라고 할 수 있다.

---

2)　慈鴻飛, 「二十世紀前期華北地區的農村商品市場與資本市場」, 『中國社會科學』, 1998-1, p.100.
3)　張輪秋, 「一個華北農村借貸的研究」, 『政治評論』 124(1936), p.766.
4)　傅達成, 「二三十年代農家負債問題分析」, 『中國經濟史研究』, 1997-3, p.27.

표 1. 1933년 농가 총수에 대한 부채 농가의 백분비

성	현금대차	양식대차	성	현금대차	양식대차
察哈爾	79	53	河南	41	43
綏遠	48	33	湖北	46	51
寧夏	51	47	四川	56	46
靑海	56	46	雲南	46	49
甘肅	63	53	貴州	45	47
陝西	66	56	湖南	52	49
山西	61	40	江西	57	52
河北	51	33	浙江	67	48
山東	46	36	福建	55	49
江蘇	62	50	廣東	60	52
安徽	63	56	廣西	51	58
평균	56	48			

출처: 「各省農民借貸調査」, 『農情報告』2-4(1934), p.30; 吳承禧, 「中國各地的農民借貸」, 『勞動季報』4(1935), p.136; 李樹靑, 「中國農民的借貸」, 『民族(上海)』3-12(1935), p.2053.

　　당시 농촌의 대차와 관련하여 전국적 규모로 행해졌던 통계조사는 1930년대에 활발하게 이루어졌다. 이는 농민의 파산과 농촌의 붕괴가 심각하다는 인식하에 농촌의 현실을 직시하기 위한 노력의 일환이었다. 당시 농촌의 대차와 관련된 통계라면 어떤 통계를 보더라도 농촌의 부채비율은 총 인구수의 약 절반 정도를 나타내고 있는 것을 볼 수 있다. 그 중 실업부 중앙농업실험소가 1933년 12월 전국 22개성의 부채 농가에 대한 통계조사를 발표한 바 있는데, 그 결과는 〈표 1〉과 같다.

　　위의 표를 통해 전국 농가의 부채상황을 알 수 있다. 표에 의하면 현금을 빌린 농가는 농가 총수의 56%, 양식을 빌린 농가는 농가 총수의 48%로 전국의 반수 혹은 그 이상의 농가가 부채를 지고 있다는 것을 알 수 있다. 이러한 현상은 전국적인 것으로 각 성의 농민 부채의 정도는 별 차이가 없었다. 예를 들어 강절지역은 강남의 부유한 지역임에도 불구하고 농민의 부채는 오히려 서북지역 등과 별 차이가 없었다. 이는 곧 농촌의 빈곤이 지역을 막론하고 전국적인 것이었음을 의미한다. 농촌의 붕괴가 날로 격화되어 농민의 빈궁과 농민의 자금 수요가 상당히 절박

했다는 것을 알 수 있다.[5] 더욱이 실제로는 이러한 통계보다 부채율은 더 높았을 것으로 추정되고 있다. 농민들이 부채를 지는 것을 부끄럽게 여겨 조사에 솔직하게 언급을 하지 않았을 수도 있기 때문이다. 아무튼 전국적으로 농가의 50% 전후가 크고 작은 부채를 지고 살아갔다는 것을 알 수 있다. 이러한 조사 결과는 다른 통계에서도 쉽게 볼 수가 있다.[6]

　농민들이 돈을 빌려 어디에 사용하는지를 추적해 보면, 생산대차와 비생산대차의 두 종류로 구분해 볼 수 있다. 생산대차는 주로 토지, 종자, 비료, 농구 구매 등 생산을 위해 사용하는 것이고, 비생산대차는 지세납부, 식량 구매, 혼·상례 비용 등 주로 소비에 사용하는 것을 말한다. 비생산대차라고 할지라도 두 가지로 구분해 볼 수 있다. 하나는 일상적인 생활비용을 위한 대차였다. 예를 들어 춘궁기를 넘기기 위한 대차는 매년 반복해서 나타나는 농민의 일상적인 대차였다. 농민들은 보편적으로 식량이 부족했기 때문에 부채를 질 수밖에 없었던 것이다. 또 하나는 일상적인 대차 이외에도 의외의 일이 발생하거나 급한 자금 수요에 충당하기 위한 대차였다. 천재지변이라든지 혼례, 장례, 채무 상환, 가족의 중병 등도 여기에 속한다. 그러나 이 또한 예상 가능한 범위도 포함하는 일이었기 때문에 비생산대차는 이미 농민 생활의 일부분이 되었다고 할 수 있다.

　1934년 조사에 의하면, 전국 자경농 비율은 46%이고, 반자경농은 25%, 전농은 29%를 차지했다.[7] 이는 남북이 다르게 나타났는데, 산동山東, 하북河北, 산서山西, 감숙甘肅, 수원綏遠, 영하寧夏, 섬서陝西, 하남河南, 청해青海, 차하얼察哈爾, 강소성江蘇省 등에서는 자경농이 40% 이상, 평균적으로는 58%를 차지했고 전농은 20%를 차지했다. 그러나 강서江西, 호북湖北, 안휘安徽, 귀주貴州, 광서廣西, 운남雲南, 복건福建, 광동廣東, 사천四川, 절강성浙江省 등에서는 자경농이 평균 27%를 차지했고 전농의 비율은 43%였다. 당시 토지위원회土地委員會 전국토지조사보고강요全國土

---

5) 吳承禧, 「中國各地的農民借貸」, 『勞動季報』 4(1935), p.136.
6) 『中華民國史檔案資料滙編』 第五輯第一編, 財政經濟(7), 江蘇古籍出版社, p.38에서도 비슷한 결과를 보여주고 있다.
7) 「中國各省農佃分佈之百分率」, 『農情報告』 3-4(1935), p.88.

地調査報告綱要에서도 비슷한 결과를 보였다. 즉 자경농은 북방에서 큰 비중을 차지하고 남방이 더 적었으며, 전농은 남방이 큰 비중을 차지하고 북방이 적었다는 것이다.[8]

이를 바탕으로 부채를 진 사람들의 사용처를 계층별로 구분하면 다음과 같다. 이는 1934-1935년 금릉대학金陵大學 농학원농업경제계農學院農業經濟系가 하남성河南省, 호북성湖北省, 안휘성安徽省, 강서성江西省 4성의 농업 계층별 대차용도를 비교 조사한 결과를 나타낸 것이다.

표 2. 농민 각 계층 대차용도 백분비(1934–1935년)

용도		평균	자경농	반자경농	전농
합계		100.0	100.0	100.0	100.0
생산대차		8.4	7.4	11.6	5.8
비생산대차		91.6	92.6	88.4	94.2
구분	식사	42.1	25.6	43.9	60.3
	혼·상례	18.1	21.5	12.7	20.3
	기타	31.4	45.5	31.8	13.6

출처: 『經濟統計』 4(1937), p.193, 嚴中平等編, 『中國近代經濟史統計資料選輯』, 科學出版社, p.344에 수록.

위 표에 의하면 4성 모두에서 자경농, 반자경농, 전농佃農(소작농)을 불문하고 모두 생산대차보다 비생산대차가 훨씬 높아 88%-94%의 분포를 나타내고 있다. 생산대차는 비생산대차에 비해 이율은 높지만 농촌의 생산에 투입되는 자금이므로 농민에게는 꼭 필요하고 유익한 것이었다. 반면 비생산대차는 생산대차에 비해 이율이 비교적 낮고 기한도 장기적이었지만 소비성 대차이기 때문에 이를 상환하는 것은 농민들에게 큰 부담이 되었다.

위 표에 의하면 생산대차에서는 자경농이 7.4%, 반자경농이 11.6%, 전농이 5.8%를 차지하여 반자경농의 생산대차 비율이 자경농이나 전농보다 높게 나타나

---

8) 湯惠蓀, 「中國現時自耕農與佃農之分怖及其經濟狀況之比較」, 『地政月刊』 5-2/3(1937), p.199.

고 있다. 비생산대차 중 식사비용에서는 자경농, 반자경농, 전농이 뚜렷한 차이를 보이고 있다. 전농의 식사비용을 위한 대차는 전농의 전체대차의 60%를 차지하고 있고 혼·상례를 위한 대차비율도 20%를 나타내고 있다. 식사비용과 혼·상례 비용을 위한 대차 이외의 기타 대차는 자경농이나 반자경농에 비해 낮은 비율을 보이고 있다. 즉 전농은 식사와 혼·상례 비용 등 일상생활을 유지하기 위해 대차를 했다는 것을 알 수 있다. 반면 기타 대차에서는 자경농의 비율이 45.5%로 높게 나타나 있는데, 자경농은 식사와 혼·상례 등 일상생활 이외의 일을 위해서도 대차를 했다는 것을 알 수 있다.

1934-1935년 금릉대학 농학원농업경제계의 이 조사에 따르면, 생산과 비생산 대차를 합한 대차액은 자경농이 평균 21.09원, 반자경농이 평균 20.64원, 전농이 평균 16.67원으로 나타났다. 전농의 대차액이 가장 적었다는 것을 알 수 있다.[9] 자경농이나 반자경농에 비해 전농의 대차액이 낮게 나타났던 것은 전농에게 자금이 필요 없었던 것이 아니었다. 오히려 전농은 충분한 자금을 필요로 했지만 자경농, 반자경농에 비해 대차를 받기가 쉽지 않았다. 대차할 때 담보라든지 신용이 대출의 중요한 요건이었는데, 전농은 자경농이나 반자경농에 비해 제공할 담보가 없거나 보증을 해 줄 수 있는 인적 자원이 없었기 때문이다.

부채를 진 계층은 지주 계층도 있었는데, 지역에 따라서 적으면 1% 미만이고 많으면 12% 정도 존재했다. 그에 비하면 부채를 진 절대 다수의 계층은 자경농, 반자경농, 전농, 고농雇農(농업노동자) 등이었다.[10] 이렇듯 농민들은 대차를 통해서 갑작스러운 혼·상례비용을 충당하거나 생산에 투입하여 자본을 증가시킬 수 있는 계기를 마련할 수 있었다. 그러나 대차는 대부분 고리대였다. 따라서 고리대의 이익은 상인이나 지주로 하여금 활발한 투자를 하도록 유도했지만, 바로 그런 높은 이자 때문에 농민들은 대차를 하면 할수록 더 빈궁해지는 결과를 낳았다. 심지어는 이러한 고리대가 농민을 파산하게 하고 농촌을 붕괴시키는 것으로 인식되었다. 왜

---

9) 應廉耕, 「農佃問題與農村借貸」, 『農林新報』 13-19(1936), p.542.
10) 李金錚, 『民國鄕村借貸關係研究』, 人民出版社, 2003, p.40.

냐하면 토지가 부족한 빈농은 물론이고 중소 농민조차도 부채를 지지 않는 경우가 없을 정도로 농촌 고리대의 폐해는 심각했기 때문이다.[11]

물론 고리대 말고도 친척이나 친우 등 주로 친한 사이에서 무이자로 이루어지는 대차도 있었다. 또한 정부가 사회질서를 안정시키기 위한 수단으로 자금이 필요한 농민에게 대차해주는 구휼성 대차도 존재했다. 상평창常平倉이나 의창義倉의 대차가 여기에 속하는데, 이러한 대차는 이자를 받지 않거나 적어도 이익을 얻으려는 의도가 없는 대신 구휼의 의미가 있었다.[12] 그러나 전통시기 중국의 각종 대차는 이익을 추구하는 성격이 농후했고, 농촌의 전체 대차에서 주류가 되었던 것은 고리대였다. 대차가 친척이나 지인 등 혈연, 지연관계에서 발생하고 호조의 성격을 띠어 무이자나 저리로 대출하는 경우도 있었지만, 대부분의 대차는 전통적인 고리대 방식이었다는 것이다. 이는 말 그대로 고리를 목적으로 하는 대차를 말한다.

그러나 이율이 어떤 경우에 고리대라고 부르는가를 확정하기란 애매한 부분이 있다. 이에 대해 장중민은 고리대의 경영방식, 그리고 대출자의 자금 사용방식과 사용방향이 필연적으로 고리대라는 것을 결정한다고 주장했다. 채권인의 시각에서 고리대자본은 상업자본에 비해 운용기간이 길고 위험이 크기 때문에 이러한 사실이 고리대를 결정한다는 것이다. 채무인의 시각에서도 고리대가 자본으로 발전하는 것이 아니라 대부분 재생산이나 소비생활에 사용되기 때문에, 이러한 전 근대사회의 대차관계는 필연적으로 고리대이며, 대차 행위 자체에 의해서가 아니라 대출자가 처한 생산방식이나 소비방식에 의해 결정된다는 것이다. 따라서 그는 전 근대 사회에서 연이율이 20% 이상이고 영리를 목적으로 하는 대차는 일반적으로 고리대라고 할 수 있다고 보았다.[13]

류추건은 고리대자본이란 역사적으로 정해진 어떤 정량의 개념은 아니라고 주장한다. 즉 전 자본주의 사회에서 대차 이자로 인한 자본은 이자의 높고 낮음을 불문

11) 李樹靑, 「中國農民的借貸」, 『民族』 3-12(1935), p.2052.
12) 劉秋根, 『明淸高利貸資本』, 社會科學文獻出版社, 2000, p.5.
13) 張忠民, 「前近代中國社會的高利貸與社會再生産」, 『中國經濟史硏究』, 1992-3, p.145.

하고 모두 고리대 자본이라고 칭한다는 것이다.[14] 또한 중국의 초기 은행업, 예를 들어 전장錢莊, 전당典當, 은호銀號, 장국賬局, 표호票號 등도 기본적으로는 고리대 자본에 속한다는 것이다.[15]

그러나 전통시기의 대차라고 해서 고리대로 통칭하는 것은 문제가 있다는 의견도 있다.[16] 이에 대한 대안으로 고리대의 이율 표준과 지주의 토지 수익을 연결시켜 토지세(地租) 수익보다 높은 대차를 고리대라고 할 수 있다고 주장하는 경우도 있지만[17] 이것 역시 분명한 기준이 되지는 못한다. 한편, 남경국민정부의 법정 이율이 연 20%이므로 이것보다 높은 이율을 고리대로 볼 수 있다는 의견도 있다. 그러나 연 20%의 이 규정은 당시 실제 생활에서는 별로 실효성이 없었을 뿐더러, 물가가 급속하게 팽창할 때는 화폐 고리대 이율 표준이 달라질 수밖에 없기[18] 때문에 역시 곤란한 부분이 없지 않다. 따라서 이율이 얼마이면 고리대라고 부르는지에 대한 논의는 잠시 접어두기로 한다. 다만 이러한 견해 차이에도 불구하고 전통시기의 대차방식은 기본적으로 고리대의 성격을 가지고 있었다는 것은 대다수의 학자들이 동의하는 분명한 사실이다.

그렇다면 농촌의 대차 자금은 어디서 오는 것일까. 농촌에서 자금이 고갈될 때 대출을 놓는 자는 지주, 부농, 상인 등 '개인'이 절대적인 비중을 차지했다. 1933년 12월 실업부實業部 중앙농업실험소경제과中央農業實驗所經濟科가 22개성을 대상으로 농민 대차의 출처를 조사한 통계는 〈표 3〉과 같다.

---

14) 劉秋根, 「試論宋代官營高利貸資本」, 『河北學刊』, 1989-2, p.85.

15) 劉秋根, 「關於中國早期銀行業的幾個問題」, 『河北大學學報』, 1995-4, p.83.

16) 石毓符, 『中國金融貨幣史略』, 天津人民出版社, 1984, p.24.

17) 方行, 「淸代前期農村的高利貸資本」, 『淸史硏究』, 1994-3, p.17.

18) 陳峥·李遵, 「三十年來近代中國鄕村民間借貸硏究綜述」, 『中國農史』, 2013-2, p.67.

표 3. 1933년 각성 농민 대차 출처

省名	보고현수	현금 대차									양식 대차						
		대출가구수	현금 대차의 출처							年利	대출가구수	양식 대차의 출처					月利
			합작사	친우	지주	부농	商家	錢局	기타			친우	지주	부농	상가	기타	
察哈爾	7	79	-	8.3	8.3	41.7	33.4	-	8.3	3.2	53	20.0	10.0	50.0	10.0	10.0	8.3
綏遠	11	48	-	8.3	16.7	37.5	12.5	12.5	12.5	3.2	33	4.6	18.2	40.9	4.5	31.8	7.7
寧夏	6	51	-	-	7.1	50.0	35.7	-	7.2	3.7	47	-	9.1	72.7	9.1	9.1	11.7
青海	6	56	-	7.2	7.2	35.7	35.7	-	14.2	2.7	46	11.1	7.5	29.6	11.1	40.7	5.1
甘肅	21	63	-	3.2	43.6	17.8	4.8		30.6	5.3	53	8.5	5.1	59.3	13.5	13.6	7.3
陝西	45	66	0.8	3.0	5.2	41.0	40.2	1.6	8.2	5.1	56	8.7	8.7	32.5	39.7	10.4	14.9
山西	71	61	0.4	3.0	1.1	48.1	26.9	14.5	6.0	4.6	40	7.2	6.2	59.0	8.2	19.4	6.0
河北	109	51	10.5	5.8	1.2	34.8	20.2	19.7	7.8	2.9	33	17.6	4.1	38.6	27.3	12.4	3.3
山東	82	46	2.2	7.0	2.7	41.6	15.0	27.0	4.5	3.4	36	19.1	10.2	59.3	6.9	4.5	3.5
江蘇	50	62	2.5	10.1	6.5	40.3	8.3	26.2	6.1	3.5	50	1.5	13.2	47.8	20.5	17.0	7.6
安徽	32	63	2.3	10.2	7.0	50.0	6.3	5.4	18.8	4.1	56	5.7	15.2	49.5	8.6	21.0	10.0
河南	63	41	-	9.0	10.6	41.2	13.5	9.0	16.7	3.5	43	11.4	16.3	46.0	13.4	12.9	7.3
湖北	22	46	3.7	11.1	11.1	46.2	14.8	3.8	9.2	2.9	51	10.9	17.4	52.2	8.7	10.8	6.9
四川	56	56	-	19.5	20.5	32.5	12.0	8.0	7.5	3.8	46	23.7	31.9	32.5	1.8	10.1	5.7
雲南	25	46	1.9	17.0	9.4	43.4	11.3	5.7	11.3	3.5	49	12.8	19.1	48.9	4.3	14.9	7.2
貴州	25	45	-	4.2	10.4	64.6	6.2	4.2	10.4	3.6	47	1.9	21.2	46.2	7.7	23.0	7.4
湖南	37	52	2.3	12.5	19.5	46.9	8.6	2.4	7.8	3.3	49	9.7	16.6	35.2	3.4	35.1	6.8
江西	27	57	1.2	7.6	8.9	53.2	13.9	2.5	12.7	2.5	52	5.3	13.3	42.7	1.3	37.4	4.4
浙江	42	67	1.5	15.3	6.1	43.5	7.6	19.8	6.2	2.0	48	14.9	7.9	42.6	14.9	19.7	4.0
福建	26	55	-	8.9	12.5	51.8	16.1	5.4	5.3	2.1	49	21.1	13.5	40.4	13.5	11.5	4.7
廣東	49	60	0.6	10.2	5.8	52.9	16.6	5.7	8.2	2.7	52	15.4	11.1	50.4	15.4	7.7	5.8
廣西	38	51	-	3.8	16.2	52.3	7.7	16.9	3.1	3.4	58	8.2	23.1	50.0	5.7	13.0	10.9
평균	850	56	1.3	8.3	9.0	45.1	17.3	8.9	10.1	3.4	48	10.9	13.6	46.6	11.3	17.6	7.1

출처: 「各省農民借貸調查」, 『農情報告』 2-4(1934), p.30; 「農情報告: 各省農民借貸調查」, 『農業週報』 3-16 (1934), pp.336-338.

〈표 3〉에 의하면 친우, 지주, 부농을 합한, '개인'으로부터 대출하는 비율은 평균 62.4%이다. 상가商家 속에 상인과 상점이 포함되어 있는 것으로 보이는데 여기에 상인까지 포함시킨다면 그 비율은 이보다 좀 더 높아질 것이다. 양식 대차에서도 친우, 지주, 부농을 합한 개인 대차 비율 평균은 71.1%를 차지하는 것으로 나타나고 있다. 이밖에 합작사나 전문 대출기구인 전국錢局의 비율은 8.9%로 별로 크지 않았다. 따라서 대부분 농촌의 대차는 친우, 지주, 부농, 상인에 의지하는 개인대차가 절대적인 비중을 차지하고 있었다는 것을 알 수 있다. 또 다른 통계에서도 비슷한 결과를 나타내고 있다. 1935년 금릉대학 농학원농업경제계가 하남성, 호북성, 강서성, 안휘성 4성 농촌에 대해 실시한 경제조사의 결과인데, 그 내용은 〈표 4〉와 같다.

표 4. 1935년 대차 출처에 대한 농민 비율과 액수

대차출처	성	대차농민 백분비율	대차액의 전대차액 백분비	1인당 농민대차액 (元)	대차출처	성	대차농민 백분비율	대차액의 전대차액 백분비	1인당 농민대차액 (元)
개인	河南	96	74	74.48	전회	河南	-	-	-
	湖北	95	77	51.31		湖北	15	7	32.80
	江西	94	85	103.46		江西	12	6	47.20
	安徽	83	61	69.50		安徽	16	6	54.70
	4성 전체	93	74	71.90		4성 전체	14	4	27.10
토지전당	河南	28	27	96.60	합작사	河南	-	-	-
	湖北	15	12	49.10		湖北	21	1	4.60
	江西	3	1	28.50		江西	16	-	1.30
	安徽	14	26	288.40		安徽	9	2	10.60
	4성 전체	15	17	100.10		4성 전체	17	1	3.20
물건저당	河南	-	-	5.36	상점	河南	17	2	9.40
	湖北	32	2	3.90		湖北	13	1	4.40
	江西	49	5	6.20		江西	42	3	5.30
	安徽	7	-	5.94		安徽	37	3	7.00
	4성 전체	29	2	5.20		4성 전체	24	2	6.80

출처: 鄭槐, 「我國目下之鄕村借貸情形」, 『農林新報』 13-16(1936), pp.452-453.

조사항목에 조금씩 차이가 있지만 하남, 호북, 강서, 안휘성을 대상으로 한 대차액 비율을 보면, 개인 대차가 가장 많아 74%를 차지했고, 토지 전당 17%, 물건저당 2%, 전회 4%, 합작사 1%, 상점 대차 2%로 미미한 수준이었다는 것을 알 수 있다. 따라서 하남, 호북, 강서, 안휘성 농민들은 돈이 필요할 때 지주, 부농, 상인 등 개인으로부터 자금을 융통했으며, 그 다음은 토지 전당을 많이 이용했다는 것을 알 수 있다. 1934년 2월에 실시된 중앙정치학교지정학원中央政治學校地政學院과 중앙농업실험소中央農業實驗所의 전국 농촌 금융조사의 결과도 크게 다르지 않았는데, 그 내용은 〈표 5〉와 같다.

특히 이 표는 전국적인 대출의 출처를 알 수 있게 하므로 자세히 분석할 필요가 있다. 표에 의하면 지주가 24.2%, 부농이 18.4%, 상인이 25.0%를 차지하고 있다. 이는 모두 개인이 돈을 빌려주는 것으로 전체 대차 중 67.6%를 차지한다. 그런데, 이와 같이 개인의 출처 비중이 높은 농촌에서 돈을 빌려주는 사람들의 신분은 종종 서로 겹쳐졌다. 예를 들어 지주와 부농의 신분은 서로 겹쳐질 뿐 아니라, 지주가 상업을 겸영하기도 하고 상인이 돈을 벌어 토지를 구매하고 지주가 되기도 했다. 이들은 농민이 절박하게 자금이 필요할 때 고리대의 형식으로 방청묘放青苗, 방청엽放青葉, 방하미放夏米 등의 이름으로 현금을 대출해주고, 가을 추수기가 되면 농민이 일 년간 수확한 양식을 부등가의 방식으로 수매했다. 만일 불경기로 인해 농민이 상환할 능력이 없게 되면 농민의 토지를 겸병함으로써 농민들을 파산에 이르게 했던 장본인들도 이들이었다. 따라서 당시 지식인들 사이에서는 지주, 부농, 상인을 일컬어 농촌의 '삼위일체'라고 불렀다. 즉 이들은 농민들을 고리대로 착취함으로써 농촌경제의 발전을 저해하고 농촌을 파탄에 이르게 하는 가장 유력한 존재라고 인식되었던 것이다.[19]

---

19) 李樹靑, 「中國農民的借貸」, 『民族(上海)』 3-12(1935), p.2055.

표 5. 1934년 농촌 대차 출처 백분비

| 성 | 대차 출처 백분 비율 | | | | | | | |
| | 은행 | 합작사 | 典當 | 錢莊 | 상점 | 개인 | | |
						지주	부농	상인
察哈爾	-	-	-	12.5	18.7	25.0	12.5	31.3
綏遠	2.9	5.8	2.9	8.8	5.8	20.7	17.7	35.4
寧夏	-	-	-	-	21.8	14.3	28.6	35.3
青海	-	-	6.3	-	14.9	23.5	17.0	38.3
甘肅	-	1.3	2.6	-	16.0	21.3	22.7	36.1
陝西	4.1	2.0	9.0	5.0	20.5	15.4	14.4	29.6
山西	4.9	1.3	18.9	13.1	11.4	14.4	13.4	22.6
河北	3.3	11.9	5.1	10.7	13.8	13.2	19.8	22.2
山東	6.1	3.4	3.5	16.3	15.4	15.5	19.6	20.2
江蘇	8.8	5.6	18.5	6.2	7.2	23.5	14.2	16.0
安徽	-	8.6	6.9	0.5	13.1	30.4	16.9	23.6
河南	1.7	1.3	6.3	6.5	15.7	28.8	16.6	23.1
湖北	2.9	4.9	10.5	3.9	13.8	25.4	21.6	16.6
四川	2.6	0.9	18.3	6.8	8.8	26.6	14.5	21.5
雲南	2.6	0.8	5.2	-	6.1	33.4	21.1	30.8
貴州	-	-	7.4	-	10.4	32.9	23.9	25.4
湖南	-	1.6	5.6	2.2	13.6	34.5	22.7	19.8
江西	1.6	3.2	5.6	4.0	11.2	33.6	22.4	18.4
浙江	3.7	4.5	16.2	10.1	12.0	21.9	15.8	15.8
福建	0.9	-	3.6	7.2	16.3	20.0	22.8	29.2
廣東	3.2	0.3	18.4	5.5	13.2	26.9	12.4	20.1
廣西	3.7	-	22.3	0.8	8.9	31.8	13.4	19.1
평균	2.4	2.6	8.8	5.5	13.1	24.2	18.4	25.0
						개인합계	67.6	

출처: 「借款與儲蓄」, 『農情報告』 2-11(1934), p.108.

위 표에 의하면 개인대차 다음으로 많은 비중을 차지했던 것은 상점 대차로 13.1%
를 차지했다. 이는 상점으로부터 자금을 대출하는 것으로 상업자본이 고리대자본으
로 전환되었음을 의미한다. 상점 대차는 실물대차와 현금대차가 있었는데, 전자는 농

민의 일용품, 의복, 식용품 등을 외상으로 빌리는 것이다. 후자는 농산물을 예매하는 방법이다. 전자는 외상으로 실물을 사고 현금으로 상환하는 것이고, 후자는 춘궁기 때 상점에서 현금을 빌리고 가을에 수확한 곡물로 상환하는 방법이다.[20] 상점들은 돈을 빌려주고 싼 값으로 농산물을 수매하여 부를 축적했던 것이다.

그 다음으로 전당典當이 8.8%, 전장錢莊이 5.5%를 차지하여 전당과 전장의 합계는 14.3%로 그 비중은 그다지 높지 않았다. 토지를 전당하는 경우에는 토지를 소유한 자경농이나 반자경농에게 그 자격이 있었고, 소작을 하는 전농은 그러한 자격을 얻기가 쉽지 않았다. 은행과 합작사는 각각 2.4%, 2.6%에 불과했다. 합작사가 가장 먼저 창립된 하북성이나 농민은행이 제일 먼저 설립된 강소성에서도 그 비율은 각각 11.9%, 8.8%에 불과할 뿐이었다. 합작사는 서구에서 유래한 사회조직으로 중국의 일부 지식인들 사이에서 농촌의 궁핍을 해결하고 이를 넘어 부강한 농촌을 건설하는 최적의 방안으로 인식되면서 1920년대에 각종 사회단체들에 의해 사회운동으로까지 확대되었던 바 있다.[21] 이후 1930년대에는 정부에서도 관심을 갖고 정부 주도 하에 합작사의 보급을 적극 장려하여 농촌문제를 해결하고자 했다. 그러나 합작사는 1930년대에 와서야 전국적으로 보급되어 그 발전시기가 오래되지 않았고, 역시 너무 가난한 전농은 가입이 쉽지 않았다.[22]

따라서 은행이나 합작사의 근대적 금융기구가 농촌 대차에 미치는 효력은 여전히 미미했다.[23] 은행이나 전장이 주로 도시에 집중되었던 것도 한 원인이었지만, 설사 은행이나 전장 등 금융기관을 이용하고자 해도 자산이 어느 정도 있어야 대차가 가능했기 때문에 자경농이나 반자경농이 그 대상이었고 자산이 없는 전농은 대출받기 쉽지 않았다. 농민들이 고리대나 전당을 피하고 필요한 자금을 융통하기 위해서는 전통적인 전회錢會를 조직하는 것도 한 방법이었다. 전회는 농민의 자발적

20) 陸國香, 「湖南農村借貸之研究(1)」, 『工商半月刊』 7-14(1935), p.5.
21) 손승희, 「민국시기 신용합작사의 전통 '錢會'방식의 활용-하북성 定縣을 중심으로」, 『중국근현대사연구』 77(2018), p.57.
22) 鄭槐, 「我國目下之鄉村借貸情形」, 『農林新報』 13-16(1936), p.453.
23) 盧顯能, 「中國農村借貸問題之研究」, 『農村經濟』 4-3/4(1937), p.24.

인 금융조직으로 전회의 대출은 그 회원에게만 가능했다. 전회의 회원들은 서로 경제적인 지위가 비슷하고 최소한 회비를 낼 수 있는 농민만이 가입할 수 있었을 뿐, 너무 가난한 자는 역시 가입할 수 없었다. 이와 같이 자경농이나 반자경농은 대차가 상대적으로 용이하지만 자산이 없는 전농, 빈농, 고농 등은 돈을 빌리기가 곤란했다.

II-1-2 대차 이율과 고리대의 지속

대차 이율은 월리月利와 연리年利가 모두 통용되었다. 연리는 장기 대차할 때 주로 채택되었기 때문에 월리가 보편적으로 채택되었다. 그러나 장기, 단기 혹은 양식, 현금 대차를 막론하고 채권인들은 월리를 선호했다. 왜냐하면 월리로 하면 1년에 2개월의 이자를 더 받을 수 있었기 때문이다. 그러나 월리로 계산한다고 해서 반드시 매달 이자를 납부하는 것은 아니었다. 매년 두 번으로 나누어 납부하는 것이 보통이었다. 청명절淸明節 봄 제사 전과 중양절重陽節 가을 제사 전에 납부하기도 하고, 개인 대차인 경우 추수한 후 햇곡식이 등장할 때 하거나 연말에 납부하기도 했다. 아니면 채권인이 정하는 대로 두 번을 나누거나 한 번으로 하거나 모두 일정하지 않았다.[24]

대차 이율은 시기에 따라, 지역에 따라 차이가 있었다. 한대漢代 이후 중국 역대 왕조는 고리대를 제한하는 입법을 했고, 금대金代 이후에는 대체로 민간 대차의 법적 이율을 월 3分(3%) 전후로 규정했다. 명·청시대의 법률규정에도 민간의 대차는 월이율 3분을 초과할 수 없고 그렇지 않으면 법적 처벌을 받을 수도 있다고 규정했다. 즉『대청율례大淸律例』호율戶律에서는 "무릇 사사로이 돈을 빌려주거나 재물財物을 저당 잡을 경우 매달 취하는 이자는 결코 3분을 넘을 수 없으며 채무기간이 오래 지났다고 해도 이자가 원금보다 많아질 수는 없다. 위반한 자는 곤장(笞) 40대에 처하고 규정을 초과해 획득한 이자는 장물로 계산하여 처벌한다"고 규정하고 있다. 민국 건립 초 역시 동일하게 월 이자 3분을 넘을 수 없었다. 이후 남경국민정부는 1927년 고리대를 금지하고 대차의 연 이율이 2분(20%)을 넘지 못하도록 하는 법령을 반포했다. 1937년 중일전쟁이 발발한 이후 중공항일근거지에서는 민간 대차 연이율이 1분-1분5리(10-15%)를 넘지 못하도록 규정하기도 했다.[25]

---

24) 朱博能,「農村借貸利率之比較」,『閩政月刊』8-1(1941), p.33.

25) 李金錚,『借貸關係與鄉村變動-民國時期華北鄉村借貸之硏究』, 河北大學出版社, 2000, p.51.

그러나 실제로는 이보다 높은 이율이 적용되었다. 명청시기 민간의 대차 이율이 비교적 안정되었음에도 불구하고 실제로는 관부에서 정한 이율보다 더 높은 경향을 보였다.[26] 고리대의 높은 이자로 인해 부채를 몇 년 지게 되면 중등정도의 농민이 빈농으로 변하는 것은 시간 문제였다. 대차 2, 3년이면 이자가 원금을 능가하게 되는 일이 비일비재했기 때문이다. 심지어는 이자가 원금의 몇 배에 달하기 때문에 원금을 상환하지 못하는 상황이 발생했다. 이러한 원인으로 인해 가난한 농민은 더욱 가난해지고 부자는 더욱 부자가 되어 사회계급이 형성되었다.[27] 이러한 사실들이 농민을 파산하게 하고 농촌을 붕괴하게 하는 원인이 되었다.

다음은 1934년 2월 중앙농업실험소가 전국 22개성 871현을 대상으로 한 농촌금융조사 보고에서 발표한 대차 이율을 나타낸 것이다. 그 내용은 〈표 6〉과 같다. 당시 법정 이율은 원래 연리 2분(20%)이었지만 이러한 규정이 반드시 지켜지지는 않았다는 것을 알 수 있다. 이 표에 의하면 연리 2분 이내가 9.4%이고, 그 나머지 90%는 모두 연리 2분 이상으로 나타나 있기 때문이다. 실제로는 2분-3분(20-30%)이 36.2%, 3분-4분(30-40%)이 30.3%로 둘을 합치면 2분-4분(20-40%)이 66.5%로 가장 많았다는 것을 알 수 있다. 4분 이상도 24.1%나 되었다. 이는 1분-2분보다도 더 높은 비율이었다.

26) 張忠民, 「前近代中國社會的高利貸與社會再生産」, 『中國經濟史硏究』, 1992-3, p.144.
27) 鄭槐, 「我國目下之鄕村借貸情形」, 『農林新報』 13-16(1936), p.454.

표 6. 1934년 각종 대차 이율의 백분비(연리)

성	보고 현수	보고 차수	1분-2분	2분 이상 -3분	3분 이상 -4분	4분 이상 -5분	5분 이상
察哈爾	6	8	12.5	62.5	12.5	-	12.5
綏遠	11	16	18.7	12.5	6.2	43.9	18.7
寧夏	4	7	-	-	28.5	14.2	57.3
青海	5	21	-	42.9	19.0	14.2	23.9
甘肅	21	36	2.7	22.3	19.4	27.8	27.8
陝西	42	106	0.9	6.6	29.3	12.2	51.0
山西	75	188	2.6	17.0	40.6	27.6	12.2
河北	105	469	6.6	46.7	43.8	2.5	0.4
山東	83	258	5.4	35.7	37.0	20.0	1.9
江蘇	47	167	14.3	48.7	25.2	5.9	5.9
安徽	33	81	1.2	32.1	38.3	11.1	17.3
河南	63	158	1.2	10.8	52.8	19.2	16.0
湖北	25	40	7.5	50.0	27.5	7.5	7.5
四川	67	147	15.6	32.7	40.9	6.1	4.7
雲南	34	48	8.3	39.6	37.6	4.1	10.4
貴州	21	31	-	15.2	65.5	12.9	6.4
湖南	36	85	1.1	44.9	43.6	4.7	5.7
江西	27	49	16.3	73.5	10.2	-	-
浙江	46	85	41.2	57.7	1.1	-	-
福建	29	47	31.9	63.9	4.2	-	-
廣東	49	112	18.8	48.2	30.4	0.9	1.7
廣西	42	100	1.0	34.0	55.0	6.0	4.0
평균	871	×	9.4	36.2	30.3	11.2	12.9

출처: 「借款與儲蓄: 借款利率」, 『農情報告』 2-11(1934), p.109.

각 성의 상황을 살펴보면 동남지역의 몇 개의 성이 비교적 이율이 낮고, 서북지역은 자금 부족현상이 심하여 이율이 높다는 특징을 보이고 있다. 예를 들어 감숙, 섬서, 수원, 영하 등 성에서 4분이 넘는 이율이 평균 50% 이상, 60-70%를 보이고 있다.[28] 비교적 낮은 곳은 강소, 하북, 강서, 절강, 복건, 광동, 호남, 운남, 차하얼, 청해 등 11개성이다. 그중 절강은 1-2분이 41.2%를 차지했고 2-3분이 57.7%를 차지하여 가장 낮았다. 복건은 1-2분이 31.9%, 2-3분이 63.9%이고, 그 다음이 강서로 1-2분이 16.3%, 2-3분이 73.5%이다. 전국적으로 보아도 연리 20%를 넘을 수 없다는 당시의 법적이율보다 훨씬 높게 나타나 있는 것을 알 수 있다. 이는 민간에서 대차를 할 때 실제로는 법령의 실효성보다는 이제까지의 관습에 따라 대차가 행해졌음을 의미한다. 이것은 고리대와 농민이 떼려야 뗄 수 없는 관계임을 증명하는 것이고, 농촌의 대차는 전통적인 관행에 의해 이행되었으며 국가 법률의 지배를 받는 것이 아니었음을 증명한다.[29]

다음에는 현금대차 이율과 식량대차 이율에 어떤 차이가 있는지를 살펴보자. 다음 표는 1933년 실업부 중앙농업실험소가 전국 22개성을 대상으로 조사한 결과이다. 앞의 〈표 3〉에서 농민 대차의 출처를 나타내면서 이율도 표시하고 있는데, 즉 현금대차는 연리로 계산하고 있는 반면 식량대차는 월리로 계산되어 있다. 이는 보편적으로 사용되는 방식이었다. 다만 중국의 이율 단위는 일반적으로 '분分'을 사용하는데, 연리의 1분은 원금의 10%를 말하며, 월리의 1분은 원금의 1%를 의미한다. 따라서 〈표 3〉에서 이율만 추출하여 동일한 기준을 적용한 실제 백분율을 나타내면 다음과 같다.

---

28) 鄭槐, 「我國目下之鄕村借貸情形」, 『農林新報』 13-16(1936), p.454; 李樹靑, 「中國農民的借貸」, 『民族(上海)』 3-12(1935), p.2066.

29) 李金錚, 「政府法令與民間慣行: 以國民政府頒行"年利20%"爲中心」, 『河北大學學報』, 2002-4, p.14.

표 7. 1933년 각성 농민 대차 평균 이율

성	현금대차 연리(%)	식량대차 월리(%)	성	현금대차 연리(%)	식량대차 월리(%)
察哈爾	32	8.3	貴州	36	7.4
綏遠	32	7.7	甘肅	53	7.3
寧夏	37	11.7	陝西	51	14.9
靑海	27	5.1	山西	46	6.0
山東	34	3.5	河北	29	3.3
江蘇	35	7.6	湖南	33	6.8
安徽	41	10.0	江西	25	4.4
河南	35	7.3	浙江	20	4.0
湖北	29	6.9	福建	21	4.7
四川	38	5.7	廣東	27	5.8
雲南	35	7.2	廣西	34	10.9
평균	34	7.1			

출처: 「各省農民借貸調查」, 『農情報告』 2-4(1934), p.30; 朱博能, 「農村借貸利率之比較」, 『閩政月刊』 8-1(1941), p.34.

위 표에 의하면 현금 대차는 감숙이 평균 연리 53%로 가장 높았고, 섬서가 다음으로 51%이며 광서, 산동, 호남, 강소성 등이 전국 평균인 34%에 가장 근접한다. 절강이 20%, 복건이 21%로 가장 낮은 이자율을 나타내고 있다. 식량 대차 이율에서는 섬서가 평균 월리 14.9%로 가장 높고 영하가 11.7%로 그 다음이며 광서, 안휘가 모두 10.0%를 넘었다. 상당히 높았다는 것을 알 수 있다. 그중 운남, 하남, 감숙 등 5개성이 전국 평균인 7.1%에 가장 근접한다. 하북의 3.3%와 산동의 3.5%는 가장 낮은 비율이다.[30] 주로 농지가 부족한 지역에서 식량 대차 이율이 높게 나타났다는 것을 알 수 있다.

양식은 농민들의 생존과 직결되어 있는 것으로 생계를 유지하기 위한 필수 품목이었다. 산이 많고 농지가 적은 지역에서 자연재해가 발생하거나 원래의 산업 경영이 부실하게 되면 농민들은 심각한 식량 부족 문제에 직면하게 되었다. 따라서 이

---

30) 朱博能, 「農村借貸利率之比較」, 『閩政月刊』 8-1(1941), p.34.

러한 식량부족 문제를 양식대차를 통해 해결하려다 보니 양식대차 이율이 현금대차보다 더 높게 나타나는 경향이 있었다. 더구나 양식대차는 봄철의 파종 이앙기에 빌려서 가을 추수기에 상환하는, 기껏해야 4개월 정도에 불과한 단기 대차였기 때문에 이율이 높게 나타나고 있다. 본서에 수록된 문서에서도 그러한 예를 볼 수 있다. 본서의 'II-4 저압 대차'에 수록되어 있는 59번과 60번 문서는 모두 귀주성의 것으로 양식대차에 해당된다. 특히 60번 문서에서는 두 건의 대차계약을 체결하고 있는데, 하나는 곡식 400근을 빌리고 100근당 곡식 90근의 이자를 부과하고 있으며, 또 하나는 곡식 100근을 빌리고 곡식 100근을 이자로 부과하고 있다. 이 두 건의 평균 이율은 연 90% 이상이었다. 또한 가난한 농민일수록 대차 이율이 높게 나타났는데 이것은 고리대의 현저한 특징이었다. 빈곤한 농민은 대차액이 적고 기간이 짧았으며 상환능력도 나빴기 때문에 고리대를 놓는 입장에서는 이자를 더 많이 받는 것으로[31] 이러한 위험성을 보완했던 것이다.

이밖에도 농민이 상점에서 외상으로 물건을 구입할 때 월리 3, 4분을 넘는 이율을 계산하는 경우도 적지 않았다. 전당의 이율도 대체로 월리 3분 이상이었다. 육국향陸國香의 조사에 의하면 1931년 13성 12개 도시 1,405가家의 전당 이율을 분석한 결과 월리 3-4분이 가장 많아 741가(52.7%)였고 2-3분이 485가(34.5%)였다. 그 다음이 4-5분으로 8.0%를 점했고 그 다음이 5분 이상으로 3.9%, 1분 이하가 0.7%이고 1-2분이 가장 적어 0.2%였다.[32] 이에 비하면 전장錢莊의 대출 이자는 이보다는 낮았다. 당시 농촌의 전통적 대출조직 중에서 대차 이율이 가장 낮았던 것은 전회였다. 전회의 이율은 대개 1분 전후로, 연리 1분이 가장 보편적이었다.

은행이나 합작사 등 신흥 농촌 대출기관의 대출 이율은 전통 대출조직에 비해서는 일반적으로 낮았다. 농민은행, 상업은행, 신용합작사, 농업창고 등 대개 월리 8, 9리-1분 전후였다. 예를 들어 강소성농민은행은 최고 월리 1분을 넘지 않았고, 중국농민은행과 절강성 각급 농민은행 역시 월리 1분이 가장 높은 이자였다. 상해은

---

31) 李金錚, 「近代太行山地區的高利貸」, 『近代中國鄉村社會經濟探微』, 人民出版社, 2004, p.344
32) 陸國香, 「中國之典當(二)」, 『銀行週報』 20-3(1936), p.11.

행은 9리 혹은 1분, 중국은행은 8리-1분, 중국농민은행의 합작사 사원대출은 1분1리, 비사원 대출은 1분2리, 절강농민은행의 합작사 사원대출은 월리 1분2리, 1분4리 혹은 1분5리도 있었다. 중앙농업실험소의 조사에 의하면 강소성 등 15개 도시 합작사 대차이율 소득 통계에 의하면, 합작사의 대차이율은 월리 8리-1분이 가장 많아 52%이고 다음이 6-8리로 35%였다. 다음은 6리 이하가 5%, 1분-1분2리가 4%, 1분2리-1분5리가 2%, 1분5리 이상이 2%였다.[33]

이와 같이 비록 근대 금융조직이 농촌에서 차지하는 비중은 그다지 크지 않았지만, 그 이율은 전통적인 농촌 대차에 비해서는 상당히 낮았다는 것을 알 수 있다. 따라서 은행이나 합작사는 농촌에서 그 수가 적었음에도 불구하고 중국 농촌 대차관계에 근대적인 변화를 가져오게 하는 지표가 될 수 있었다. 또한 일반적으로 고리대 방식에 의해 진행되던 전통적인 대차방식에 충격을 가하고 농민에 대한 고리대 착취를 감소시키는 데 일정정도의 역할을 했다고 볼 수 있다.[34] 따라서 민국시기는 중국 대차관계에서 신구가 교차하는 특징을 가지고 있으며 대차관계의 전환점이 될 수 있는 시기였다.

사실, 이율이 높고 낮음은 원래 자금의 수요와 공급에 의해 정해지는 것으로 공급이 많으면 이자가 낮고 공급이 적은데 수요가 많으면 이자가 높아지는 것이 당연하다. 그러나 중국 농촌의 경우는 고리대의 경향이 농후하여 자금의 흐름은 고리대의 방향으로 진행되었다. 다만 그럼에도 불구하고 일정한 규칙이 존재했는데, 그것은 대차액이 적을수록, 대차기간이 짧을수록, 담보가 없을수록, 필요가 급할수록, 지역이 척박할수록 이율이 높게 나타나는 경향이 있었다는 것이다.[35]

다음 표는 1935년 금릉대학金陵大學 농업경제계農業經濟系에서 행했던 하남, 호북, 강서, 안휘 4성 농촌에 대한 개인대차와 각 상점별 대차 이율을 나타낸 것이다. 그 내용은 〈표 8〉과 같다.

---

33) 朱博能,「農村借貸利率之比較」,『闓政月刊』 8-1(1941), p.35.
34) 李金錚,「20年來中國近代鄕村經濟史硏究的新探索」,『近代中國鄕村社會經濟探微』, 人民出版社, 2004, p.34.
35) 朱博能,「農村借貸利率之比較」,『闓政月刊』 8-1(1941), p.35.

표 8. 하남, 호북, 강서, 안휘 4성 대차 이율

대차 출처		매월 평균 이율			
		하남	호북	강서	안휘
개인 대차	신대차	3분5리	2분9리	1분6리	3분7리
	구대차	3분3리	2분6리	1분7리	2분9리
당포		-	3분	2분	3분
합작사		-	1분	1분	1분
상점	잡화점	1리	4리	1리	1리5
	포목점(布店)	6리	5리	-	1리1
	염색소(染店)	1리	-	-	-
	약방(藥店)	1리9	-	-	1리
	기타	-	-	-	1리

출처: 鄭槐, 「我國目下之鄕村借貸情形」, 『農林新報』 13-16(1936), p.454.

이 표에 의하면 합작사나 각 상점보다는 개인 대차와 당포의 이자율이 높았다는 것을 알 수 있다. 개인 대차 중에서는 구 대차보다 신규 대차가 높았고, 강서성을 제외하고 하남, 호북, 안휘 모두 높게 나타났다는 것을 알 수 있다. 상점은 원래 이자가 없지만 외상으로 물건을 구매하고 이를 상환하는 것인데, 외상은 물건을 염가로 구입할 수가 없으므로 그 가격 차이가 바로 이자가 되었다.[36]

대차기간은 6개월에서 1년 이내가 가장 보편적이었다. 〈표 9〉는 1934년 2월 실업부 중앙농업실험소가 전국 22개성 871현을 대상으로 각 성 농민의 대차 기간을 조사한 것이다.

농민대차 기간은 대차의 용도에 따라 다르게 나타난다. 예를 들어, 종자나 비료 등을 구매하는 것은 단기의 자금을 필요로 하는 것이기 때문에 단기로 나타나고, 목축이나 농기구를 구매하기 위한 것은 중기로 나타났다. 대규모의 수리시설을 구축하거나 황무지를 개간하는 등의 일을 위해서는 장기대출이 필요했다. 〈표 9〉에 의하면 대차기간이 6개월에서 1년 사이의 대차가 가장 많은 것으로 나타나 있다.

---

36) 鄭槐, 「我國目下之鄕村借貸情形」, 『農林新報』 13-16(1936), p.455.

표 9. 1934년 각성 농촌 대차 기간

성	보고 현수	보고 차수	대 차 기 간					
			6개월 이하	6개월-1년	1년-2년	2년-3년	3년이상	부정기
察哈爾	6	8	-	75.0	-	12.5	-	12.5
綏遠	11	15	26.6	60.2	-	6.6	-	6.6
寧夏	4	7	-	71.5	-	-	-	28.5
青海	5	21	-	71.4	4.8	4.8	9.5	9.5
甘肅	21	36	16.6	47.4	5.5	22.3	2.7	5.5
陝西	42	100	48.0	42.0	3.0	1.0	1.0	5.0
山西	75	188	39.4	51.2	3.1	3.7	-	2.6
河北	105	700	10.4	84.6	0.8	1.8	0.4	2.0
山東	83	246	18.7	74.1	1.2	2.8	-	3.2
江蘇	47	164	6.0	75.8	9.1	1.8	0.6	6.7
安徽	33	76	11.8	60.7	9.2	2.6	5.2	10.5
河南	63	149	17.5	68.6	2.0	4.0	0.6	7.3
湖北	25	40	5.0	75.0	2.5	-	-	17.5
四川	67	142	11.2	69.2	4.2	1.4	2.8	11.2
雲南	34	47	6.3	51.2	12.7	4.2	2.1	23.5
貴州	21	24	12.5	62.6	8.3	4.1	-	12.5
湖南	36	78	3.8	66.8	1.2	5.1	2.5	20.6
江西	27	38	7.8	63.4	2.6	5.2	5.2	15.8
浙江	46	83	9.8	80.4	3.7	-	1.2	4.9
福建	29	42	4.7	59.7	7.1	7.1	2.3	19.1
廣東	49	108	15.7	53.0	4.6	2.7	8.3	15.7
廣西	42	96	7.3	59.4	8.3	16.7	1.0	7.3
평균	871	×	12.6	64.7	4.3	5.0	2.1	11.3

출처: 「借款與儲蓄: 借款時期」, 『農情報告』 2-11(1934), p.109.

이와 같이 고리대는 돈이 많은 부농이나 상인들로 하여금 고리대에 활발하게 투자하게 하는 요인으로 작용했다. 농민들에게도 대차를 통해서 생산 자본을 증가시킬 수 있는 기회가 될 수 있었다. 그러나 높은 이자를 견디지 못하고 담보로 잡힌 토지를 채권인에게 넘김으로써 빈농이나 고농으로 전락하는 경우도 드물지 않았다. 이러한 고리대는 농민을 착취하는 결과를 낳아 농민들은 대출을 하면 할수록 원래 자본을 모두 소진해버리고 더욱 빈곤해지게 되었다.

이미 언급했듯이 역대 왕조를 비롯해서 남경국민정부도 고리대를 금지하고 연이율이 2분을 넘지 못하게 법적으로 규정했다. 그러나 고리대는 사라지지 않았고 지속적으로 농촌 경제를 지배해왔다. 여기에는 농민들의 빈궁에 그 일차적인 이유가 있었다. 농민은 수입이 너무 적어 저축할 가능성은 희박했고 불행하게도 의외의 일에 맞닥뜨리게 되면 부채를 지는 것을 면할 수가 없었다. 농가의 수입이 너무 적어 대차에서 구할 수밖에 없었기 때문이다. 중국 전통사회의 고리대 이자율은 고정적인 제한액이 없었고 주로 대차자의 필요에 대한 절박성과 상환 능력에 의해 결정되었다.[37] 말하자면 농민들은 각종 자연 재해를 예측할 수 없을뿐더러 자신들의 경제 수익을 확정하기 어렵고 상환 능력도 충분하게 보증할 수 없었다. 따라서 돈을 빌려주는 입장에서 이러한 불확실한 대차로 인한 투자위험을 상쇄하기 위한 방편으로 농민들에게 높은 이자를 부과했던 것이다.

이밖에도 농촌 빈궁의 원인 중의 하나는 농촌자금의 고갈에 있었다. 농민들은 각종 세금과 부가세에 시달렸으며,[38] 농촌자금이 도시로 빠져나가는 현상으로 인해 농촌금융은 전반적으로 고갈 상황에 놓여 있었다. 고리대에 종사하는 지주, 부농, 상인 등은 대량의 자금을 도시로 유입시켰다. 농촌 경제가 붕괴되면서 황무지가 증가했고 농촌을 떠나는 농민이 증가하여 전국적으로 토비가 만연했기 때문이다. 농촌의 부유한 사람들은 근대적인 도시생활을 즐기고 자금을 좀 더 안전한 곳

37) 方行, 「淸代前期農村的高利貸資本」, 『淸史硏究』, 1994-3, p.16.
38) 高石鋼, 「二十世紀20-30年代中國農村民間高利貸盛行原因分析」, 『社會科學戰線』, 2002-2, pp.158-159.

으로 옮기기 위해 자금을 가지고 가족과 함께 도시로 도피했던 것이다. 이로 인해 자금은 급속하게 도시로 집중되었고 농촌 금융을 더욱 고갈시키게 되었다.[39]

1930년대 이미 농촌에서는 쌀, 보리, 차, 면화, 생사 등 주요한 농산물의 상품화가 확대되었지만 농산물 가격의 폭락과 판로의 경색으로 농촌 유입자금이 격감되었다. 그러나 농촌의 일용품을 도시에서 구입하게 됨으로써 농촌 경제는 도시 경제에 의존하는 경향이 농후해졌다.[40] 상업자본이 농업을 지배하고 도시가 농촌을 지배하게 되는 상황에서 상업자본과 고리대의 성행은 농민에게 더욱 불리하게 작용했다. 도시와 농촌의 이러한 무역 불균형이 농촌 자금을 계속 도시로 빠져나가게 하는 원인이 되었기 때문이다.

이에 따라 1930년대 초부터는 성 농민은행과 대도시의 상업은행들이 경쟁적으로 농촌 금융사업에 뛰어들었다. 특히 중일전쟁시기에는 확실히 은행이나 합작사 등 근대 금융기구의 설립이 증가하여 고리대의 비중이 줄어들고 대차가 여기에 의존하는 경향이 있었다. 〈표10〉은 이러한 상황을 잘 설명해준다. 이 통계는 실업부 중앙농업실험소가 실시한 것으로 절강, 강서, 호북, 호남, 사천, 하남, 섬서, 감숙, 청해, 복건, 광동, 광서, 운남, 귀주, 영하의 15개성을 포함하고 있다.

그러나 통계에서 보듯 은행과 합작사 대출의 비중이 커지고 개인 대차의 비중이 감소하는 등 연도가 뒤로 갈수록 확실하게 변화하고 있음에도 불구하고 지주, 부농, 상인 등 개인대차가 여전히 무시하지 못할 비중을 차지하고 있다는 것을 알 수 있다. 은행이나 합작사, 합작금고 등은 대체로 담보를 필요로 하기 때문에 빈농이나 고농 등은 혜택을 받기가 쉽지 않았기 때문이다. 농촌 자본은 여전히 결핍되어 있었고 자본이 부족한 농촌에서 채무 상환능력이 약한 빈농이나 고농에 대해서 대차이율이 높게 적용되었다. 그러므로 고리대의 부작용에도 불구하고 당시 농촌 경제의 운영은 고리대를 떠나서는 가능하지 않았다.

---

39) 「中國農村金融之現狀(上)」, 『外論通信稿』 594(1933), p.5.
40) 哲明, 「中國農村經濟中的借貸問題」, 『新中華』 1-8(1933), pp.24-25; 박정현, 「近代 中國의 農村金融과 그 變化-1920~30년대 江南을 중심으로」, 『역사와 역사교육』 3/4 합집(1999), p.700.

표 10. 농촌 고리대 출처의 변동(1938-1946년)

연도	합계	은행	전장	전당	상점	합작사	합작금고	지주, 부농, 상인
1938	100	8	3	13	14	17	2	43
1939	100	8	2	11	13	23	2	41
1940	100	10	2	9	13	26	2	38
1941	100	17	2	9	11	30	4	27
1942	100	19	2	8	10	34	6	21
1943	100	22	2	7	8	32	5	24
1944	100	21	3	8	13	27	4	24
1945	100	22	4	2	18	19	3	25
1946	100	24	5	9	20	19	2	21

출처: 『中華民國統計年鑑』, 1947, p.93, 嚴中平等編, 『中國近代經濟史統計資料選輯』, 科學出版社, 2016, p.346에 수록. (단위: %)

따라서 농민들이 고리로 자금을 융통하더라도 자금을 빌릴 수 있다는 것에 감사해했다는 사실은 상당히 역설적이다. 농민들에게 고리대보다 더 두려웠던 것은 돈을 빌릴 수 없는 상황이 오는 것이었다. 민국시기 문헌기록을 보면 "평민들은 고리대 하에서 돈을 빌릴 때 채권인을 증오하지 않았고, 심지어는 머리를 땅에 조아리고 절하며 감사해했다"고 묘사하고 있다.[41] 왜냐하면 농민들이 필요로 하는 자금은 생활비용이었고 농민들은 필요한 자금문제를 해결할 수 없을 때 더욱 곤란을 겪었기 때문이다. 이러한 사실을 알려주는 좋은 예가 공산당 혁명근거지에서의 감조감식減租減息과 고리대의 폐지였다.

공산당 항일근거지에서는 1941년 12월부터 신대차와 구대차를 막론하고 모두 연 1분-1분5리로 감한다고 규정했다. 이러한 고리대의 폐지는 농민들이 고리대의 착취에서 벗어날 수 있도록 해주었다. 그러나 한편으로는 개인대차가 경색되어 농민들이 자본을 조달할 수 없는 곤란을 겪게 되었다.[42] 이러한 현상은 1940년대 국

---

41) 張一凡, 「我國典當業之研究」, 『中國經濟』 2-8(1934), p.1.
42) 李金錚, 「華北抗日根據地私人借貸利率政策考」, 『抗日戰爭研究』, 2001-3, pp.43-44.

공내전시기에 더욱 심각했다. 고리대의 폐지는 돈이 있는 자들이 돈을 빌려주기를 꺼려 음성화되었기 때문이다. 농민들에게 고리대보다 더 무서운 것은 대차관계가 중지되어 돈을 빌릴 수 없게 되는 상황이었다. 따라서 돈이 있는 자들이 돈 빌려주기를 꺼리게 되는 것 역시 농민들에게 유리한 것은 아니었다.[43] 결국 1942년 이후에는, 한편으로는 고리대를 금지하면서도 한편으로는 신대차에 대해서 이율을 자유롭게 정하도록 융통성을 발휘할 수밖에 없었다.

이와 같이 농민의 궁핍과 농촌의 자금 부족현상은 고리대가 지속될 수밖에 없는 토양을 제공해 주었다. 일상생활을 위해 고리대를 이용할 수밖에 없었던 농민들에게 대차는 중요했다. 이러한 이유로 민간의 대차는 지속되었고 농촌 경제는 고리대에 의존하여 유지되었다고 할 수 있다. 고리대가 농민의 생산생활에서 착취의 측면도 있었지만 일정정도는 농촌 금융을 조절하는 역할을 했다고 하지 않을 수 없는 이유가 여기에 있다.

---

43) 李金錚, 「舊中國高利貸與農家關係新解-以長江中下游鄉村爲中心」, 『浙江學刊』, 2002-6, pp.39-40.

II-2 개인 신용대차

분석과 개괄

대차를 분류하는 방식은 여러 종류가 있다. 앞에서 언급한 것과 같이 대차의 출처로 구분하면 개인, 당포當鋪, 합회合會, 상점, 합작사 등으로 분류할 수 있고, 대차물의 종류로는 현금대차와 실물대차로 구분할 수 있다. 신용방식에 따라서는 개인신용, 보증신용, 저압抵押신용(담보신용)이 있다.[44] 대차 수속에 따라서는 구두대차와 계약대차가 있으며, 이율에 따라서는 월리와 연리로 구분할 수 있고, 기한에 따라서는 월기月期, 계기季期, 연기年期 등으로 구분할 수 있다. 상환방식에 따라서는 현금으로 대차하여 현금으로 상환하는 경우, 현물로 대차하여 현금으로 상환하는 경우, 현물로 대차하여 현물로 상환하는 경우, 현금으로 대차하여 현물로 상환하는 경우 등 여러 방식이 있을 수 있다.

본서에서는 신용방식에 따라 분류하는 방법을 채택했다. 즉 전통시기 민간의 대

---

44) 전통시기 중국에는 '저압'과 관련하여 典, 當, 抵押, 質, 押 등 여러 용어들이 존재했다. 의미는 담보물을 제공하고 돈을 빌리는 것이다. 담보에는 인적 담보와 물적 담보의 두 가지가 있는데 저압은 물적 담보에 해당된다. 그러나 저압을 한국어로 번역하기에 어려움이 있다. 고려대 한국어대사전에 의하면, '담보'란 '민법에서 빚진 사람이 빚을 갚지 않을 경우를 대비하여 그 빚을 대신할 수 있는 신용으로 받는 것'이라고 정의하고 있고, '저당'은 '부동산이나 동산을 채무의 담보로 잡거나 잡히는 것'이라고 정의하고 있다. 그러나 본서에서 저압을 담보나 저당으로 등치시킬 경우 정확한 번역인지 의문이고 다른 용어들과의 혼란도 우려된다. 따라서 본서에서는 저압이라는 말을 그대로 사용하기로 한다.

차를 신용방식에 따라 신용대차와 저압 대차로 나누고 신용대차를 다시 개인 신용대차, 보증 신용대차로 구분하는 것이다. 개인 신용대차는 담보 없이 보증인 없이 개인의 신용에 의해 이루어지는 대차를 말한다. 보증 신용대차란 담보는 없지만 보증인을 두는 대차로, 돈을 빌리는 사람이 다른 사람의 신용을 채무청산의 보증으로 삼는 것이다. 따라서 개인 신용대차나 보증 신용대차는 모두 인간의 신용을 담보로 한다는 점에서 모두 신용대차라고 할 수 있다. 저압 대차는 동산이든 부동산이든 일정한 담보물을 제공하는 대차를 말한다.

다음은 대차의 신용방식을 표시한 통계이다. 1934년 2월 실업부 농업경제과 중앙정치학교지정학원中央政治學校地政學院이 22개성을 대상으로 한 조사 보고로, 그 내용은 다음과 같다.

표 11. 대차의 신용방식

성	신용방식 보고차수	개인 신용	보증 신용	저압 신용	성	신용방식 보고차수	개인 신용	보증 신용	저압 신용
察哈爾	14	14.3	42.9	42.8	河南	252	10.3	46.0	43.7
綏遠	25	12.0	36.0	52.0	湖北	80	25.0	31.2	43.8
寧夏	14	35.7	42.9	21.4	四川	313	20.4	35.1	44.5
青海	38	10.2	39.5	50.3	雲南	73	6.8	31.5	61.7
甘肅	62	22.5	40.4	37.1	貴州	49	18.3	22.5	59.2
陝西	103	10.6	37.9	51.5	湖南	161	24.9	28.6	46.5
山西	339	12.0	35.7	52.3	江西	101	32.7	24.5	42.8
河北	872	21.1	35.2	43.7	浙江	167	26.3	26.8	46.9
山東	451	14.0	46.9	39.1	福建	91	27.5	27.5	45.0
江蘇	300	22.6	32.6	44.8	廣東	194	27.3	21.6	51.1
安徽	155	23.8	35.5	40.7	廣西	168	17.8	24.4	57.8
평균	×	19.8	33.9	46.3					

출처: 「農情報告」(續), 『農報』 2-1(1935), pp.36-37.

위 표에 의하면 신용방식 평균은 개인 신용대차가 19.8%, 보증 신용대차가 33.9%, 저압 대차가 46.3%였다. 담보물을 제공하는 저압 대차가 가장 많고 다음이 보증 신용대차, 그 다음이 개인 신용대차라는 것을 알 수 있다. 그러나 개인 신용대차와 보증 신용대차를 합하면 신용대차가 저압 대차보다 더 많다.

저압 대차보다 신용대차가 더 많은 비중을 차지하고 있었다는 것은 전통시기 농촌사회가 기본적으로 혈연, 지연, 업연業緣 등의 개인 신뢰를 바탕으로 하는 인적 사회였다는 것을 의미한다. 말하자면 농민이 보편적으로 가난하고 상환 능력이 나쁜 조건 하에서도 신용대차가 여전히 많은 비중을 차지했던 것은 빌려주는 쪽이나 대출하는 쪽이 서로 친척, 친우 관계에 있는 대차였기 때문이다. 전통사회에서는 혈연, 지연, 친우 등과 중요한 유대관계로 연결되어 있기 때문에 해당 사회의 구성원이라는 그 사회관계 자체가 바로 담보의 역할을 했던 것이다. 더욱이 체면을 중시했던 전통 사회에서 일정 정도 자신의 신의 혹은 영예와 관련되어 있다면 저당물을 제공해야할 가능성은 감소하게 된다.[45] 중일전쟁시기에는 저압 대차가 증가하는 경향을 보이기도 했는데, 이는 전쟁의 불확실성으로 인해 실질적인 담보로서 보장을 더 든든히 하고자 하는 대출자의 의도가 반영되었던 것으로 보인다.

앞에서 언급했듯이 농촌에서 자금이 필요할 때 개인으로부터 돈을 빌리는 행위는 가장 보편적인 현상이었다. 농민들이 가장 먼저 대차를 기대하게 되는 것이 친척이나 지인 등 혈연, 지연관계에서 발생했기 때문이다. 무이자거나 이자를 받더라도 적게 받는 것이 이에 해당된다. 이러한 대차는 상호간의 인적 신뢰를 바탕으로 서로 돕는 호조의 의미가 있었다. 그러나 이런 경우는 대체로 소액 대출이 많고 임시적이고 고정적이지 않다는 것이 특징이었다. 가난한 농민들 사이에서는 어려움에 처한 친척이나 친우를 도와주고 싶은 마음이 있다 해도 자신에게 경제적인 여력이 없다면 방법은 없었다. 일정정도의 부는 축적이 되어야 가능한 것이기 때문에 대차가 호조성을 띤다고 해도 대차의 출처는 대부분이 부농, 지주, 상인 등이었다. 즉 전통사회의 대차가 주로 혈연, 지연, 친우 등을 중심으로 한다고 해도 대차의 성격은 고리대였다는 것이다.

물론 고리대 말고도 농촌에는 오랜 전통을 가진 전통적 금융조직인 전회가 있었

---

45) 李金錚, 『民國鄉村借貸關係研究』, 人民出版社, 2003, p.118.

다. 또한 근대시기에는 신식 은행자본도 농촌에 침투하기 시작했고, 근대 합작사나 농업창고가 개설되어 농민에게 대차를 행하고 있었다. 이러한 추세는 1930년대 초부터는 전통적인 방식의 대차가 차츰 쇠퇴하고 근대적 금융기구에 의한 대차가 점차 상승하는 계기가 되었다. 그러나 민국시기 전반기까지도 농촌에서는 여전히 전통적인 방식의 대차가 농촌 금융의 대부분을 담당하고 있었다. 따라서 30년대 이후 근대적 금융기구에 의한 대차의 비중이 증가했다고 하더라도 기본적으로 고리대가 민국시기 향촌 대차의 주류였다는 사실은 변하지 않는다.

개인 고리대는 상인, 부호, 지주, 호신豪紳 등이 전문적으로 돈을 빌려주는 것이다. 고리대가 농촌에서 차지하는 비중은 전당, 전장, 합회 보다 중요했다. 농민 대차의 출처는 대부분 이러한 종류의 고리대업자의 손에 있었다. 그 대차 방식은 신용대차도 있었고 저압 대차도 있었다. 친척이나 친우사이에 이루어지는 신용대차는 대개 빌리는 액수가 크지 않은 생활소비형 대차가 많았다. 만일 돈을 빌리는 사람으로부터 신용을 얻지 못한다면 토지나 방옥 등의 저당물을 제공하거나 보증인의 보증이 필요했다. 이런 식의 생활소비형 대차는 농촌에서 큰 비중을 차지했다.[46]

본서에 수록된 문건을 예로 들면, 25번과 26번(3건)의 대차는 모두 생활소비형 대차였다. 25번의 대차는 모친의 사망으로 자금이 급하게 필요하게 되어 1년 뒤에 상환하기로 하고 돈을 빌리고 있다. 26번의 3건 중 1)은 조카에게 쌀을 빌린 것이고 2)는 개인이 현금을 빌린 것이고 3)은 개인이 쌀을 빌린 경우이다. 모두 대차액이 크지 않은 것으로 보아 생활비용에 충당하기 위한 생활소비형 대차였다. 특히 25번의 대차계약에서는 이자가 약정되어 있지 않은 것으로 보아 무이자였다는 것을 알 수 있다. 27번 대차의 경우에도 "집안의 생계가 곤란하다"고 하여 대차 사유를 언급하고 있다. 29번 대차의 경우 월 이자를 1,000문당 1분8리로 규정하고 있으며, 30번 대차의 경우에는 월이율을 8전錢으로 규정하고 있는데 이는 모두 당시 청대 법정 이율인 월 3분(3%)보다 낮은 것이었다. 32번 대차는 월이율이 아닌 연 이

---

46) 盧顯能, 「中國農村借貸問題之研究」, 『農村經濟』 4-3/4(1937), p.22.

율을 적용하고 있는데 법정 이율 30%보다 낮은 연 20%의 이자를 부과하고 있다. 36번 대차도 연 6리의 이자를 부과하고 있다. 이렇게 이율이 낮은 것은 대체로 친척이나 친우 등 관계가 친밀한 경우에서 발생했다. 대차관계가 서로 돕는다는 호조성을 띠고 있어서 무이자이거나 저리의 대차가 이루어졌기 때문이다. 그러나 28번 대차는 월 4분을 채택하고 있으며, 27번 대차는 월 3분을 채택하고 있지만 만일 빌린 돈을 상환하지 못하면 이자를 1분 더하여 4분으로 받겠다는 징벌적 규정을 두고 있다.

명청시기에는 전문적으로 경영성 대출을 해주는 고리대업자가 적지 않게 출현했다. 따라서 상인이 자본이 부족하거나 자금이 일시적으로 결핍되었을 경우 고정적으로 대차를 통해 자본을 얻을 수 있었다. 이러한 공급과 수요관계는 일정 정도 고정화되어 갔다. 이러한 고정화 추세는 송원宋元 문헌 중 이미 많은 예가 발견된다. 청대 중엽 이후에는 전문적으로 상인에게 경영자금을 대출해주는 장국賬局이 발생했을 뿐 아니라 전장錢莊과 표장票莊도 단순한 화폐 경영에서 신용 대출 기구로 전환되는 추세를 보이게 되었는데, 역시 이러한 고정화와 관계가 있다.[47]

이러한 상업 경영성 대차는 본서 중에도 예가 보인다. 35번, 37번, 38번, 39번 대차가 여기에 속한다. 35번 대차는 연 6리로 규정되었으며, 상환기한에 대해서는 일정한 시점을 정하지 않고 "편할 때 상환한다"고 규정하고 있는 것으로 보아 서로 잘 아는 사람끼리의 대차계약이었던 것으로 보인다. 돈을 빌리는 주체가 상호(裕興魁記)인 것으로 보아 이 대차는 상업 경영을 위한 대차라는 것을 알 수 있다. 37번 대차는 월이율 1분을 규정하고 있으며, 의생당義生當의 자본 회전이 막혀서 상호(光裕成)로부터 돈을 빌리고 있는 것으로 보아 역시 경영성 대차라는 것을 알 수 있다. 38번은 연 이율 2분5리(25%)로 규정하고 있으며 사여당四如堂 명의의 두전斗錢 10,000문을 빌리고 있는데 사여당은 개인이 아니라 당호이거나 조직이었을 가능성이 크다. 두전이라는 의미도 '합쳐진 돈'으로 보이며 이는 조직의 구성원이 각자의 돈을 모은 자금이었을 것으로 보인다. 39번 대차는 월이율 1분을 규정하고 있으며

---

47) 劉秋根, 「論中國商業, 高利貸資本組織方式中的"合資"與"合夥"」, 『河北學刊』, 1994-5, p.88.

돈을 빌린 주체는 천합성天合成이고 개인에게 돈을 빌리고 있다는 점에서 역시 경영성 대차라는 것을 알 수 있다.

그밖에 31번, 33번, 34번 대차는 모두 전문 대출기구인 장국에서 돈을 빌리고 있다. 장국의 주요 업무는 공상업자 혹은 상점의 돈을 맡아주거나 빌려주는 일종의 금융기관의 역할이었다. 관원에게 경채京債를 빌려주는 것도 장국의 주요 업무 중의 하나였다. 특히 31번 대차계약은 학명원郝明遠과 만성피국萬盛皮局 사이의 관계를 알 수 있게 하는데, 학명원은 만성피국의 경리였다. 학명원이 만성피국에서 지사은 명목으로 돈을 우선 받아 사용했는데 만성피국이 도산하자 옥성길玉盛吉에게 돈을 상환하기 위해 작성한 것이다. 즉 옥성길은 만성피국의 은고(주주)였던 것으로 보인다. 34번은 장국인 영석호永錫號가 상호인 중화유기中和裕記에 대출을 해준 것이다.

이상은 모두 담보를 제공하지 않은 상태에서 보증인도 없이 이루어진 개인 신용 대차였다. 이율도 대체로 법정 이율인 월리 3%보다 작았던 것으로 보아 호조성 대차의 성격을 띠고 있다. 즉 서로 잘 아는 사람들 사이에서 이루어졌던 대차로 보인다. 돈을 빌리게 되었던 이유는 직접적으로 '모친의 사망'이나 '생활의 곤란' 등 생활비용에 사용하기 위한 생활 대차도 있었고, 상업 자금의 부족을 조달하기 위한 목적의 상업 경영성 대차도 있었다.

25 숭정6년 王永剛, 王永毅와 趙溫絲의 借據

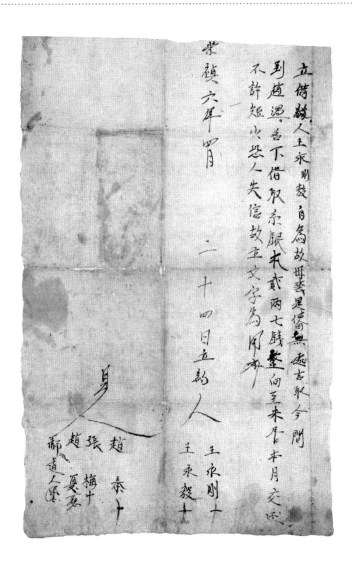

立借據人王永剛、(王永)毅, 自爲故母去是[世], 使用無處吉[借]取, 今問到趙溫名下借取系[絲]銀本貳兩七錢整, 向至來年本月交還。 不許短少, 恐人失信, 故立文字爲用。

崇禎六年四月二十四日立約人　王永剛(十字押)、 王永毅(十字押)
見人　趙泰(十字押)、 張梅(十字押)、 趙夏(花押)、 郝道人(花押)

대차계약서를 작성하는 王永剛, 王永毅는 모친이 세상을 떠났지만 금전이 부족하여 돈을 빌리게 되었다. 지금 趙溫 명의의 銀 2兩7錢을 빌리고 내년 本月까지 상환하기로 한다. 상환액이 모자라서는 안 된다. 사람 사이에 믿음을 잃을 수 있으니 계약서를 작성하여 증명서로 사용하기로 한다.

숭정 6년 4월 24일 계약 작성자　王永剛(십자서명), 王永毅(십자서명)
중개인　趙泰(십자서명), 張梅(십자서명), 趙夏(서명), 郝道人(서명)

　본 계약서는 숭정崇禎 6년(1633년)에 왕영강王永剛, 왕영의王永毅가 조온趙溫에게서 돈을 빌릴 때 작성한 계약서이며, 개인과 개인 사이의 대차계약이다. 해당 대차는 서로 잘 아는 사람 사이에 맺어진 신용대차이다. 계약서상에 기재된 대출 원인은 모친의 사망으로 인해 자금이 급하게 필요하게 되어 1년 뒤 상환하기로 약속하고 돈을 빌린 것이다. 그러나 이자를 약정하지 않았다는 점에서 이 계약이 무이자 대출이라는 것을 알 수 있다. 대출액도 비교적 작은 것으로 보아 해당 대차는 모친의 사망으로 인해 장례비 등을 명목으로 하는 생활소비형 대차라는 것을 알 수 있다.

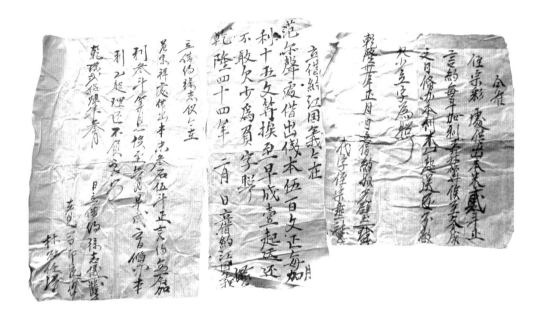

(1) 今在侄宗彩處借出本米貳斗正, 言約每年加利五升算, 俟至冬成文日, 備辦本利米一起送還, 不敢欠少, 立字爲照。
乾隆卅一年正月 日立借約　叔 光璧(押)、代字 侄 宗垂(押)

(2) 立借約江國義, 今在範爾聲處借出錢本伍百文正, 每月加利十五文算, 挨至早成壹起送還, 不敢欠少, 爲負字照。
乾隆四十四年二月 日立借約　江國義

(3) 立借約徐志儀, 今在葉宗祥處借出本米叁石伍斗正, 言約每石加利叁斗算息, 俟至六月早成之日備辦本利一起理還, 不負字照。
乾隆式拾肆年叁月 日立借約　徐志儀(押)
在見□　印說□(押)、林能任(押)

(1) 지금 조카인 宗彩로부터 本米 2斗 정을 빌린다. 매년 5升을 셈하여 이자로 더하고 겨울의 약속된 날짜가 되기를 기다려 本米와 이자를 함께 준비하여 상환하며, (액수가) 모자라서는 안 된다는 것을 언약하고 문서로 만들어 증거로 삼는다.
건륭 31년 정월 일 借約 작성자　숙부 光璧(서명), 대필자 조카 宗垂(서명)

(2) 借約을 작성하는 江國義는 오늘 範爾聲 측에서 錢本 500문정을 빌린다. 매달 15문을 셈하여 이자로 더하고 早成이 되기를 기다려 함께 상환하며 (액수가) 모자라서는 안 된다. 字照를 갖춘다.
건륭 44년 2월 일 借約 작성자　江國義(서명)

(3) 借約을 작성하는 徐志儀는 오늘 葉宗祥으로부터 本米 3석5두 정을 빌린다. 1석당 3두를 셈하여 이자로 더하고 6월 무戌의 날에 本米와 이자를 함께 준비하여 상환하기로 언약하되, 字照를 갖추지 않는다.

건륭 24년 3월 일 借約 작성자 徐志儀(서명)

중개인 印說□(서명), 林能任(서명)

해설

　3장의 대차 계약서는 모두 건륭시기의 것이다. (1)번 대차계약서는 조카에게 쌀을 빌린 것이고 (2)번 대차계약서는 개인이 현금을 빌린 것이고 (3)번 대차계약서는 개인이 쌀을 빌린 것이다. (1)번의 이자는 연 5승이고, (2)번은 월 15문이며, (3)번은 1석당 3두이다. 모두 대차 액수가 크지 않고 생활에 필요한 자금을 구하는 생활소비형 대차였던 것으로 보인다.

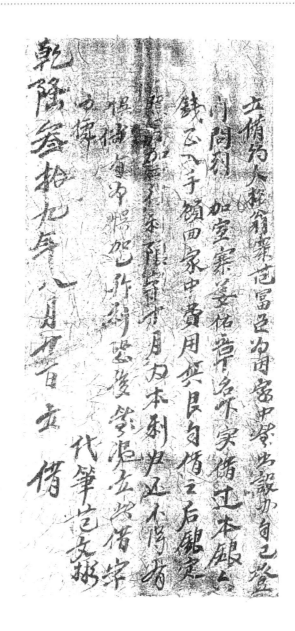

立借約人格翁寨範富臣爲因家中無出設辦, 自己登門問到(錦屛縣)加室[池]寨姜佑章名下, 實借過本銀六錢正, 入手領回家中費用。其銀自借之後, 銀[言]定照月加三行利, 限至十月內本利歸還, 不得有悞。倘有爲悞, 加一作利。恐後無憑, 立此借字爲據。

代筆　範文彬
乾隆叄拾九年八月卄一日立借

借約을 작성하는 (錦屛縣) 格翁寨의 範富臣은 집안 생계가 곤란하여 직접 (錦屛縣) 加池寨의 姜佑章을 방문하여 銀 6錢을 빌린다. 월 이자는 3분이며 10월까지 원금과 이자를 상환하며 계약을 준수할 것을 정한다. (만일) 계약을 준수하지 못할 경우 이자 1분을 더하기로 한다.

대필　範文彬
건륭 39년 8월 21일 작성함

　본 대차계약은 청수강 유역 금병현錦屛縣에서 발생한 것으로, 일반적으로 대차계약서에 기재되는 내용인 채권인과 채무인 쌍방의 성명과 촌락 이름, 대차원인, 대차금액, 이자방식, 상환기한 등의 정보가 모두 포함되어 있다. 월이율은 3%로, 이는 청대 법정 이율에 해당하는 것이었다.
　채권인의 이익을 확보하기 위해 채권인은 종종 계약문서에 채무인이 원금과 이자를 기한 내에 상환하지 못할 경우의 처리방법을 기재하였다. 만일 담보를 설정한 경우라면 채무인이 담보를 몰수하겠지만 본 계약서에는 담보가 설정되어 있지 않다. 대신 본 계약서에는 '금년 10월내 원금과 이자를 상환하지 못할 경우'에는 '1분의 이율을 더한다'고 규정하고 있다. 즉 월 이자를 3%에서 4%로 올린다는 것을 의미한다.

立借字人文斗寨 姜宏運 廷燦老

連等今因生理欠少本銀自己問

到加池寨姜佐章名下實借本銀

弍拾八兩整言定照月加四行利

不得有悮口說無凴立借字為據

乾隆四十八年十月初五日立

代筆姜廷調立

二月二吉四十收老連艮乙十冊

本利收生

立借字人文鬥寨姜宏運、廷燦、老連等, 今因生理缺少本銀, 自己問到加池寨姜佐章名下, 實借本銀弍拾八兩整, 言定照月加四行利, 不得有悞。口說無憑, 立借字爲據。

代筆　姜廷望

乾隆四十八年十一月初五日立

(批注) 二月二十三日, 取老連銀□十兩, 本利收生

(錦屛縣) 文鬥寨의 姜宏運, 廷燦, 老連 등은 사업에 필요한 자금이 부족하여 加池寨 姜佐章으로부터 은 28량을 빌리고 월이율을 4분으로 한다는 것을 언명하니 오해가 있을 수 없다. 구두만으로는 증명할 방법이 없어 계약서를 작성하여 증거로 삼는다.

대필　姜廷望

건륭 48년 11월 초5일 작성

부기: 2월 23일 老連이 은□10량으로 원금과 이자를 갚으니 수령함

　　본 계약에서 알 수 있는 것은 본 대차는 해당 채寨 내부에서 진행된 것이 아니라 다른 채寨와의 거래라는 것이다. 즉 채무인은 문두채文鬥寨 사람이고 채권인

은 가지채加池寨 사람이다. 대차는 문두채의 강굉운姜宏運, 정찬廷燦, 노연老連 등이 사업 자금이 부족하여 경영을 하기 위한 것이었다.

주목할 만한 것은 이율이다. 청대 귀주성 동남 민간의 대차이율은 월이율 3%가 일반적이지만 이 사례에서는 월이율 4%로 높은 이자율을 보이고 있다는 것이다. 여기에는 대차계약 쌍방이 같은 촌채에 속하지 않았으며 쌍방이 인척관계도 아니었던 데 원인이 있었던 것으로 보인다.

이외에 계약서 말미의 부기(批注)가 있는데, 이를 통해 채무인 중 하나인 노연이 자신이 빌린 원금과 이자를 이미 상환하였다는 것을 알 수 있다. 채무인은 한 명이 아니라 강굉운, 정찬, 노연의 3명이었는데, 본 계약문서만 가지고는 세 사람이 함께 공동사업을 했는지는 분명하지 않다. 더구나 본은이 부족하여 28량을 빌렸다고만 되어 있어 이 세 사람이 각각 얼마를 빌렸는지도 알 수 없다. 그럼에도 불구하고 28량을 3등분 하면 평균적으로 한 사람당 대략 9량3전이고 월이율을 4%로 계산하면 각각 매월 3전7분3리를 이자로 내야한다. 날짜로 계산하면 매일 약 1분2리를 이자로 내야 하는데, 대출한 날부터 부기의 상환한 날까지 대략 2개월 18일이고 지불해야 하는 이자는 약9전7분이며 거기에 원금 9량3전이 있다. 따라서 노연이 정확하게 얼마를 상환해야 하는지는 알 수 없으나, 그가 자신이 부담해야 하는 원금과 이자를 상환한 후에 대차계약서에 부기 형식으로 이후 채무인과 어떠한 대차 관계도 없다는 것을 분명히 기록한 것으로 보인다.

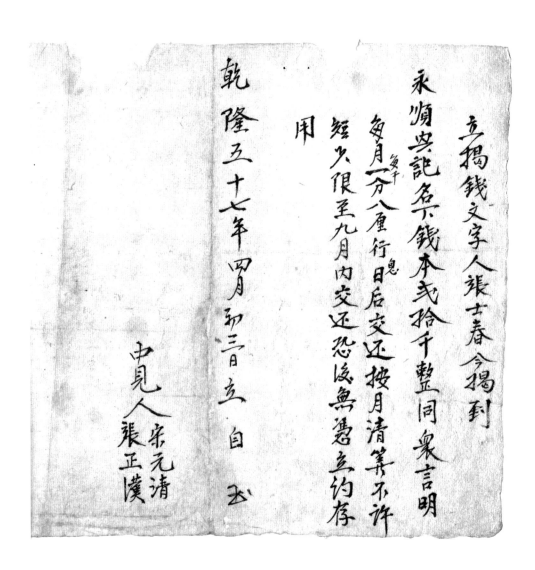

立揭錢文字人張士春今揭到

永順興記名下錢本弐拾千整同衆言明

每月一分八厘行息日后交还按月清筭不許

短少限至九月內交还恐後無憑立約存

用

乾隆五十七年閏四月初三日立自玉

中見人張正漢
　宋元清

立揭錢文字人張士春, 今揭到永順興記名下錢本弍拾千整。同衆言明, 每月每千一
分八厘行息, 日後交還按月淸算, 不許短欠, 限至九月內交還。恐後無憑立約存用。

乾隆五十七年四月初三日立自書
中見人　宋元淸、張正漢

借錢文字를 작성하는 張士春은 오늘 永順興記 명의의 錢 20,000文을 빌린다. 함
께 논의하여 월이율은 1,000文당 1分8厘로 하고, 이후 지급하며 매달 정산하기로
한다. 모자라게 지급해서는 안 되며 9월까지 상환한다. 후에 증거가 없을 것을 염
려하여 계약서를 작성하고 보존하여 사용하도록 한다.

건륭 57년 4월 초3일 백서를 작성함
중견인　宋元淸, 張正漢

　본 계약서는 건륭 57년(1742년) 개인이 상호로부터 현금을 빌리고 작성한 계약
서이다. 계약서에서는 대출금액, 이자, 상환기한, 상환방식 등이 기재되어 있다.
본 계약서에 의하면 빌린 돈은 20,000문文이고 약정한 월 이자는 1,000문 당 1분
8리이다. 상환기한은 6개월로, 매월 정산하는 것으로 규정하고 있다. 청조는 개
인대차의 이자에 대해 월 3분을 넘어서는 안 되며 채무 기간이 길다고 해도 이자
가 원금을 넘어서는 안 되며, 위반할 경우 곤장 40대이고 규정을 넘어 걷은 이자
는 장물로 계산하여 처벌한다고 규정하고 있다. 본 계약문서의 대차이자는 비교

적 낮아서, 월이율이 국가가 규정한 최고 한도액인 3분에 미치지 못한다. 또한 채무인이 채권인에게 담보물을 제공하고 있지 않은 개인 신용대차이다.

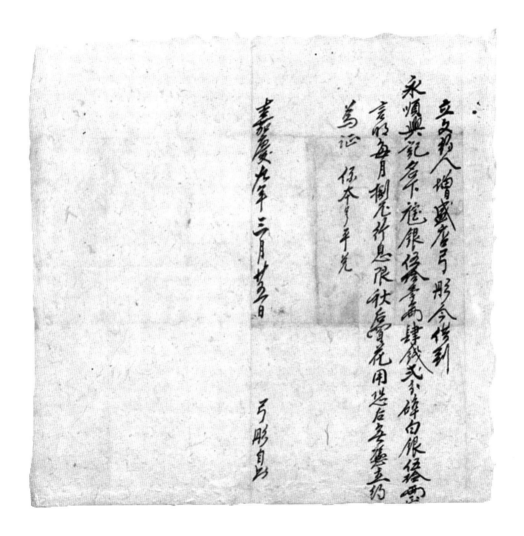

立文約人增盛店弓彤今借到
永順興記紋色銀伍拾兩整建設文字碑白銀伍拾兩
言明每月利息若干息限秋后會花用恐后各無憑立約
為証　保本人平兌

嘉慶九年三月廿三日

弓彤自比

立文約人增盛店弓形, 今借到永順興記名下(元寶)銀伍拾壹兩肆錢弍分, 碎白銀伍拾兩整。言明每月捌錢行息, 限秋後買花用, 恐後無憑立約爲證。係本號平、兌。

嘉慶九年三月廿五日弓形自書

계약서를 작성하는 增盛店의 弓形은 지금 永順興記로부터 (元寶銀) 51兩4錢2分, 碎白銀 50兩을 빌린다. 논의하여 월이율을 8錢으로 정하였고, 빌린 돈은 가을 추수 후에 면화를 구입하는 데 쓰는 것으로 한정한다. 후에 증거가 없을 것을 염려하여 계약서를 작성하여 증거로 삼는다. 은량은 본 상호(永順興記)의 중량기준과 환산기준에 따른 것이다.

가경 9년 3월 25일 弓形이 직접 서명함

해당 계약서는 가경 9년(1804년) 증성점增盛店의 궁동弓形이 영순흥永順興에게 돈을 빌릴 때 작성한 계약서이며 개인과 상호 간의 대차계약이다. 이 대차계약은 담보물이 없고 중개인이나 보증인도 없으며 월이율을 8전錢만 정했다는 점에서 서로 잘 아는 사이의 대차계약이라는 것을 알 수 있다. 이러한 신용대차는 담보물을 제공하지 않고 중개인도 없이 대차 기한만 정하여 상환하면 된다. 어떤 때에는 계약서조차 작성하지 않는 경우도 있었다. 이러한 방식은 동향인이나 친족, 친구 등 서로 잘 알기 때문에 상대방에 대한 신용을 담보로 하는 것이고 대차액수도 크지 않은 것이 일반적이었다. 이밖에 계약서에는 빌린 돈을 "추수 후 면화를 사는 데만 사용한다"고 명시하고 있다. 여기서 '매화買花'는 방직업과 관련이 있는 것이기 때문에 채무인이 빌린 돈이 상인의 경영을 위한 대출이었음을 알 수 있다.

본 계약에서 빌린 돈은 두 종류이다. 하나는 '원보은元寶銀'이고 다른 하나는 '쇄백은碎白銀'이다. 전자는 형상이 말발굽과 닮았다고 하여 마제은馬蹄銀이라고도 불렸는데, 일반적으로 1정錠의 중량은 50량이었다. 후자는 적주滴珠나 복주福珠로 불리기도 했던 구슬 덩어리 모양의 은량으로, 고정된 모양이 없고 분량도 동일하지 않지만 대부분 1량 이하였다. 청대에는 각지 백은의 형상, 명칭, 은 함량, 중량 등에 대해 통일적인 규정을 가지고 있지 않았기 때문에 각 지역의 은량이 지방성을 뚜렷하게 가지고 있었다. 은량의 복잡성은 그것이 화폐로서 유통될 때 '색色', '평平', '태兌'의 명칭으로 나타났다. '색'은 은의 순도 즉, 은의 함량을 의미했고, '평'은 은의 중량을 재는 표준이었으며, '태'는 은량의 환산율을 의미했다. 해당 계약에서는 은량을 영순흥기永順興記의 중량 기준을 표준으로 삼는다고 명기하고 있다.

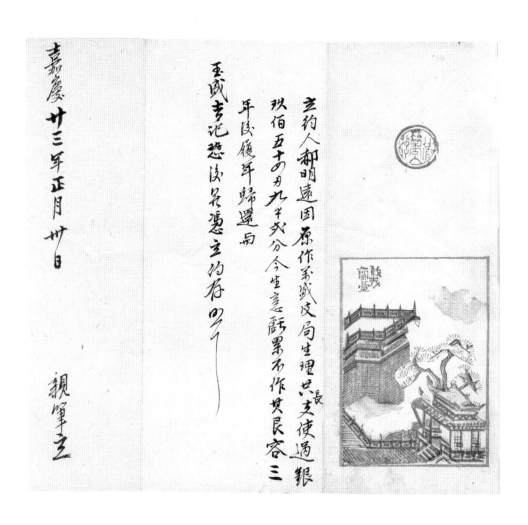

立約人郝明遠因原作茶筬皮局生理共支使過銀

玖佰五十の月九年歿分今生意賬累不作貝艮容三

年後歷年歸還品

玉盛吉沱慈淡某憑立約存叩￢

嘉慶廿三年正月卅日

親筆立

立約人郝明遠, 因原作萬盛皮局生理, 共長支使過銀玖佰五十四兩九錢式分, 今生意虧累, 不作其艮[銀], 容三年後履年歸還與玉盛吉記。恐後無賃, 立約存照。

嘉慶廿三年正月卅日親筆立

계약서를 작성하는 郝明遠은 萬盛皮局에서 支使銀 954兩9錢2分을 받아 사용했는데, 오늘 萬盛皮局 영업에 손해가 누적되어 그 돈을 마련할 수 없으니 3년 후에 玉盛吉記에 상환할 것을 허락받았다. 후에 증거가 없을 것을 염려하여 이 계약서를 작성하여 보존한다.

가경 23년 정월 30일 친필로 작성

본 계약서는 가경 연간에 학명원郝明遠이 옥성길기玉盛吉記로부터 돈을 빌리고 작성한 것으로, 돈을 빌린 원인, 빌린 액수, 상환방식, 상환기한 등의 내용을 담고 있다. 옥성길기는 청대 이름난 장국賬局이었다.[48] 장국은 장장賬莊이라고도 불렸는데 청대와 민국시기에 존재했던 일종의 신용 금융기관이다. 학명원이 돈을 빌린 원인은 '원래 만성피국萬盛皮局에서 지사은 954량9전2분을 가불하여 사용한 적이 있었기 때문'이라고 언급하고 있다. 이로부터 추정할 수 있는 것은 학

---

48) 劉秋根・楊帆, 「淸代前期賬局, 放賬鋪硏究－以五種賬局, 放賬鋪淸單的解讀爲中心」, 『安徽史學』, 2015-1, p59.

명원과 옥성길은 동업관계이며, 옥성길은 만성피국의 은고이고 학명원은 노동력을 제공하고 영업 일체를 책임지는 경리라는 것을 알 수 있다. 학명원은 일찍이 만성피국으로부터 은량을 우선 받아 사용했는데, 만성피국이 도산하자 이 은량을 은고인 옥성길에게 돌려주기 위해 작성한 것으로 보인다.

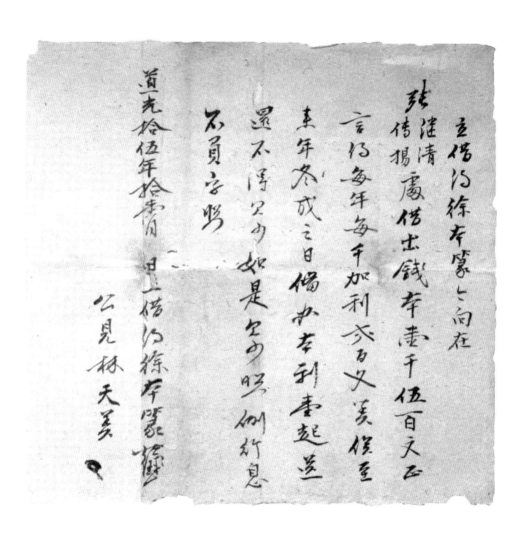

立借约徐本鐐二向在
張進清
借揚廣借出錢本壺千伍百文正
言约每年每千加利叁百文貼候至
来年冬成之日備本利壺起送
還不得只少如是少少照例加息
不負字照

道光拾伍年拾壹月 貝立借约徐本鐐家憑

公見林天美

立借約徐本籙, 今向在張繼淸、張傳揚處, 借出錢本壹千伍百文正。言約每年每千
加利式百文算, 俟至來年冬成之日, 備辦本利壹起送還, 不得欠少。如是欠少, 照例
行息。不負字照。

道光拾伍年拾壹月 日 立借約　徐本籙(畫押)
公見　林天美(畫押)

계약을 작성하는 徐本籙은 오늘 張繼淸, 張傳揚에게 1,500文을 빌린다. 매년
1,000文의 錢에 200文의 이자를 더하여 내년 겨울에 원금과 이자를 함께 상환하며
미상환이나 액수의 부족이 없기로 약정한다. 만약 상환하지 못하거나 액수가 부족
하면 관례에 따라서 계속 이자를 낸다. 특별히 이를 위배하지 못하도록 문서를 써
서 증거로 삼는다.

도광 15년 11월 일 대차계약 작성자　徐本籙(서명)
현장입회인　林天美(서명)

　이는 전형적인 대차 계약서로 서본록徐本籙이 장계청張繼淸, 장전양張傳揚에게
서 원금 1,500문文을 빌리면서 작성한 것이다. 이 계약서에는 양측이 연 이율을
20%, 즉 매년 1,000문에 200문을 이자로 내기로 규정하고 있다. 이는 청대 법률
에서 차용이자가 월 3분을 넘을 수 없다고 했던 규정에 부합한다. 당시 복건성
민청현閩淸縣에서는 월 1분반分半에서 3분의 범위 내에서 이자가 책정되었으며

월 2분의 이자가 일반적이었다고 보고되어 있다.

또한 본 계약서에는 "내년 겨울에 원금과 이자를 함께 상환한다"고 기한이 정해져 있음을 밝히고 있다. "만약 상환하지 못하거나 액수가 부족하면 관례에 따라서 계속 이자를 낸다"고 하여 미상환시 처리 방법에 대해서도 언급하고 있다.

복건성 진강현晉江縣에서는 민간대차 문서를 속칭 수표手票라고 부르는데, 수표에는 빌린 돈의 액수, 매월 이자, 채무인의 서명과 증인, 대필자의 서명 등이 있으면 되고 채권인의 성명은 기재하지 않는다고 보고하고 있다.[49] 이것은 서로 잘 아는 사람들의 공동체에서만 발생할 수 있는 현상으로 본 대차계약에서도 현장입회인 한 명이 있을 뿐 보증인은 없었다. 이런 관습으로 인해 복건, 강서, 강소성 등에서 유행했던 수조手條, 수표手票는 모두 채무인의 서명만 있으면 효력이 발생했다. 예를 들어 대차관계로 인해 발생한 분쟁을 처리할 때에도 이러한 간단한 증빙 역시 증거로서 효력이 인정되었다. 간략한 내용의 증빙문서라고 해도 완벽한 형식을 갖춘 계약문서와 동등한 법률적 효력을 가졌던 것이다.

---

49) 前南京國民政府司法行政部編, 『民事習慣調查報告錄』, 中國政法大學出版社, 2000, pp.503-504.

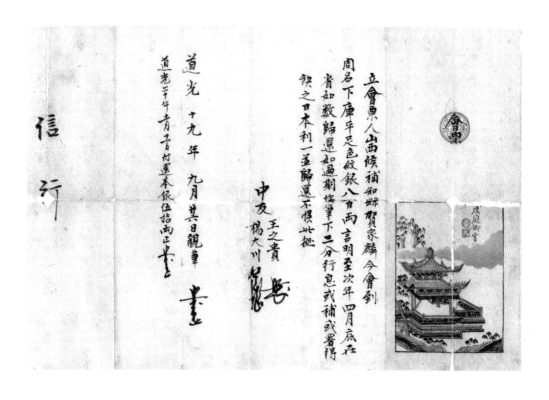

立會票人山西候補知縣賀家麟今會到
周名下庫平足色紋銀八百兩言明至次年四月底在
省如數歸還如過期按筆下二分行息或補或署得
缺之日本利一並歸還不悮此拠

中友 王之貴
楊大川

道光十九年九月其日觀筆

道光二十年青子付還本銀伍拾兩正

信行

會票

立會票人山西候補知縣賀家麟, 今會到周名下庫平足色紋銀八百兩。 言明至次年
四月底, 在省如數歸還。 如過期, 按筆下二分行息, 或補或署, 得缺之日, 本利一並
歸還不誤。 此據。

中友　王之貴(花押)、 楊大川(花押)
道光十九年九月廿六日親筆(花押)
道光二十年十一月十一日付還本銀伍拾兩整(花押)
信行

회표

會票를 작성하는 山西 候補知縣 賀家麟은 오늘 周씨 명의하의 庫平足色紋銀 800
량을 빌리고 내년 4월말까지 省에서 액수대로 상환한다. 만일 기한을 넘기면 빌린
액수의 2分을 이자로 하며, 혹 補任되거나 혹 署任되어 관직에 나아가는 날 원금
과 이자를 모두 빠짐없이 상환할 것임에 오해가 없다. 이를 증거로 한다.

中友　王之貴(서명), 楊大川(서명)
도광 19년 9월 26일 친필(서명)
도광 20년 11월 11일 본은 50량을 상환함(서명)
성실한 행위임

  본 대차 계약서는 도광 연간 산서성 후보지현侯補知縣인 하가린賀家麟이 주周에게 돈을 빌릴 때 작성한 것이다. 여기서 '주周'는 옥성호玉盛號의 주인 가문이다. 옥성길장국玉盛吉賑局은 건륭 연간부터 존재했는데, 합과 경영방식을 채용했으며 나중에 고동이 몇 차례 바뀌기도 했다. 이후 도광 연간에 이르러 옥성호玉盛號, 조철趙轍, 난이蘭已, 계이桂已 등 네 가문으로 구성된 장국이 되었다.[50] 장국의 주요 업무 중 하나는 경채京債를 빌려주는 것이었다. 경채라는 말은 청대 문헌 중에 종종 나오는데, 주로 사인士人 혹은 관원이 시험 응시, 선발, 부임, 생활 등의 사정으로 돈을 빌리는 것을 가리킨다.[51]

  본 계약서 속에 언급된 '회표會票'는 '회차會借', '차관借款'을 의미한다. 계약서에서는 대차금액, 상환기간, 상환지점 등이 규정되어 있다. 계약서에서 "성省에서 액수대로 상환한다" 혹은 "보임補任되거나 서임署任되어 관직에 나아가는 날에 원금과 이자를 모두 빠짐없이 상환한다"고 한 것은 옥성길의 고동인 주가가 하가린에게 경채를 빌려주었다는 것을 의미한다. 계약서 속에 규정하고 있는 '이자 2분'은 "기한을 넘기면 빌린 액수의 2분分을 이자로 한다"는 것으로 보아 '기한을 넘기면' 부과하는 징벌적인 것임을 알 수 있다.

50) 劉秋根·楊帆, 「淸代前期賑局, 放賑鋪硏究─以五種賑局, 放賑鋪淸單的解讀爲中心」, 『安徽史學』, 2015-1, p.60.
51) 劉秋根·楊貞, 「明淸"京債"經營者的社會構成─兼論賑局及放賑鋪」, 『河北大學學報』, 2011-2, p.13.

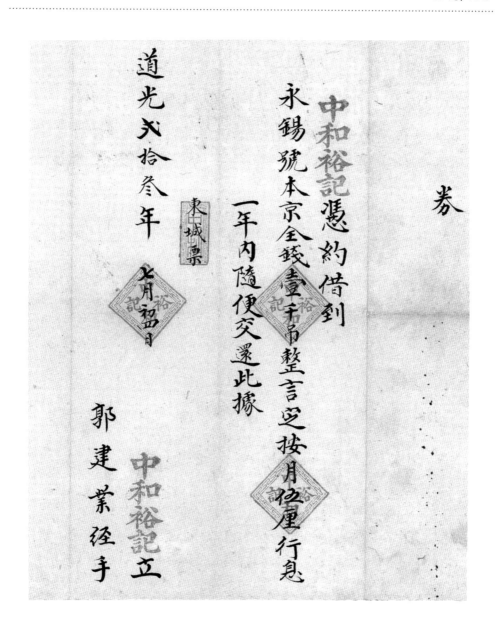

券

中和裕記憑約借到

永錫號本京全錢壹千弔整言定按月位厘行息

一年內隨便交還此據

東城票

道光弍拾叁年　七月初日

中和裕記立

郭建業経手

券

(抬關章:'中和裕記')憑約借到永錫號本京全錢壹千吊(押數章:'中和裕記')整，　言定
按月伍厘(押數章:'中和裕記')行息一年內隨便交還。此據。

東城票(提示章)
道光弍拾叁年七月初四日(提示章)(落地章:'中和裕記')立
郭建業　經手

권

(머리도장: '中和裕記')는 계약문서에 의하여 永錫號의 本京全錢 1000吊(도장: '中
和裕記') 整을 빌린다. 월이율은 5厘이며 1년 내에 편할 때 상환한다. 이를 증거로
한다.

東城票(도장)
도광 23년 7월 초4일(도장) (도장: '中和裕記') 계약
郭建業　경수

　　33번 문건에 이어 본 계약문서도 장국에서 대출할 때 작성한 것이다. 장국은
장장賬莊이라고도 불렸는데, 청대부터 민국시기까지 존재하였던 일종의 금융신
용기구이다. 장국은 당시 향촌 사람들의 생활과 공・상업에 중요한 영향을 끼쳤
다. 그 주요업무는 공・상업 혹은 포호鋪戶의 돈을 맡아주거나 그들에게 빌려주

는 것이었다. 또한 관원에게 경채를 빌려주는 것도 주요업무 중의 하나였다.

본 대차계약서는 도광 연간에 중화유기中和裕記가 영석호永錫號와 대차계약을 맺을 때 작성한 것으로, 장국이 상호에 대출을 해준 것이다. 영석호는 도광 연간 태곡현太穀縣에 존재했던 장국이며, 전문적으로 대출업무를 담당했던 금융기구였다. 주요 업무대상은 상인이나 공·상업 점포, 관원 등이었다. 계약서에는 대출금액, 이자, 상환시기, 상환방식 등의 내용이 기재되어 있다.

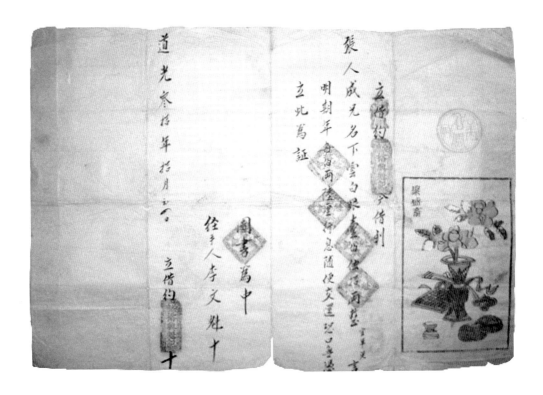

立借約(抬頭章: 財神形制)(字號章: '汾府裕興魁記')今借到, 張人成兄名下雲白銀
壹佰(押數章: '裕興魁記')伍拾兩(押數章: '裕興魁記')整, 官平兌。言明, 期年每佰
兩(押數章: '裕興魁記')陸厘(押數章, '裕興魁記')行息。隨便交還, 恐口無憑, 立此
爲證。

圖書(字號章: '裕興魁記')爲中
經手人　李文魁(十字押)
道光叄拾年拾月初四日　立借約(落地章: '汾府裕興魁記')(十字押)

대차계약서를 작성하는 汾州府 裕興魁記는 오늘 張人成兄 명의하의 白銀 150량
을 빌리니, 은 중량은 官平을 기준으로 한다. 올해 이자는 은 100량당 6厘이며 편
할 때 상환하면 된다는 것을 언명한다. 말로만은 증거가 없으니 이를 작성하여 증
거로 삼는다.

도장을 찍어 보증한다.(자호장: '裕興魁記')
경수인　李文魁(십자서명)
도광 30년 10월 초4일 대차계약을 작성함(낙지장: '汾府裕興魁記')(십자서명)

　본 계약서는 도광 30년(1850년)에 유흥괴기裕興魁記 상호가 개인에게 돈을 빌
릴 때 작성한 것이다. 본 계약서에는 저당물이 없고 단지 "도장을 찍어서 보증한
다"고 되어 있다. 즉 유흥괴기의 신용을 담보로 한 것이다. 본 계약의 연 이율을

일반적인 이율보다 매우 낮은 6리로 규정한 것이라든지, 채권인을 '장인성형張人成兄'이라고 칭한 것, 상환기한을 정하지 않고 "편할 때 상환한다"고 하고 있는 것으로 보아 이 계약은 서로 잘 아는 사람끼리의 계약이라는 것을 알 수 있다. 또한 돈을 빌린 주체가 유흥괴기 상호인 것으로 보아 본 대차는 상업경영을 위한 것이라는 사실을 알 수 있다.

해당 계약서에는 각종 상업용 인장印章이 출현하는데 각각의 용도는 서로 다르다. 예를 들어 태두장抬頭章은 문서의 시작 부분에 찍는 인장으로, 문장을 쓰거나 혹은 존칭을 쓰기 전에 찍는 인장이다. 그 도식에는 천관天官(즉 신神), 유해살전劉海撒錢, 화합이선和合二仙 등이 있다. 그 의미는 길함과 경사스러움이다. 압수장押數章(押款章)은 일반적으로 숫자 위에 찍는 것이다. 낙지장落地章은 문서의 마지막 부분에 찍는 것으로, 정식으로 문서가 끝난다는 것을 의미한다. 본 계약서에 찍힌 인장은 태두장 1회, 압수장 4회, 낙지장 1회이다.

또 본 계약서에는 '경수인經手人'이 등장하는데, 경수인은 다른 계약서의 중인中人, 보인保人과는 성격이 다르다. 중인은 보통 중견인中見人, 중증인中證人, 거간인居間人, 견증인見證人이라고 칭하며, 이들은 대차계약의 성립과정에서 계약 당사자를 소개하고 거래를 중재하며, 금액, 이율, 기한, 서명의 유효성 등에 대해 논의하고 결정하지만 보증의 책임은 지지 않는다. 보인의 경우에는 중인의 역할을 맡기도 하지만 더 중요한 것은 이들이 채권인에게 채무인의 채무이행을 보증한다는 의미를 가지고 있다. 즉 신용 보증의 역할을 하는 신분이다. 본 계약서에 등장하는 경수인은 중인이나 보인과는 달리 정규단위에서 파견된 자로 경제적인 일에 대해 이를 집행하는 역할을 하는 것으로 보인다. 즉 계약의 성사나 보증의 책임과는 상관없이 대금을 인수하여 전달하는 등의 계약 행위의 진실성과 그 결과에 대한 책임만을 지는 자라고 할 수 있다.

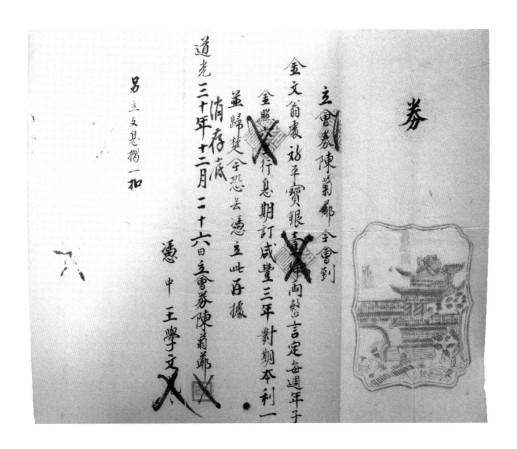

立會券陳菊薌今會到

金文翁處祐平寶銀壹佰兩整言定每週年子

金照X行息期訂咸豊三年對期本利一

蓋歸楚今恐无憑立此存據

道光三十年十二月二十六日立會券陳菊薌

消存底

憑中王學文X

另立文息摺一扣

券

立會券陳菊蕙, 今會到金文翁處九五平寶銀壹仟兩整, 言定每週年子金照六厘行息, 期訂咸豐三年對期, 本利一併歸楚。今恐無憑, 立此存據。

消存底

道光三十年十二月二十六日　立會券　陳菊蕙(押)

憑中　王學文(押)

另立支息摺一扣

권

會券을 작성한 陳菊蕙은 오늘 金文翁으로부터 95平寶銀 1천량정을 빌린다. 언약하길, 매년 6厘의 이자를 붙이며 함풍 3년을 기한으로 정하여 원금과 이자를 깔끔하게 상환하기로 한다. 이제 빙증이 없는 것을 우려하여 이를 작성하여 증거로 남긴다. 存底를 없앤다.

도광 30년 12월 26일 會券 작성자 陳菊蕙(서명)

빙중　王學文(서명)

이자를 지불할 별도의 摺을 만든다.

이 대차문서는 도광 30年(1850년) 휘주의 진국향陳菊蕙이 김문옹金文翁에게 쓴 1천량짜리 차용증서(借會券)이다. 본 계약서에는 매년 이자를 6리(6%)로 규정하고 함풍 3년 원금과 이자를 동시에 채권인에게 상환하기로 규정하고 있다. 청대의 연리가 3분을 넘지 못하도록 법적으로 규정하고 있는 것에 비해 본 계약서의 연리 6리는 상당히 낮은 이율이라는 것을 알 수 있다. '존저存底를 없앤다'는 말이 나중에 부기된 것으로 보아 이미 상환했다는 것을 표시한 것으로 보인다.

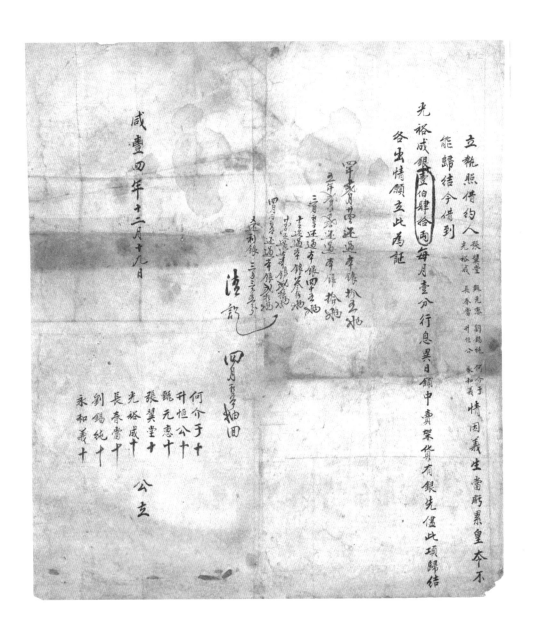

立執照借約人 張翼堂 甄元惠 劉錫純 何介于 情因義生當虧累皇本不
光裕成 長春當 升恒公 永和義

能歸結今借到
光裕成銀壹伯肆拾両每月壹分行息異日鋪中賣架貨有銀先僅此項歸結
各出情願立此爲証

咸豐四年十二月十九日

何介于十
升恒公十
甄元惠十
張翼堂十
光裕成十
長春當十
劉錫純十
永和義十

公立

立執照借約人張翼堂、光裕成、甄元惠、長春當、劉錫純、升恒公、何介于、永和
義, 情因義生當虧累皇本不能歸結, 今借到光裕成銀壹伯肆拾兩, 每月壹分行息,
異日鋪中賣架貨有銀先儘此項歸結。各出情願, 立此爲證。

(咸豐)四年十弎月廿四日還過本銀拾五兩

(咸豐)五年弎月初弎日還過本銀拾兩

(咸豐五年)三月初三日還過本銀四十五兩

(咸豐五年三月)十三日還過本銀叄拾兩

(咸豐五年三月)廿四日還過□本銀弎拾兩

(咸豐五年)四月初五日還過本銀弎拾兩

(咸豐五年四月初五日)又還利銀三兩三錢五分

淸訖 (咸豐五年)四月初五日抽回

咸豐四年十二月十九日　　張翼堂(押)、光裕成(押)、甄元惠(押)、長春當(押)、
　　　　　　　　　　　　劉錫純(押)、升恒公(押)、何介于(押)、永和義(押) 公立

執照借約을 작성하는 張翼堂, 光裕成, 甄元惠, 長春當, 劉錫純, 升恒公, 何介于,
永和義는 義生當의 손실이 누적되어 자본금으로 메꿀 수 없게 되었기 때문에 오늘
光裕成에서 銀 140兩을 빌린다. 월이율은 1分이며 다른 날에 점포에서 架貨를 판
매한 돈으로 먼저 이자를 내도록 한다. 각자 원하여 이를 작성하고 증거로 삼는다.

(함풍) 4년 12월 24일 本銀 15량을 상환하였음.

(함풍) 5년 2월 초2일 本銀 10량을 상환하였음.

(함풍 5년) 3월 초3일 本銀 45량을 상환하였음.

(함풍 5년 3월) 13일 本銀 30량을 상환하였음.

(함풍 5년 3월) 24일 本銀 20량을 상환하였음.

(함풍 5년) 4월 초5일 本銀 20량을 상환하였음.

(함풍 5년 4월 초5일) 또한 利銀 3兩3錢5分을 상환하였고, 당일에 계약을 완료하였음.

함풍 4년 12월 19일   張翼堂(서명), 光裕成(서명), 甄元惠(서명), 長春當(서명),
　　　　　　　　　　劉錫純(서명), 升恒公(서명), 何介于(서명), 永和義(서명)
　　　　　　　　　　가 함께 작성하였음.

해설

　본 계약서는 의생당義生當이 자본회전이 막히자 장익당張翼堂 등 8가家가 함께 광유성光裕成으로부터 돈을 빌리면서 작성한 것이다. 본 대차는 경영을 위한 대출이며, 월이율은 1分이다. 부기한 것으로 보아 이 대차계약은 4개월 동안 6차례 상환이 이루어졌으며 모두 합쳐 이자 3량3전5분을 상환했다는 것을 알 수 있다.

　본 계약서의 내용에 따르면, 의생당은 전당포이며, 그 자본 조직 형식은 합과제라는 것을 알 수 있다. 또한 자본은 최소한 장익당, 하개우何介于, 승항공升恒公, 견원혜甄元惠, 광유성光裕成, 장춘당長春當, 유석순劉錫純, 영화의永和義 8가가 조성한 것이다. 따라서 본 대차는 의생당의 명의로 진행된 것이 아니라 이 8가가 공동으로 진행한 것이다. 그러나 상환은 의생당이 가화架貨를 판매한 돈으로 했다. '광유성', '장춘당', '영화의'는 상호의 이름이며, '견원혜', '하개우'는 개인의 이름인 듯하다. 그리고 광유성은 채권인일 뿐만 아니라 채무인이기도 하다는 점에서 의생당은 개인과 상호가 공동으로 출자하여 만든 것임을 알 수 있다. 또한 독립적으로 경영하고 채산하여 합과의 경영방식을 채택하고 있다는 것도 알 수 있다.

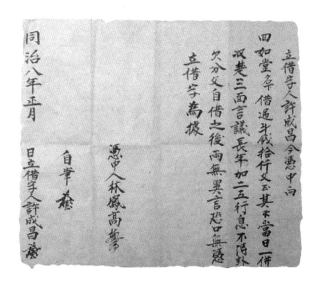

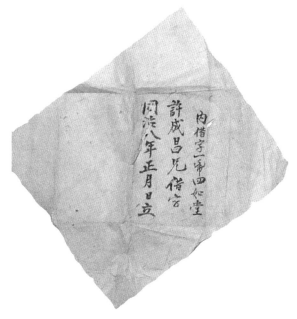

立借字人許成昌, 今憑中向四如堂名下, 借過斗錢拾仟文正。其錢當日一並收楚。
三面言議, 長年加二五行息, 不得卦欠分文。自借之後, 兩無異言, 恐口無憑, 立字
爲據。

憑中人　林鳳高書(押)。
自筆(押)。
同治八年正月日立借字人許成昌(押)

[契約封套]:
內借字一紙, 四如堂, 許成昌兄借字, 同治八年正月日立。

이 借字를 작성하는 許成昌은 현재 중개인에 청하여 四如堂 명의하의 斗錢
10,000文을 빌리니 당일에 모두 수령했다. 삼자가 논의하여 연 이율 2분5리로 정
하고, 질질 끌며 빚을 갚지 않아서는 안 된다는 것을 언명한다. 돈을 빌려준 후 계
약 쌍방은 다른 말을 할 수 없다. 구두만으로는 증거가 없어 증서를 작성하여 증거
로 삼는다.

빙중인　林鳳高 자필(서명)
동치 8년 정월　일 대차계약 작성인　許成昌(서명)

[계약 봉투]:
안에 차용증서 한 장이 있으니, 四如堂과 許成昌 사이의 차용증서이다. 동치 8년
정월 일에 작성.

본 계약서는 허성창許成昌이 사여당四如堂으로부터 돈을 빌리면서 작성한 차용증서이다. 본 계약에서 대차한 돈은 '두전斗錢'이었다. 추빙전邱冰珍에 따르면, '두斗'는 '싸우다打斗'라는 의미 외에 객가어에서는 돈을 모아서 합친다는 의미를 가지고 있다.[52] 객가인들은 일찍이 식사할 때 서양의 더치페이와 같은 방식으로 돈을 모아서 계산하는 방식을 취했다고 한다. 즉 두전은 일종의 전회 구성원이 각자의 돈을 갹출하는 방식으로 모은 자금이었을 가능성이 있다. 돈을 빌려준 사여당도 한 사람을 가리키는 것이 아니었다는 점에서 허성창이 빌린 돈은 전회의 기금이었을 것으로 보인다. 즉 전회는 회원의 회비를 모으는 방식으로 자금을 만들어 목돈을 얻을 수 있도록 했던 일종의 민간 금융조직이었지만, 전회도 점차 돈을 빌려주는 대차 경영을 하기도 했기 때문이다.

---

52) 邱冰珍, 『我系客家人一客家方言趣談』, 江西人民出版社, 2014, p.54.

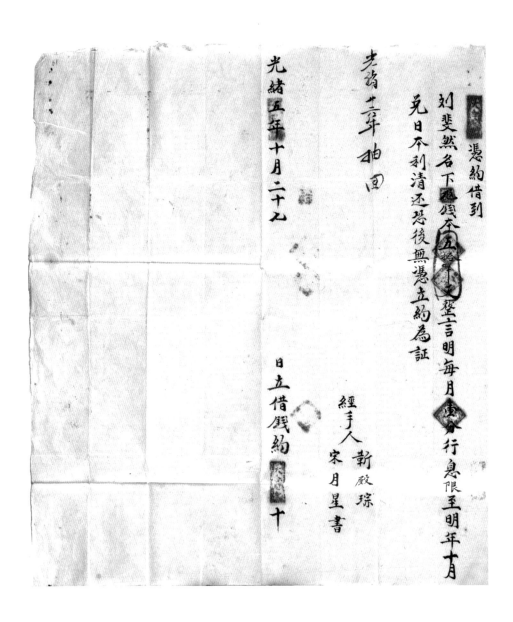

(抬頭章:天合成)憑約借到, 劉斐然名下(九九)(押款章)錢本五十(押款章)千文整。
言明每月壹分(押款章)行息, 限至明年十月兌日本利淸還。恐後無憑, 立約爲證。

光緒廿六年抽回
經手人　靳殿琮、宋月星(書)
光緒五年(提示章)十月二十七日立借錢約(落地章: '天合成')(十字押)

天合成은 계약을 근거로 劉斐然으로부터 錢本 50,000文整을 빌린다. 논의하여 정하길, 월이율은 1分이고, 내년 10월 27일까지 원금과 이자를 상환해야 한다. 후에 증거가 없을 것을 염려하여 계약서를 작성하여 증거로 삼는다.

광서 26년 회수함
경수인　靳殿琮, 宋月星(씀)
광서 5년 10월 27일 대차 계약작성자　天合成(도장)(십자서명)

　　해당 계약서는 광서 5년(1879년)에 천합성天合成이 유비연劉斐然에게 돈을 빌릴 때 작성한 것으로, 상호가 개인에게 돈을 빌린 것이므로 상업 경영성 대차라고 할 수 있다. 계약서 속에는 보증인이 없고 경수인만 있으며 담보물이 없기 때문에 본 계약은 서로 잘 아는 사람들 사이에서 체결된 신용대차라는 것을 알 수 있다. 월이율을 1분으로 정하고 상환기한을 1년으로 하였으며 다음 해에 원금과 이자를 함께 상환하도록 하였다. 청대 법률은 월이율 3분을 넘지 못하게 했는데 본 계약서에서 규정한 월이율 1분은 당시 평균 이율보다 낮은 것이었다.

계약서 속에는 내년 10월 27일까지 원금과 이자를 상환해야 한다고 명기하고 있지만, '광서 26년 회수함'이라는 말이 중간에 나오는 것으로 보아 광서 6년 10월 27일에는 상환이 이루어지지 않았고 광서 26년(1900년)에서야 비로소 이루어졌다는 것을 알 수 있다. 실제로 20여년에 걸쳐서 채무 상환이 완료되었던 것이다.

II-3 보증 신용대차

분석과 개괄

　신용대차에는 보증인 없이 개인의 신용만으로 대차하는 개인 신용대차가 있고, 중간에 보증인을 세워 신용을 보장하는 보증 신용대차가 있다. 일반적으로 정식 대차계약을 맺을 때 빌려주는 사람과 빌리는 사람 사이에서 정보를 제공하고 소통함으로써 대차관계를 성사시키는 인물을 중인中人(중개인)이라고 한다. 즉 거간을 말하는데, 중인은 엄격한 법률적 의미의 개념은 아니었다. 중인은 대차계약의 성립과정에서 쌍방을 소개해주고 대차 액수, 이율, 기간 등 관련 사항을 점검하고 대차관계를 성사시키는 일차적인 역할을 했다. 중인은 거간의 역할을 하고 대차관계로 인해 분규가 발생했을 때 증인의 역할을 하지만, 일반적으로 채무인의 채무를 대신 갚아주는 등의 보증의 책임을 지지는 않았다. 다만 채무인이 빠른 시일 내에 채무상환의 의무를 다할 수 있도록 재촉하는 책임을 졌다.

　그러나 중개의 역할보다 더 중요한 것은 채무인이 향후 채무를 이행하도록 보증하는 것이었다. 이것은 계약서상에 중인이 아니라 보인保人 등의 명칭으로 나타났다. 계약서상에서 보인이라는 명칭을 채권인에게 확인시킴으로써 채권인을 안심시키는 역할을 했던 것이다. 심지어는 만일 채무인이 부채를 상환하지 못하는 경우가 발생했을 때 채무인을 대신하여 부채를 상환한다고 계약서상에 명기하기도 했다. 즉 보인(보증인)의 주요 기능은 채무인이 계약의 의무를 이행하는 것을 보증하여 상환 날짜가 되었을 때 채권인의 채무상환 독촉을 돕고 채무 당사자가 도주했거나 확실하게 상환할 능력이 없을 때는 채무상환의 의무를 대신 짊어지는 것이었다. 말하자면, 보인은 채권인과 채무인을 연결시켜주는 중개인의 역할을 할 뿐 아니라, 실제로 연대책임을 지고 채무인이 채무를 이행하지 못했을 때 이를 대신 상환해야 하는 책임이 있었다. 어떤 경우에는 중인과 보인을 합쳐서 중보인中保人이라는 명칭을 사용하기도 했는데 이 역시 중인과 보인의 역할을 겸하는 것이었다.

그러나 어떤 지역에서는 보인도 둘로 구분하여 보인保人과 보전인保錢人으로 불렀다. 그 역할도 달랐는데, 즉『민사습관조사보고록』에 의하면, 호북의 옥봉玉峰, 홍산興山 등 현에서는 "보증인은 돈을 갚지 않는다"고 하고, 선은현宣恩縣에서는 "중매인은 아기 낳을 책임이 없고 보인은 돈을 갚을 책임이 없다"는 속어가 있다고[53] 보고되어 있다. 이에 비하면 보전인은 연대책임을 지고 채무인 대신 채무를 상환해야 하는 책임이 있었다. 이렇듯 채무인과 함께 연대책임을 져야하는 보인, 중보인中保人, 보전인 등은 일정한 책임을 져야했기 때문에 그 부담이 적지 않았을 것으로 생각된다. 일단 채무로 분규가 발생하면 처리과정도 복잡하고 보증인의 부담도 컸기 때문에 "중인을 하지 않고 보증을 서지 않으면 일생에 번뇌가 없다"는 말이 나올 정도였다.[54] 사실 당시에도 명확한 구분 없이 중인, 보인, 동중인同中人 등의 명칭이 사용되는 경우가 많았기 때문에 명칭만으로 이를 구분할 수는 없다. 그러나 본서에서는 가능한 한 이를 구분하여 단순히 중개 역할만 하는 사람을 중개인(중인), 보증 역할까지 하는 사람을 보증인(보인)으로 구분하여 칭하고자 한다.

대차할 때 중개인을 두는 것은 대차를 하기 위한 필요불가결한 선택이었다. 왜냐하면 토지나 방옥을 매매하거나 상품 거래를 할 때도 중개인이 필요하지만, 대차에서도 중개인을 필요로 했기 때문이다. 특히 가난한 농민이 대차를 하고자 할 때 직접 지주나 부농에게서 대차를 하는 경우는 드물었고 향촌의 향신이 소개를 해야 빌릴 수 있는 경우가 적지 않았다.[55] 따라서 대차관계에서도 중개인의 역할은 중요

---

53) 前南京國民政府司法行政部編,『民事習慣調査報告錄』, 中國政法大學出版社, 2000, p.526, p.543.

54) 李金錚,『民國鄕村借貸關係硏究』, 人民出版社, 2003, pp.138-139.

55) 胡川如,「各地農民狀況調査: 江陰」,『東方雜志』24-16(1927), p.115.

했다. 중개를 서는 사람은 전문적으로 중개를 업으로 하는 사람도 있었는데 이 경우는 대체로 거간의 역할만 할 뿐이었다. 연대책임의 실질적인 보증을 서는 중개인, 즉 보증인은 향촌의 지주나 부농, 향신 등이었다. 따라서 보증 신용대차는 담보 없이 이루어지는 대차이지만 채무인을 대신하여 보증인의 사회적인 지위나 재산으로 채무에 대한 보장을 해줌으로써 담보대차의 성격도 가지고 있었다. 즉 보증인 신용대차는 신용대차와 인적 담보대차의 성격을 함께 가지고 있었다고 할 수 있다. 그러나 실제로 담보를 제공하는 것이 아니라 보증인의 사회적 지위나 재산의 존재 자체가 곧 담보의 역할을 하는 것이므로 신용대차의 일종으로 볼 수 있다.

중인 혹은 보인의 역할을 담당했던 사람들은 주로 친우나 동족 등이었다. 중국 농촌사회는 서로 잘 아는 사람들끼리 관계를 이루며 살았던 숙인熟人 사회였다. 따라서 거래 당사자의 친우 혹은 동족이 종종 중개인 혹은 보증인으로 충당되었다. 이러한 중보인과 거래 당사자 간의 긴밀한 관계는 당사자에게 유리한 조건을 얻어 내고 거래를 성공적으로 이끌 가능성을 촉진시켰기 때문이다. 그러나 대체로 경제적으로 여유가 있는 사람, 향촌사회에서 지도적 위치에 있는 사람, 혹은 해당 지역의 지주 대리인 등이 중보인의 역할을 맡는 경우가 많았다.[56]

본서에 수록된 9건의 대차문서가 보증 신용대차에 속하는데 분석해보면 다음과 같다. 40번은 이자로 현금과 함께 곡물을 납부한다고 규정하고 있다. 41번은 보리와 쌀로 이자를 납부한다고 규정하고 있는데, 곡물로도 이자를 받았다는 것을 알 수 있다. 이 두 건 모두 채무인이 상환을 하지 못할 경우 보증인이 대신 상환할 것을 계약서상에 명기하고 있다. 특히 41번 대차문서의 경우에는 보증 신용대차일 뿐 아니라 담보도 설정해 놓고 있다. 보증인을 세워 채무인이 상환을 하지 못할 경우에 대신 상환을 명기하고 있으면서도, 한편으로는 담보물을 제공하고 있는 것이다. 즉 만일 채무인이 상환을 못할 경우 해당 담보물을 보증인이 관리하면서 채무인 대신 상환하는 것을 규정하고 있다. 따라서 41번 대차문서는 보증 신용대차와

---

56) 李金錚, 「20世紀上半期中國鄉村經濟交易的中保人」, 『近代中國鄉村社會經濟探微』, 人民出版社, 2004, pp.264-268.

저압 대차를 동시에 진행하고 있는 것이 특징이다.

42번과 44번 대차문서는 모두 민국시기 산서성 문수현文水縣 재정국이 통일적으로 인쇄한 용지를 사용하고 있는 문수현의 관용 대차문서이다. 42번은 월이율이 2분8리이고 44번은 2분5리로 양자가 비슷하다. 다만 남경국민정부시기에는 법정이율이 연 2분이었다는 것을 감안하면 이러한 이율은 결코 가벼운 것이 아니라는 것을 알 수 있다. 만일 채무인이 채무를 상환하지 못하면 42번에서는 보증인이 저당물을 가지고 대신 상환해야 한다고 규정하고 있다. 44번에서는 중보인이 "저당물을 관리한다"고 규정하고 있다. 이 말은 곧 중보인이 저당물을 관리하며 채무인의 채무를 대신 상환할 책임을 부여한다는 의미이다. 모두 보증인에게 그 책임을 묻고 있는 것이다.

43번은 초천용장超泉湧莊에서 돈을 빌리고 작성한 대차문서이다. 초천용장은 전문적으로 대출을 해주는 곳으로 자체적으로 제작된 인쇄용지를 사용하고 있으며 용지 뒷장에는 인쇄된 부가조건 설명들이 나열되어 있다. 이 부가조건 설명에는 초천용장이 전문 대출기관이며 돈을 빌리기 위해서는 담보가 필요하다는 내용, 채무 상환 기일을 연기할 때의 조건, 이자에 관한 규정, 인화 비용 등등에 관한 정보가 상세히 담겨있다. 이 대차문건에서는 상호 동천동신성기東泉同信成記를 담보로 설정하고 있으며 만일 채무인이 채무를 상환하지 못하면 동천동신성기가 대신 상환한다고 규정하고 있다. 역시 보증 신용대차와 저압 대차를 동시에 요구하고 있는 것이다.

45번, 46번, 47번, 48번은 모두 산서성의 대차문서로 각각 만천현萬泉縣, 양원현襄垣縣, 유차현榆次縣, 심수현沁水縣의 재정국에서 발행한 용지를 사용하고 있다. 산서성에서는 대체로 통일적인 대차문서를 사용하여 현의 이름을 써넣고 각각의 대차 내용을 기입하고 있으며, 원편의 부록에는 동일한 내용의 고리대 제한 방법이 인쇄되어 있다. 이는 1935년 염석산閻錫山이 주관하는 산서성 정부와 수정공서綏靖公署의 방공防共 연석회의에서 결의된 것이었다. 고리대가 이미 농촌의 빈곤과 파산의 원인임을 지목하고 이를 조정하기 위해 고리대를 제한하는 방법을 결의했던 것이다.

40 건륭35년 李明謙과 王씨의 借系銀文約

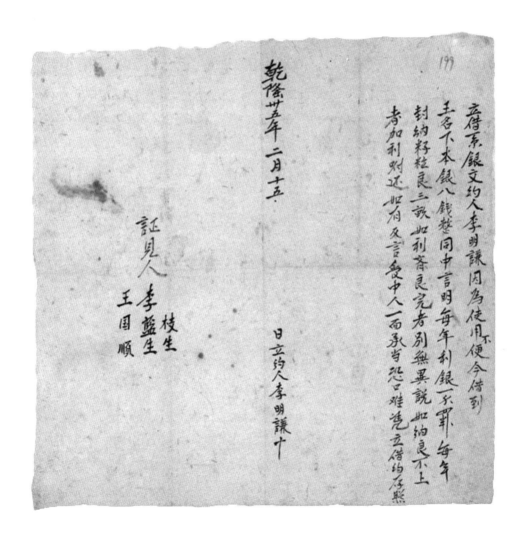

立借京銀文約人李明謙因為使用不便今借到
王客下本銀八錢整同中言明每年利銀一六郡每年
封納籽粒良三誠如利齋良完者別無異說如納良不上
青加利刑追如有反言委中人一面承皆恐口難凴立借約存照

乾隆卅五年 二月十五

日立約人李明謙 十

証見人 李藍生 枝生
王国順

立借系[絲]銀文約人李明謙, 因爲使用不便, 今借到王名下本銀八錢整。同中言明,
每年利銀一錢四分半, 每年封納籽粒良[糧]三畝。如利齊良[糧]完者別無異說 ; 如
納良[糧]不上者加利付還。如有反言, 受中人一面承當。恐口難憑, 立借約存照。

乾隆卅五年二月十五日 立約人 李明謙(押)
證見人   (李)枝生、李藍生、王國順

借系銀文約을 작성하는 李明謙은 쓸 돈이 부족하여 오늘 王 명의의 本銀 8錢을
빌린다. 중개인과 함께 논의하여 매년 이자로 銀 1錢4分半을 납부하고, 또한 매년
곡물 낟알 3畝를 이자로 납부하기로 한다. 만약 이자로 곡물 낟알을 완납하는 경우
다른 말을 해서는 안 되며, 만약 이자로 곡물 낟알을 내지 않으면 이율을 높여서
상환하도록 한다. (이에) 반대한다면 중개인이 책임지도록 한다. 말만으로는 증빙
하기 어려우니 계약서를 작성하여 증거로 보존하도록 한다.

건륭 35년 2월 15일 계약 작성자 李明謙(서명)
증견인   (李)枝生, 李藍生, 王國順

    본 계약서는 이명겸李明謙이 건륭 35년(1770년)에 왕王으로부터 돈을 빌릴 때
작성한 계약서이며, 개인과 개인 사이에 맺은 대차계약이다. 본 대차계약에서 빌
린 돈은 8전錢이다. 이자는 두 부분으로 구성되어 있는데, 하나는 '매년 이자 1전
4분반'을 납부하는 것이고, 다른 하나는 '매년 곡식 낟알 3무畝를 납부'하는 것이

다. 이자로 전錢뿐 만 아니라 곡물도 받았다는 것을 알 수 있다.

본 계약서에서는 위약책임을 규정하고 있는데, 이자로 내는 양식을 다 내지 못할 경우 이자율을 올리고, 그래도 만약 상환하지 못할 경우 중개인이 대신 상환하도록 한다고 규정하여 보증인에게 책임을 부과하고 있다.

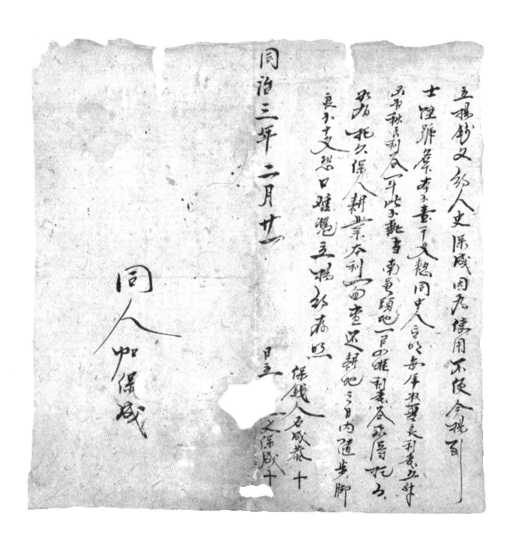

立揭錢文約人史保成, 因爲使用不便, 今揭到土升號名下本錢壹仟文整, 同中人言
明, 每年收夏良[糧]利麥五升, 又收秋良[糧]利穀一斗, 此錢執當南甿頭地一□四□,
利麥穀不得托欠, 如有托欠保人耕業, 本利一面查還。 耕地之日內隨步脚良[糧]錢
十文, 恐口難憑, 立揭約存照。

保錢人　石成恭(押)
同治三年二月廿一日立□保成(押)
同人　□保成

번역

揭錢文約을 작성하는 史保成은 쓸 자금이 부족하여 오늘 土升號 명의의 1,000文
을 빌리고 매년 夏糧麥 5升을 이자로 내며, 또 秋糧穀 1斗를 이자로 내기로 한다.
이 돈을 빌리고 南甿頭地를 담보물로 제공한다. 이자로 내는 麥과 穀은 부족함이
있어서는 안 된다. 만약 부족함이 있으면 保人이 담보물인 토지 경작을 관리하고
원금과 이자를 함께 상환한다. 농사짓는 기간 내에 양식을 운반하는 비용은 錢 10
文이다. 말만으로는 증명하기 어려우니 계약서를 작성하여 보관하도록 한다.

보전인　石成恭(서명)
동치 3년 2월 21일 史保成(서명)이 작성함
동인　□保成

해설

　이 계약서를 작성한 사보성史保成은 사승호土升號에서 1,000문을 빌렸다. 이

계약은 개인이 상호에게 돈을 빌린 것이다. 계약에서 협정한 이자는 매년 하량맥夏糧麥 5승升, 추량곡秋糧穀 1두斗이다. 본 대차계약에서는 저당물을 제공하고 있으며, 한편으로는 보증인 서성공石成恭으로 하여금 보승을 서게 하여 채무인이 이자를 다 내지 못할 경우 보증인이 책임을 지도록 했다. 이는 채권인에 대한 이중의 보험 장치를 의미하는 것으로 채권인의 이익을 충분히 보호하고 있다는 것을 알 수 있다.

따라서 본 계약서는 저압 대차일 뿐 아니라 보증 신용대차이다. 그리고 채무인이 이자를 다 내지 못할 때 "보증인이 담보물인 토지를 관리하여 원금과 이자를 함께 상환한다"고 규정하고 있는데, 이 때 저당물인 전지는 보증인의 소유가 되며 동시에 채무인 대신 상환하게 된다는 것을 의미한다. 이를 통해 대차계약에서 보증인의 역할이 중요하다는 것을 알 수 있다. 또한 실제로는 보증인이 무상으로 상환하는 경우는 없기 때문에 저당물을 보증인이 관리하도록 함으로써 일정 정도 보증인의 권익도 보장하고 있다는 것을 알 수 있다. (II-4에도 해당)

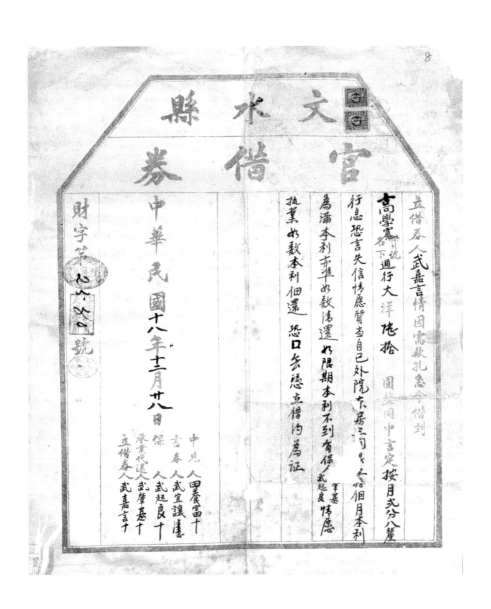

文水縣官借劵

立借劵人武嘉言, 情因需款孔急, 今借到高學寬名下周行人洋八拾圓整, 同中言定按月式分八釐行息。恐言失信, 情願質當自己外院東房三間, □□十個月本利爲滿, 本利亦准如數淸還。如限期本利不到, 有保人武肇基、武起良情願執業, 如數本利佃(墊)還。恐口無憑, 立借約爲證。

中華民國十八年十二月廿八日
中見人　田養富(十字押)
書劵人　武宜讓(花押)
保人　武起良(十字押)
承業代還人　武肇基(十字押)
立借劵人　武嘉言(十字押)
財字第2550號

文水縣 관용 차용증서

借劵을 작성하는 武嘉言은 돈이 급하게 필요하여 오늘 高學寬 명의의 大洋 60圓을 빌린다. 중개인과 함께 논의하여 월이율을 2分8厘로 정한다. 말로만은 증거가 없을 것을 염려하여 자발적으로 자신의 外院東房 3間을 담보로 맡긴다. 10개월 내에 원금과 이자를 다 채우며 원금과 이자는 정확한 액수에 맞추어 상환한다. 만약 기한이 되었는데도 원금과 이자를 상환하지 않으면 保人 武肇基, 武起良이 자발적으로 담보물을 맡아서 액수에 맞춰 원금과 이자를 대신 상환한다. 구두만으로는 증거가 없을 것을 염려하여 借約을 작성하여 증거로 삼는다.

중화민국 18년 12월 28일

중견인　田養富(십자서명)

증서 대필인　武宜讓(서명)

보인　武起良(십자서명)

대리 상환인　武肇基(십자서명)

차용증서 작성인　武嘉言(십자서명)

財字 第2550號

해설

　본 대차 계약은 산서성 문수현文水縣 재정국財政局에서 통일적으로 인쇄 제작한 관용 차용증서를 사용하고 있다. 관용 차용증서에는 통일된 격식이 있는데, 계약서를 작성할 때 채무인의 성명, 채권인의 성명, 대출 금액, 대출 이자, 상환 날짜, 저당물, 위약 책임, 계약 체결 기간 등의 내용을 기재한다. 이 계약서에는 문수현 재정국의 공인公印이 찍혀 있고, 일련번호가 적혀 있다. 이러한 관용 차용증서를 사용할 때는 제작비를 수취했다.

　본 계약문서에서는 무가언武嘉言이 고학관高學寬에게 대양大洋 60원을 빌렸으며, 쌍방이 월이율로 2분5리를 약정했고 방옥을 저당물로 잡았으며 차용기간은 10개월로 하였다. 만약 계약을 어긴다면 보증인 무조기武肇基, 무기량武起良이 저당물을 가지고 대신 상환해야 한다고 명기하고 있다. (II-4에도 해당)

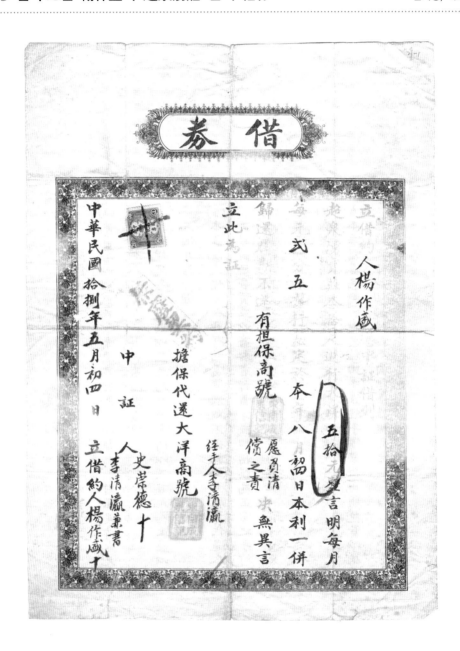

附錄說明

(1)本莊專以放賬為營業原為活動市面補助一時不足者起見
勿論何人均不得以情面有碍於營業

(2)本莊規定每票少則以三元為起點多則以三百元為止並以
三個月為一期

(3)本莊規定借款人非有相當質物概不出放倘有殷實代選人
亦可商酌告貸並以書名畫押蓋章或印楷模為正當之手續

(4)本莊規定到期欵項一律收索倘有轉期情形務必期前十日來
莊互相商酌否則以過期一月出息論

(5)本莊之利息依法律之歸定臨時面為商定可也

(6)本莊借券為劃一起見均由本莊經手備製惟此項花費以及
應貼之印花均歸債務人負担本莊概不承認

(天格) 借劵

(地格) 立借約人楊作盛, 憑中證借到超泉湧寶莊本拾足週行大洋五拾元整。言明每月每元式分五厘行息, 定於本年八月初四日本利一並歸還。屆期不還, 有擔保商號東泉同信成記 (印章) 願負淸償之責。決無異言, 立此爲證。

經手人 李淸瀛

擔保代還大洋商號 東泉同信成記(印章)

中證人 史崇德(押)、 李淸瀛 兼書

中華民國拾捌年五月初四日 立借約人 楊作盛(押)

(提示章: 作廢契約)

附録說明

(1) 本莊專以放賬爲營業, 原[願]爲活動市面, 補助一時不足者起見, 勿論何人均不得以情面有礙於營業

(2) 本莊規定, 每票少則以三元爲起點, 多則以三百元爲止, 並以三個月爲一期。

(3) 本莊規定, 借款人非有相當質物槪不出放, 倘有股實代還人亦可商酌告貸, 並以書名盡押蓋章, 或印指模爲正當之手續。

(4) 本莊規到期款項一律收索, 倘有轉期情形務必期前十日來莊互相商酌, 否則以遏期一月出息論。

(5) 本莊之利息依法律之歸定臨時面爲商定可也。

(6) 本莊借劵爲劃一起見均由本莊經手備制, 惟此項花費、 以及應貼之印花均歸債務人負擔, 本莊槪不承認。

(제목) 차용증서

(내용) 借約을 작성하는 楊作盛은 중개인의 보증에 근거하여 超泉湧莊으로부터

大洋 50元을 빌린다. 논의하여 월이율을 1元당 2分5厘로 하였고, 금년 8월 초4일에 원금과 이자를 모두 상환하기로 한다. 기한이 되었는데 상환하지 않는다면 담보를 가지고 商號 東泉同信成記가 대신 상환한다. 다른 말을 해서는 안 되니, 이를 작성하여 증거로 삼는다.

경수인 　李清瀛

擔保代還大洋商號東泉同信成記(인장)

증인 　史崇德(서명), 李清瀛이 겸해서 씀

중화민국 18년 5월 초4일 대차계약 작성자 　楊作盛(押)

(도장: 계약을 폐기함)

부가조건 설명

（1） 本莊은 전문적으로 대출을 하는 곳으로 시장에서 영업을 하면서 일시적으로 돈이 부족한 자를 도와준다. 어떤 사람이든 인정과 안면으로 영업을 방해해서는 안 된다.

（2） 本莊에서는 차용증 1票당 최소 3元 이상 최대 300元 이하로 하며 아울러 3개월을 1期(만기일)로 규정한다.

（3） 本莊에서는 돈을 빌리려는 자가 빌리려는 금액에 상당하는 담보물이 없을 경우 돈을 빌려주지 않으며, 만약 부유한 자가 대신 상환하려 하는 경우 상의하여 돈을 빌려줄 수 있다. 또한 서명으로 도장 찍는 것을 대신할 수 있으며 혹은 지장을 찍는 것도 인정한다.

（4） 本莊에서는 상환일이 되면 일률적으로 상환을 요구하며, 만약 상환 기일을 바꾸고자 하면 해당일 10일 전에 本莊에 와서 상의해야 하고 그렇게 하지 않으면 상환 기일을 하루만 넘겨도 이자가 붙는다.

（5） 本莊의 이자는 법률에서 정한 바에 따라 수시로 상의하여 정하는 것이 가능하다.

（6） 本莊의 차용증서는 통일적인 형식을 위해 本莊에서 처리하여 작성한다. 다만 이에 드는 비용, 인화 비용은 모두 채무인의 부담이며 本莊에서 부담하지 않는다.

　　본 차용증서는 초천용장超泉湧莊에서 작성한 것이다. 이것은 초천용장에서 통일적으로 인쇄 제작한 것으로, 제목에는 '차용증서'라는 글자가 표기되어 있고, 내용부분에는 대출 금액, 이자, 담보 등 대출관련 사항들이 기재되어 있다. 초천용장은 1929년 전후 전문적으로 대출업무를 담당했던 상호이며, 대출 액수는 3~300원 정도였다. 대출을 해줄 때는 반드시 담보물이 있어야 하며 혹은 상환능력이 있는 사람이 그를 대신해 상환할 수 있을 경우에만 대출을 해주었다. 이자는 쌍방이 당면하여 정하였다.

　　본 차용증서에 의하면, 양작성楊作盛은 동천동신성기東泉同信成記를 담보로 하고 초천용장에서 대양大洋 50원을 빌렸다. 월이율은 1원당 2분5리로 했으며 대출기간은 3개월로 규정하고 있다. 또한 여러 조항을 제시하여 초천용장의 대출 조건을 자세히 설명하고 있다. 계약서 속에 "계약을 폐기한다"는 도장이 찍힌 것으로 보아 본 계약에서 대출한 돈은 이미 상환되었다는 것을 보여준다. (II-4에도 해당)

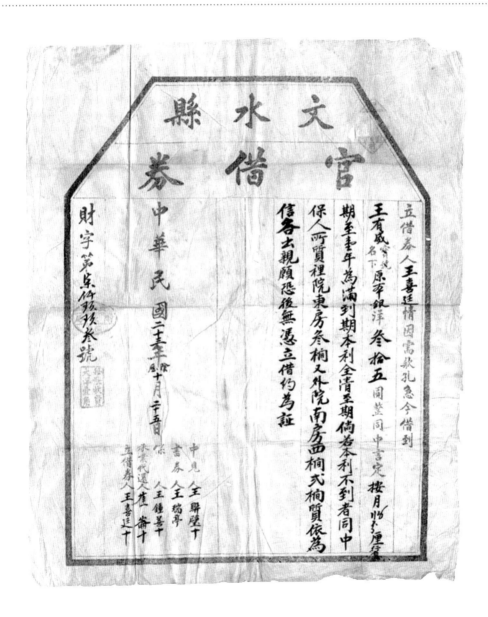

縣　水　文
　　借　官
　券

財字第柒佰玖玖叁號

中華民國二十三年陰十月二十五日

立借券人王喜廷情因需款孔急今借到
王有威實收名下原帋銀洋叁拾五圓藍同中言定按月加五厘算
期至壹年爲滿到期本利全清至期倘若本利不到者同中
保人所質裡院東房叁椆又外院南房西椆弍椆質依爲
信各出親願恐後無憑立借約爲証

中見人全群陞十
書券人全端亭
承業代筆人崔　齋十
保人王鍾善十
立借券人王喜廷十

文水縣官借券

立借券人王喜廷, 情因需款孔急, 今借到王有成名下原本銀洋叁拾五圓整, 同中言定按月二分五厘行息, 期至壹年爲滿, 到期本利全淸。至期倘若本利不到者, 同中保人所質裡院東房叁椆[間], 又外院南房西椆[間]弐椆[間]。質依爲信, 各出親願, 恐後無憑, 立借約爲證。

中華民國二十三年陰曆十月二十五日
中見人　王聯璧(押)
書券人　王瑞亭
保人　王鍾善(押)
承業代還人　崔侖(押)
立借券人　王喜廷(押)
財字第柒仟玖玖叁號

文水縣 관용 차용증서

借券을 작성하는 王喜廷은 돈이 급하게 필요하여 오늘 王有成 명의하의 原本銀洋 35圓을 빌린다. 중개인과 함께 상의하여 월이율을 2分5厘로 정한다. 1년을 기한으로 삼고 기한이 되면 원금과 이자를 모두 상환한다. 기한이 되었는데 만약 원금과 이자를 보내지 않는다면, 中保人이 담보인 裡院東房 3間, 外院南房西間 2間을 관리한다. 담보에 근거하여 신뢰가 있으나 각각 스스로 원하여 후에 증거가 없을 것을 염려하여 借約을 작성하여 증거로 삼는다.

중화민국 23년 음력 10월 25일

중견인　王聯璧(서명)

증서 대필인　王瑞亭

보인　王鍾善(서명)

대리 상환인　崔侖(서명)

차용증서 작성인　王喜廷(서명)

財字　第7993號

해설

　본 계약서는 왕희정王喜廷이 왕유성王有成에게 은양銀洋 35원을 빌릴 때 작성한 것이다. 본 대차계약서는 42번 계약서와 마찬가지로 문수현 재정국에서 통일적으로 인쇄한 관용 차용증을 사용하고 있다. 따라서 계약서에는 문수현 재정국의 공인이 찍혀 있고 일련번호가 적혀 있다. 쌍방이 월이율 2분5리를 약정하였고 방옥을 저당물로 잡았으며 차용기간은 1년으로 정하고 있고 기한이 되면 원금과 이자를 모두 상환하도록 했다. 만약 계약을 어긴다면 보증인이 대신 상환한다고 규정하고 있다. 42번과 44번 계약문서는 월이율도 비슷하고 대출할 때 물건이나 재산을 담보물로 제공하며, 문제가 생길 경우 보증인이 대신 상환하는 동일한 방식을 채택하고 있는 것으로 보아, 이러한 방식이 이미 문수현에서 제도적으로 통용되었던 듯하다. (II-4에도 해당)

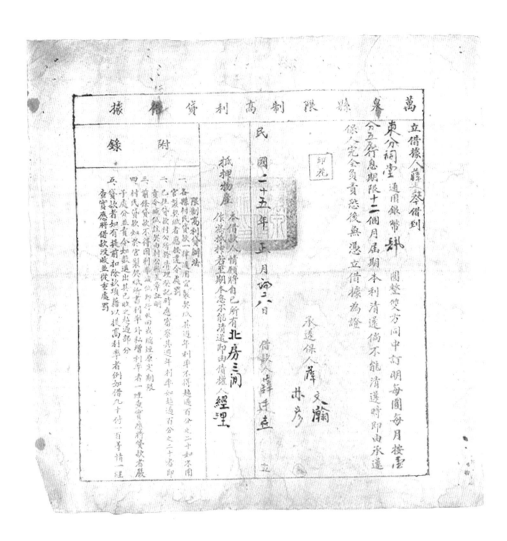

萬泉縣限制高利貸借據

立借據人薛廷垚，今借到東分祠堂通用銀幣肆圓整，雙方同中訂明每圓每月按壹分五厘行息，期限十二個月，屆期本利清還。倘不能清還時，即由承還保人完全負責。恐後無憑，立借據爲證。

承還保人　薛文瀚、薛林彦

民國二十五年正月初六日借款人薛　廷垚立

抵押物產：本借款人情願將自己所有北房三間作爲抵押，若至期本息不能清還即由債權人經理。

附錄

限制高利貸辦法

一、各縣村民貸款一律適用官製契紙，其週年利率不得超過百分之二十，如不用官制契紙者應按違令處罰。

二、已往貸款村公所於清理登記時(應審)察其週年利率，如超過百分之二十者，即責令減紙註契由村公所蓋章證明。

三、前條貸款不得因利率減低即行收回或縮短原定期限。

四、村民貸款，如於官製契紙所書利率外私增利率者，一經查實應將貸款者嚴予處分，並責令如數退出具已收之超過部分。

五、貸款者如有提前扣除款項籍以提高利率者，例如借九十付一百等情，一經查實應將款沒收並從重處罰。

萬泉縣 고리대 제한 차용증

차용증을 작성하는 薛廷垚는 오늘 東分祠堂에서 銀幣 4圓을 융통한다. 쌍방이 함께 논의하여 1圓당 월이율 1分5厘, 기한 12개월, 만기에 원금과 이자를 모두 상환하기로 정한다. 만약 상환하지 못하면 대리상환 보인(承還保人)이 완전히 책임진다. 후에 증거가 없을 것을 염려하여 차용증을 작성하여 증거로 삼는다.

대리상환 보인 薛文瀚, 薛林彦
민국 25년 정월 초6일
대차인 薛廷垚 작성
저당물: 본 채무인은 자기 소유의 北房 3間을 저당물로 하길 원하며, 만약 상환 기일이 되었는데도 원금과 이자를 다 갚지 못하면 채권인이 저당물을 관리하도록 한다.

부록
고리대 제한 방법
1. 각 현의 촌민이 돈을 빌릴 때는 일률적으로 관에서 제작한 계약용지를 사용하며 1년의 이율은 20%를 넘어서는 안 된다. 만약 관에서 제작한 계약용지를 사용하지 않으면 명령을 어긴 죄로 처벌한다.
2. 과거의 대출 계약을 村公所에 신고하고 등록할 때 그 연 이율을 살펴서 만약 20%를 넘은 경우 이를 낮추고 계약서에 기재한 뒤 村公所에서 인장을 찍어 증명하도록 한다.
3. 위 조항에 해당하는 대부자는 이율 삭감을 이유로 빌려준 돈을 회수하거나 원래 대출 기한을 줄여서는 안 된다.
4. 촌민이 돈을 빌릴 때 만약 관에서 제작한 계약용지에 기재한 이율 외에 불법적으로 이율을 덧붙인 경우, 조사를 통해 사실로 밝혀지면 대부자를 엄히 처벌하고 원래 규정된 만큼의 이자를 초과한 부분은 몰수하도록 한다.
5. 돈을 빌려줄 때 미리 경비를 제함으로써 이율을 높이는 경우, 예컨대 90원을 빌려주었으나 100원을 빌려준 것과 같이 하는 경우에는 조사하여 사실로 드러나

면 해당 경비를 몰수하고 무겁게 처벌한다.

해설

본 계약서와 다음에 나올 46번, 47번, 48번은 모두 각각 만천현萬泉縣, 양원현襄垣縣, 유차현楡次縣, 심수현沁水縣의 재정국에서 발행한 대차증서를 사용한 것이다. 본 계약서는 만천현의 벽정요薛廷堯가 방옥을 저당 잡히고 동분사당東分祠堂에서 은銀 4원을 빌리면서 작성한 것이다. 월이율은 1원당 1분5리이며 대출 기한은 12개월이고 계약을 위반할시 보증인이 책임진다고 명시하고 있다. 이로써 보면 정부에서는 대차에서 보증인의 역할을 중시했고 상환을 못할 경우 보증인이 책임지도록 했다는 것을 알 수 있다.

각 계약서의 제일 위에는 '××현 고리대제한 대차증(××縣限制高利貸借據)'이라고 기재되어 있는데 각 현에서 발행한 대차증서의 형식이 통일되어 있었다는 것을 알 수 있다. 즉 첫 칸에는 대차 계약 쌍방의 성명, 대출 금액, 대출 이자, 대출 기한, 위약 책임, 대차시기, 양쪽의 서명 등을 포함한다. 둘째 칸에는 저당물이, 셋째 칸에는 각 현의 것이 동일한 내용으로 채워져 있다. 특히 고리대를 제한하고 있고 상환을 못할 경우 보증인이 대신 상환하도록 한다는 내용을 포함하고 있다.

이 내용은 1935년 8월 29일에서 9월 11일 사이에 염석산이 태원에서 소집한 산서성과 수원성 '방공防共' 연석회의에서 결정된 고리대 제한조치(限制高利貸辦法)에 의한 것이었다. 이 연석회의에서 방공을 위한 35개 결의안이 통과되었으며, 이후 성 전체 도시와 농촌에서 공산당원을 체포하는 계기가 되었다. 여기서 결의된 고리대 제한법도 염석산 주도의 반공 조치의 산물이었다. 그것은 주로 각 지역의 빈민이 부호에게 돈을 빌리고 나서 어렵게 살아가는 상황이나 혹 대출업자들이 고리로 착취하여 빈민이 갈수록 빈곤하게 되는 상황을 겨냥한 것이다. 고리대는 이미 농촌 빈곤의 파산 원인으로 지목되었기 때문에 이를 조정하기 위한 것이었다. (II-4에도 해당)

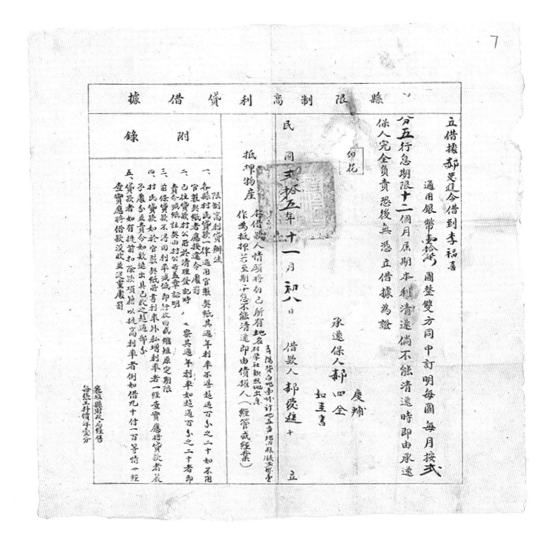

襄垣縣限制高利貸借據

立借據郝雙進, 今借到李福喜通用銀幣壹拾柒圓整, 雙方同中訂明每圓每月按弌
分五行息, 期限十二個月, 屆期本利淸還。倘不能淸還時, 即由承還保人完全負責。
恐後無憑, 立借據爲證。

承還保人　郝慶輔、郝四全、郝如圭書
民國弍拾五年十一月初八日　借款人　郝雙進(十字押)立
抵押物產：本借款人情願將自己所有地名, 靑陽背白地一塊計地五畝地內糧銀弍
折壹, 村學社款照地出息, 作爲抵押。若至期本息不能淸還即由債權人(經管或經
業)。

附錄
限制高利貸辦法
一、 各縣村民貸款一律適用官製契紙, 其週年利率不得超過百分之二十, 如不用
　　官制契紙者應按違令處罰。
二、 已往貸款村公所於淸理登記時(應審)察其週年利率, 如超過百分之二十者, 即
　　責令減紙註契由村公所蓋章證明。
三、 前條貸款不得因利率減低即行收回或縮短原定期限。
四、 村民貸款, 如於官製契紙所書利率外私增利率者, 一經查實應將貸款者嚴予
　　處分, 並責令如數退出具已收之超過部分。
五、 貸款者如有提前扣除款項籍以提高利率者, 例如借九十付一百等情, 一經查
　　實應將款沒收並從重處罰。
襄垣縣財政局經售
每張工料價洋壹分

번역

襄垣縣 고리대 제한 차용증

차용증을 작성하는 郝雙進은 오늘 李福喜에게서 銀幣 17圓을 융통한다. 쌍방이 함께 논의하여 1圓당 월이율 2分5厘, 기한 12개월, 만기에 원금과 이자를 모두 상환하기로 정한다. 만약 상환하지 못하면 대리상환 보인(承還保人)이 완전히 책임진다. 후에 증거가 없을 것을 염려하여 차용증을 작성하여 증거로 삼는다.

대리상환 보인 (郝)慶輔, 郝四全, (郝)如圭 씀
민국 25년 11월 초8일 대차인 郝雙進(십자서명) 작성
저당물: 본 채무인은 자기 소유의 靑陽背白地 1塊, 계산하면 5畝인 땅에서 소출되는 식량의 반을 村學社 경비로 투자하여 수익을 올리고 있는데, 이를 저당물로 하길 원하며, 만약 상환 기일이 되었는데도 원금과 이자를 다 갚지 못하면 채권인이 저당물을 (관리하거나 경영한다).

부록

고리대 제한 방법

1. 각 현의 촌민이 돈을 빌릴 때는 일률적으로 관에서 제작한 계약용지를 사용하며 1년의 이율은 20%를 넘어서는 안 된다. 만약 관에서 제작한 계약용지를 사용하지 않으면 명령을 어긴 죄로 처벌한다.

2. 과거의 대출 계약을 村公所에 신고하고 등록할 때 그 연 이율을 살펴서 만약 20%를 넘은 경우 이를 낮추고 계약서에 기재한 뒤 村公所에서 인장을 찍어 증명하도록 한다.

3. 위 조항에 해당하는 대부자는 이율 삭감을 이유로 빌려준 돈을 회수하거나 원래 대출 기한을 줄여서는 안 된다.

4. 촌민이 돈을 빌릴 때 만약 관에서 제작한 계약용지에 기재한 이율 외에 불법적으로 이율을 덧붙인 경우, 조사를 통해 사실로 밝혀지면 대부자를 엄히 처벌하고 원래 규정된 만큼의 이자를 초과한 부분은 몰수하도록 한다.

5. 돈을 빌려줄 때 미리 경비를 제함으로써 이율을 높이는 경우, 예컨대 90원을 빌려주었으나 100원을 빌려준 것과 같이 하는 경우에는 조사하여 사실로 드러나면 해당 경비를 몰수하고 무겁게 처벌한다.

襄垣縣 재정국이 1장당 제작비 洋1分 징수

해설

본 계약서는 양원현襄垣縣의 학쌍진郝雙進이 전지를 저당 잡히고 이복희李福喜에게 은銀 17원을 빌릴 때 작성한 것으로, 월이율은 1원당 2분5리이며 대출 기한은 1년으로 정하고 있다. 만일 계약을 위반할 시 보증인이 책임지기로 한다고 명시하고 있다. 45번, 47번, 48번과 동일한 양식을 사용하고 있으며 내용에서도 대차한 사람이나 대차한 액수, 저당물, 저당물에 대한 설명 등이 다를 뿐 동일한 내용을 담고 있다. (45번의 해설 참조)(II-4에도 해당)

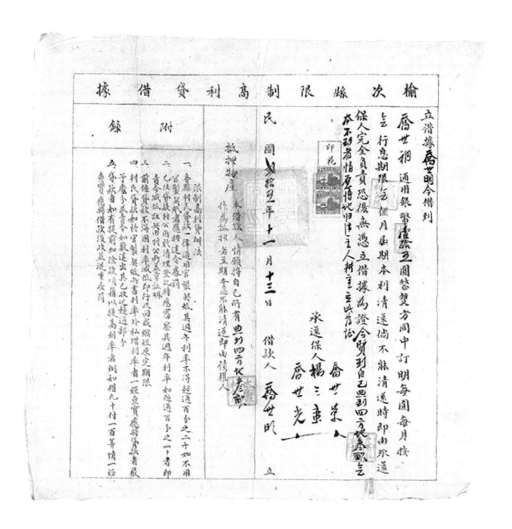

榆次縣限制高利貸借據

立借據喬世明, 今借到喬世福通用銀幣壹拾五圓整, 雙方同中訂明, 每圓每月按八厘行息, 期限八個月, 屆期本利淸還。 倘不能淸還時, 即由承還保人完全負責。 恐後無憑, 立借據爲證。 今質到自己典到四方地叄畝八本不到者情願將地歸洋主人耕重[種], 立此爲證。

承還保人　喬世榮(押)、楊三蠻(押)、喬世光(押)
民國弍拾五年十一月十三日　借款人　喬世明 立
抵抽物產：本借款人情願將自己所有典到四方地叄畝作爲抵押, 若至期本息不能淸還即由債權人(經管或經業)。

附錄

限制高利貸辦法

一、各縣村民貸款一律適用官製契紙, 其週年利率不得超過百分之二十, 如不用官制契紙者應按違令處罰。

二、已往貸款村公所於淸理登記時(應審)察其週年利率, 如超過百分之二十者, 即責令減紙註契由村公所蓋章證明。

三、前條貸款不得因利率減低即行收回或縮短原定期限。

四、村民貸款, 如於官製契紙所書利率外私增利率者, 一經查實應將貸款者嚴予處分, 並責令如數退出具已收之超過部分。

五、貸款者如有提前扣除款項籍以提高利率者, 例如借九十付一百等情, 一經查實應將款沒收並從重處罰。

楡次縣 고리대 제한 차용증

차용증을 작성하는 喬世明은 오늘 喬世福에게서 銀幣 15圓을 융통한다. 쌍방이
함께 논의하여 1圓당 월이율 8厘, 기한 8개월, 만기에 원금과 이자를 모두 상환하
기로 정한다. 만약 상환하지 못하면 대리상환 보인(承還保人)이 완전히 책임진다.
후에 증거가 없을 것을 염려하여 차용증을 작성하여 증거로 삼는다. 오늘 자신이
제공한 四方地 3畝를 저당물로 한다. 원금을 갚지 못하면 이 땅을 채권인이 관리
하도록 하며, 이를 작성하여 증거로 삼는다.

대리상환 보인   喬世榮(서명), 楊三蠻(서명), 喬世光(서명)

민국 25년 11월 13일 대차인   喬世明 작성

저당물: 본 채무인은 자기 소유의 四方地 3畝를 저당 잡히기를 원하니 만약 기한
에 이르렀는데 원금과 이자를 다 갚지 못할 경우 채권인이 (관할하거나 경영한다).

부록

고리대 제한 방법

1. 각 현의 촌민이 돈을 빌릴 때는 일률적으로 관에서 제작한 계약용지를 사용하며
   1년의 이율은 20%를 넘어서는 안 된다. 만약 관에서 제작한 계약용지를 사용하
   지 않으면 명령을 어긴 죄로 처벌한다.

2. 과거의 대출 계약을 村公所에 신고하고 등록할 때 그 연 이율을 살펴서 만약
   20%를 넘은 경우 이를 낮추고 계약서에 기재한 뒤 村公所에서 인장을 찍어 증
   명하도록 한다.

3. 위 조항에 해당하는 대부자는 이율 삭감을 이유로 빌려준 돈을 회수하거나 원래
   대출 기한을 줄여서는 안 된다.

4. 촌민이 돈을 빌릴 때 만약 관에서 제작한 계약용지에 기재한 이율 외에 불법적
   으로 이율을 덧붙인 경우, 조사를 통해 사실로 밝혀지면 대부자를 엄히 처벌하
   고 원래 규정된 만큼의 이자를 초과한 부분은 몰수하도록 한다.

5. 돈을 빌려줄 때 미리 경비를 제함으로써 이율을 높이는 경우, 예컨대 90원을 빌려주었으나 100원을 빌려준 것과 같이 하는 경우에는 조사하여 사실로 드러나면 해당 경비를 몰수하고 무겁게 처벌한다.

해설

　본 문건은 유차현楡次縣의 교세명喬世明이 전지를 저당 잡히고 교세복喬世福에게 은 15원을 빌리면서 작성한 차용증이다. 월이율은 1원당 8리이며 대출 기한은 8개월이고 계약을 위반할 시 보인이 책임지기로 한다고 명시하고 있다.
　또한 본 계약서에는 '대남장촌공소大南莊村公所'라는 도장이 찍혀있는데, 촌공소村公所는 1927년 산서성 '전성촌정회의全省村政會議'의 산물이다. 촌공소를 만든 것은 국민당이 통치를 강화하여 정치혁명을 성공시키기 위한 것이었다. 이 차용증서는 45번, 46번, 48번과 동일한 양식을 사용하고 있으며 내용에서도 대차한 사람이나 대차한 액수, 저당물, 저당물에 대한 설명 등이 다를 뿐 동일한 내용을 담고 있다. (45번의 해설 참조)(II-4에도 해당)

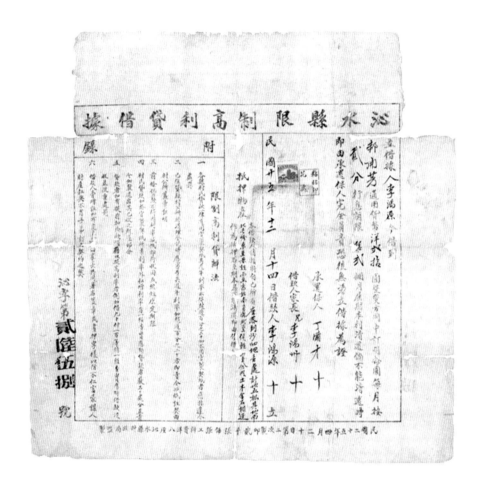

沁水縣限制高利貸借據

立借據人李鴻源, 今借到郝開芳通用貨幣洋式拾圓整, 雙方同中訂明每圓每月按貳分行息, 期限拾式個月, 屆期本利淸還。倘不能淸還時卽由承還保人完全負責。恐後無憑, 立借據爲證。

承還保人　丁滿才(押)

借款人家長　兄 李鴻州(押)

民國廿五年十二月十四日　借款人　李鴻源(押)立

抵押物産：本借款人情願將自己所有座落到沙凹地壹處, 計地五畝, 其地南北畔, 東至景姓, 西至高姓, 南至溝, 北至侯姓, 四至分明, 土木金石相連, 作爲抵押。若至期本息不能淸還卽由債權人(經管或經業)。

附錄

限制高利貸辦法

一、各縣村民貸款一律適用官製契紙, 其週年利率不得超過百分之二十, 如不用官制契紙者應按違令處罰。

二、已往貸款村公所於淸理登記時(應審)察其週年利率, 如超過百分之二十者, 卽責令減紙註契由村公所蓋章證明。

三、前條貸款不得因利率減低卽行收回或縮短原定期限。

四、村民貸款, 如於官製契紙所書利率外私增利率者, 一經查實應將貸款者嚴予處分, 並責令如數退出具已收之超過部分。

五、貸款者如有提前扣除款項籍以提高利率者, 例如借九十付一百等情, 一經查實應將款沒收並從重處罰。

六、借款人旁□□□□□□□家□共同著名□□或畫押字樣以防不仁富□保人對産□□不□□□訂立契約之□。

沁字第貳陸伍捌號

民國二十五年四月二十日第二次制印貳千張每張工料費洋八厘沁水縣財政局監制

沁水縣 고리대 제한 차용증

차용증을 작성하는 李鴻源은 오늘 郝開芳에게서 大洋 20圓을 융통한다. 쌍방이 함께 논의하여 1圓당 월이율 2分, 기한 12개월, 만기에 원금과 이자를 모두 상환하기로 정한다. 만약 상환하지 못하면 대리상환 보인(承還保人)이 완전히 책임진다. 후에 증거가 없을까 염려하여 차용증을 작성하여 증거로 삼는다.

대리상환 보인　丁滿才(서명)

대차인　家長 兄 李鴻州(서명)

민국 25년 12월 14일 대차인　李鴻源(서명) 작성

저당물: 본 채무인은 자기 소유의 座落到沙凹地 1處, 계산하면 면적 5畝이며 동쪽으로 景姓, 서쪽으로 高姓, 남쪽으로 溝, 북쪽으로 侯姓까지로 경계가 분명하고 土木金石이 서로 이어지는 이 토지를 저당물로 한다. 만약 기한이 되었는데 원금과 이자를 갚지 못하면 채권인이 (관리하거나 경영한다.)

부록

고리대 제한 방법

1. 각 현의 촌민이 돈을 빌릴 때는 일률적으로 관에서 제작한 계약용지를 사용하며 1년의 이율은 20%를 넘어서는 안 된다. 만약 관에서 제작한 계약용지를 사용하지 않으면 명령을 어긴 죄로 처벌한다.

2. 과거의 대출 계약을 村公所에 신고하고 등록할 때 그 연 이율을 살펴서 만약 20%를 넘은 경우 이를 내리고 계약서에 기재한 뒤 村公所에서 인장을 찍어 증명하도록 한다.

3. 위 조항에 해당하는 대부자는 이율 삭감을 이유로 빌려준 돈을 회수하거나 원래 대출 기한을 줄여서는 안 된다.

4. 촌민이 돈을 빌릴 때 만약 관에서 제작한 계약용지에 기재한 이율 외에 불법적으로 이율을 덧붙인 경우, 조사를 통해 사실로 밝혀지면 대부자를 엄히 처벌하고 원래 규정된 만큼의 이자를 초과한 부분은 몰수하도록 한다.

5. 돈을 빌려줄 때 미리 경비를 제하여 이율을 높이는 경우, 예컨대 90을 빌려주었으나 100을 빌려준 것과 같이 하는 경우에는, 조사하여 사실로 드러나면 해당 경비를 몰수하고 무겁게 처벌한다.

6. 대차한 □□□□□□□□ 공동 서명 혹은 서명으로 부정을 방지하고 (탈락한 자가 많아 해독 불능)

沁字 第2658號

민국 25년 4월 20일 제2차 인쇄 2000장, 1장당 제작비 洋8厘, 沁水縣 財政局이 감독 제작

해설

　본 계약서는 심수현沁水縣의 이홍원李鴻源이 전지를 저당 잡히고 학개방郝開芳에게 대양大洋 20원을 빌리면서 작성한 것이다. 월이율은 1원당 2분이며 대출 기한은 12개월이고 계약을 위반할 시 보증인이 책임질 것을 명시하고 있다. '심자沁字 제第2658호號'라는 현의 공문서 번호가 적혀 있다. 본 차용증은 45번, 46번, 47번과 동일한 양식을 사용하고 있으며 내용에서도 대차한 사람이나 대차한 액수, 저당물, 저당물에 대한 설명 등이 다를 뿐 동일한 내용을 담고 있다.(45번의 해설 참조) 다만 45번, 46번, 47번과 다른 점은 부록의 고리대 제한 방법 중에 제 6항이 첨가되어 있다는 것이다. 그러나 글자의 탈락이 심해 완전히 해독하는 것은 불가능하다. (II-4에도 해당)

II-4 저압 대차

분석과 개괄

　개인 신용대차, 보증 신용대차 외에 담보물을 제공하는 저압 대차가 있다. 단기 대차나 소액 대차인 경우에는 통상 담보가 없고 어떤 때는 대차문서조차 작성하지 않는 경우도 많았다. 그러나 대차 기간이 길거나 액수가 많을 때는 중개인을 두고 대차문서를 작성했으며, 더 나아가 전지田地, 방옥房屋 등 일정한 가치가 있는 부동산을 저당물로 삼음으로써 위험을 방지하기 위한 보증으로 삼았다. 이렇게 할 때 비교적 순조롭게 돈을 빌릴 수 있었기 때문이다. 만일 채무인이 채무를 상환하지 못할 때는 채권인이 계약상의 규정에 따라 담보로 제공된 물품을 팔아 보상을 받거나 직접 거두어 재산으로 관리하도록 했다.[57]

　저압 대차에서 담보로 제공할 수 있는 물품은 토지, 방옥, 산장, 산림 및 기타 귀중품 등 모두가 가능했다. 그중 가장 많이 제공되는 것은 토지였다. 1934년 전국 토지위원회의 조사에 의하면, 농민의 저압 대차 중 토지 담보가 46.61%를 차지했고, 방옥과 기타 부동산 담보가 11.65%, 물품 담보가 8.38%를 차지했다.[58] 또한 실업부 중앙농업실험소의 통계에서도 1934년과 1935년의 토지 담보 농가는 각각 총 농호의 41%와 44%로 나타났다.[59]

---

57) 韓德章, 「浙西農村之借貸制度」, 『社會科學雜志(北平)』 3-2(1932), p.146.
58) 中國第二歷史檔案館編, 『中華民國史檔案資料匯編』 第5輯제1編, 財政經濟(7), 江蘇古籍出版社, p.42.

통계가 보여주듯이 토지는 농민들이 유일하게 의지할 수 있는 농민 생산과 생활의 근본이 되는 자원이었다. 때문에 농민들은 자금이 부족한 경우라 하더라도 토지를 쉽게 팔아버리지는 않았다. 또 토지는 선조로부터 물려받은 것이기 때문에 자자손손 업으로 삼아 보존하는 것을 당연시했다. 따라서 어쩔 수 없이 토지를 담보로 대차를 할 경우라도 토지를 완전히 팔아버리기보다는 전당典當을 하여 대차를 하고 후일에 다시 회속回贖(속환贖還: 채무를 상환하고 되찾는 것)하는 방법을 모색했다. 이러한 농민들의 필요는 토지 매매시 활매活賣, 절매絶賣, 전매典賣 등 복잡한 토지소유 관계를 만들어내게 되었고, 결국 대출금이나 전당금을 상환하지 못하면 토지를 잃게 되었다.

토지를 담보로 제공하는 대차에는 두 가지 방법이 있었는데, 일반 토지 대차 즉 토지 저압의 방법이 있었고 또 하나는 토지 전당의 방법이 있었다. 토지 저압은 다른 대차와 마찬가지로 돈을 빌린 후 기간에 맞추어 상환하고 이자를 납부하는 방법이다. 이때 토지는 단순한 저당물일 뿐 토지소유권의 이전과는 상관이 없다. 물론 토지 저압도 다른 대차와 마찬가지로 만일 채무인이 계약에서 규정한대로 채무를 청산할 수 없을 때는 해당 토지를 채권인이 몰수하여 관리할 수 있었다.

반면 토지 전당은 토지의 소유권과 사용권을 온전히 채권인에게 양도하고 약정 기간이 끝나면 채무를 상환하고 토지를 회속하는 방법이다.[60] 이때 채무인은 이자를 지불할 필요가 없었는데, 채권인이 해당 토지를 경작함으로써 수확한 곡식으로 이자 수입을 대신할 수 있었기 때문이다.[61] 이것은 토지를 회속할 수 있다는 사실만 제외하면 토지 매매와 다를 바가 없었다. 즉 토지 전당典當은 토지 전매典賣와 동일한 행위로 간주되었다.[62] 이런 점에서 토지 저압과는 다르게 토지 전당은 토지

59)「近二年來農家經濟狀況之變動」,『農情報告』5-7(1937), p.229.
60) 韓德章,「浙西農村之借貸制度」,『社會科學雜志(北平)』3-2(1932), pp.146-148; 李樹靑,「中國 農民的借貸」,『民族(上海)』3-12(1935), p.2060.
61) 陸國香,「湖南農村借貸之硏究(3)」,『工商半月刊』7-16(1935), pp.18-20.
62) 토지 전당은 토지 전매와 혼용되기도 했다. 토지 전당이나 전매는 모두 회속이 가능한 동일한 행위였고 그 경제상의 효용성에는 차이가 없었다. 그러나 법률 형식이 달랐다. 즉 전매는 토지소

매매의 전 단계 혹은 토지매매의 이행과정에서 발생하는 행위라고 할 수 있다.[63] 따라서 본서에서는 주로 상업적 대차관계를 다루고 있기 때문에 토지 사용권과 수익권을 양도하는 방식의 토지 전당은 다루지 않기로 한다.

이렇듯 농민들이 자금이 필요할 때 가장 쉽게 담보로 제공할 수 있는 재산은 바로 토지였다. 토지 저압의 방식은 지역의 습속에 따라 다르지만 그 본질은 다르지 않았다. 이는 채무인과 채권인 사이에 계약이 체결되고 채무인은 필요한 자금을 얻고 해당 토지는 저당이 잡히긴 하지만 여전히 채무인이 경영하고 관리하는 방식이었다.[64] 즉 저당 기간 동안 토지의 사용권과 수익권은 채무인이 그대로 가지고 있어 계속 경작할 수 있고, 다른 사람에게 세를 주거나(出租) 다시 전당轉當할 수도 있었다.[65] 대신 채무인은 대차 기간에 맞게 채권인에게 이자를 지불해야 하고 채권인은 저당 잡은 토지를 감시해야할 의무가 있었다. 만일 채무인이 해당 토지를 다른 사람에게 전매하거나 다시 저당을 잡혀 자금을 빌리는 등의 행위를 한다면 채권인은 이에 대해서 수시로 간섭할 수 있었다.

또한 저압 대차계약을 맺을 때는 전지田地의 소재를 계약서에 명기함으로써 대차의 안정성을 보장받았다. 어떤 경우에는 해당 토지에 대한 계약서(紅契)를 첨부하여 담보가 더욱 신뢰할 수 있다는 것을 증명했다. 이는 곧 채권인으로 하여금 저당물의 처리가 더욱 편리하다는 것을 보여준다는 의미가 있었다. 즉 채무인이 상환을

유권이 채권인에게 이전되는 행위이지만, 전당은 토지에 대한 사용권과 수익권이 넘어갈 뿐 소유권을 이전하는 행위는 아니었기 때문이다. 양자의 차이가 있다면 토지 전당은 토지소유권 이전과 관계없지만, 전매는 회속할 때 소유권을 재취득해야 한다는 법률적인 차이가 존재했다. 張晉藩, 『淸代民法綜論』, 中國政法大學出版社, 1998, p.119.

63) 전당이라는 말은 두 종류로 사용되었다. 하나는 전문 전당기관인 당포에서 물건을 저당 잡히고 자금을 빌리는 것이고, 다른 하나는 토지를 매개로 농호와 농호 사이에서 돈을 빌리면서 토지의 사용권과 수익권을 양도하는 방식이다. 일부 연구자들은 후자도 농민 대차의 일종으로 포함시키기도 한다. 그러나 대차자본의 관점에서 본다면, 토지 진당은 토지매매의 과정에서 발생하는 것이므로 소비성 혹은 상업성 대차와는 본질적으로 다르다고 생각된다.

64) 李樹靑, 「中國農民的借貸」, 『民族(上海)』 3-12(1935), p.2060.

65) 李金錚, 『民國鄕村借貸關係硏究』, 人民出版社, 2003, p.125.

못하면 완전히 정식 매매계약서(賣契)가 된다는 의미로, 해당 토지에 대한 소유권이 이전됨을 더욱 분명하게 증명해 보일 수가 있었기 때문이다.[66]

본서에 수록된 문건을 예로 들면, 51번 문서는 개인과 상호 간의 대차로 토지를 저당 잡히고 있지만 월마다 현금과 곡물을 납부할 것을 요구하고 있다. 해당 문서에는 '당當'이라는 글자가 보이지만 실제로는 전당을 한 것이 아니라 토지를 저당한 것으로 보인다. 월이율을 1분으로 정하고 있으며 기한도 내년 5, 6월에 상환을 완료한다고 규정하고 있는 것으로 보아 저당물의 수익권을 넘겨준 것은 아니었기 때문이다. 52번 문서는 유산油山과 방옥을 저당으로 하여 차유茶油 80근을 빌린 실물 대차이다.

앞에서 언급한 것처럼 농촌 대차의 가장 큰 출처는 지주, 부농, 상인 등 개인이었다. 그 다음으로 농민들이 돈을 빌리는 곳은 전당(당포當鋪)과 상점이었다. 당포를 이용하여 전당하는 것은 단기적이고 소액의 자금이 필요할 때 물건을 맡기고 이용하는 경우가 많았다. 자금이 필요할 때 농민들은 전당잡힐 물건만 있으면 손쉽게 전당을 이용했다. 그런 점에서 전당도 일정정도 농촌의 자금 융통기관으로서의 역할을 했다고 할 수 있다.

전당의 역사는 상당히 오래되었다. 전당업은 자본 규모의 대소에 따라 전典, 당當, 질質, 압押의 4 종류로 구분하기도 했다. 전이 가장 규모가 크고 압이 규모가 가장 작았다.[67] 송원宋元시기와 그 이전시기의 전당업은 주로 관부, 귀족, 지주, 사원 등의 출자로 성립되었는데, 자본 구성의 측면에서 오랫동안 이러한 경향에는 큰 변화가 없었다. 그러나 명청시기에는 변화가 발생하여 진상, 휘상 등 지역을 대표하는 상인집단의 자본이 전당업에 투입되는 경우가 증가했다. 명 중기 이후에는 전당에서 전당이외에 저축, 대출 등의 업무가 보편화되었고 청대에는 화폐를 발행하기도 했다. 따라서 명대 중엽 이후에는 각 계층이 전당업에 투자하게 되었고 특히

---

66) 陸國香, 「湖南農村借貸之硏究(3)」, 『工商半月刊』 7-16(1935), pp.18-20.

67) 전당의 출현은 대체로 남북조시기로 본다. 張忠民, 「前近代中國社會的高利貸與社會再生産」, 『中國經濟史硏究』, 1992-3, p.146.

상인이 경영하는 전당이 증가했다. 전당은 수익이 비교적 안정적이고 자본의 대소를 불문하고 개설할 수 있었기 때문에 명청시기에 전당업이 크게 발전하게 되었다.[68]

별다른 금융기구가 없던 농촌에서 지주, 부농, 상인 등이 전당에 출자하는 경우도 많아졌다. 농민들이 급하게 돈이 필요하면 전당물을 맡기고 간단한 수속절차를 거쳐 쉽게 돈을 빌릴 수 있었던 것도 전당이 증가하게 된 원인이었다. 따라서 농촌사회에서 전당이 차지하는 의미는 컸다. 그러나 1930년대는 전당을 잡히고 회속하지 못하는 농민이 속출했다. 농민의 빈곤이 심각하여 농민들은 당을 잡힐만한 물건이 없을 정도로 궁핍했고 농촌경제는 붕괴될 지경이었기 때문이다. 더욱이 도시의 불경기로 인해 전당의 자금 회전마저 활발하지 못하게 되자 더 이상 영업을 할 수 없어 도산하는 전당도 생겨났다.[69]

전당의 수도 청대에는 상당히 많았는데, 1685년(강희24년)에 7,695가家였고, 1812년(가경17년)에는 23,139가로 증가했다. 그러나 근대 이후 전당의 수량이 감소하여 광서연간에는 이미 7,000여가로 줄어들었다. 민국시기에 와서는 전당의 수가 더욱 감소하여 1930년대에는 4,500여가가 남았으며, 이러한 경향이 40년대에는 더욱 두드러져 1947년 5성 3개시 통계에 따르면 정부의 비준을 얻은 전당은 270여가일 뿐이었다.[70] 특히 관립이나 공립 전당은 거의 없어지고 사영 전당이 대다수를 차지

---

68) 수당, 오대, 송원시기에는 전당 자본의 출처가 대체로 관부, 귀족, 지주, 상인, 사원 등이었다. 명청시기에는 상인 자본, 특히 휘상, 진상을 대표로 하는 지역상인 집단의 자본이 대량으로 투입되어 전당업 자본의 출처가 더욱 확대되었다. 이로 인해 전당업자본과 순수한 상인자본 간의 전환이 더욱 활발하게 진행되었다. 劉秋根, 「明淸民國時期典當業的資金來源及資本構成分析-以負債經營問題爲中心」, 『河北大學學報』, 1999-4, p.68.

69) 盧顯能, 「中國農村借貸問題之硏究」, 『農村經濟』 4-3/4(1937), p.21.

70) 李金錚, 「20世紀20-40年代典當業之衰落」, 『近代中國鄕村社會經濟探微』, 人民出版社, 2004, p.425. 민국시기 문헌자료 혹은 기존 연구에서 '典當'이라는 용어는 여러 의미로 사용된다. 예를 들어 '토지 전당'을 의미하기도 하고, '전당업'을 의미하기도 하며, 전당업에 종사하는 '당포'를 의미하기도 한다. 본서에서는 토지 전당을 다루지 않기로 했기 때문에 '전당'은 '당포' 혹은 전당업과 관련된 것을 의미한다.

했다. 1931년 내정부의 조사에 의하면 1,939가 전당 중 사영 전당이 98.5%를 차지했으며, 전당 자본 중의 95.9%를 차지했다.[71]

전당의 이자는 각 시기와 장소에 따라 달랐는데, 전당의 이자는 일일 이자가 부과되는 것이 보편적이었다. 명청시기에는 일일 이자(日息)가 최고 3분(分)이었고 민국시기에는 통상 2-3분이었다. 남경국민정부 성립 후에는 재정부 통령으로 전당의 이자가 2분을 넘지 못하게 했다.[72] 그러나 현실은 달랐다. 지역에 따라 이자율의 차이도 컸기 때문에 1931년 육국향(陸國香)은 농촌(省區)과 도시(市區)를 나누어서 1,898개 전당의 이율을 조사했다. 그중 농촌 전당 1,255가(家) 중 월이율 3분을 채택하고 있는 전당이 가장 많아 448가(36%), 4분을 채택한 전당은 460가(37%)로 나타났다.[73] 또한 농촌 전당 이율이 도시 전당 이율보다 높은 것으로 조사되었다. 즉 도시의 최고 이율은 7분, 최저 이율은 2분으로 나타났지만, 농촌의 최고 이율은 8분, 최저 이율은 4리로 나타나 고저의 차이가 도시보다 높게 나타났다.[74] 전당의 저당 기한은 지역에 따라 다르지만 만당(萬當) 기간은 보통 12-20개월이고 기한을 넘겨 회속하지 못하면 몰수되었다.

농민들은 전장(錢莊), 장국(賬局) 등 전문 대출 기관에서도 자금을 융통했다. 또 농촌 대차에서 비중은 여전히 작지만 근대 금융조직인 은행, 합작사 등도 있었다. 그밖에 농민들이 자발적으로 조직했던 전회(錢會)도 있었는데, 전회는 특히 주목할 만하다.[75]

---

71) 劉秋根, 「明淸民國時期典當業的資金來源及資本構成分析-以負債經營問題爲中心」, 『河北大學學報』, 1999-4, p.69.

72) 盧顯能, 「中國農村借貸問題之硏究」, 『農村經濟』 4-3/4(1937), p.21.

73) 陸國香, 「中國農村金融與當鋪」, 『農村合作月報』 2-6(1937), p.36.

74) 陸國香, 「中國之典當(二)」, 『銀行週報』 20-3(1936), p.12.

75) 본서의 전회 관련 내용은 손승희, 「민국시기 신용합작사의 전통 '錢會'방식의 활용-하북성 定縣을 중심으로」, 『중국근현대사연구』 77집(2018), pp.68-69, pp.79-80에서 관련 부분을 요약한 것이다. 학자들은 농촌 대차를 분류할 때 특별히 전회를 중시하는 경향을 보이고 있다. 예를 들어 李金錚은 농촌 대차를 고리대와 전통호조 대차로 구분했는데, 전자는 지주, 부농, 상인 대차, 후자는 주로 전회로 구분했다. 徐暢도 화중지역 농촌의 금융을 연구하면서 근대적 금융 이외에 농호 금융을 개인대차, 典當, 합회로 구분했다. 戴樂旺도 민간 대차를 일반 개인 대차, 전당,

전회는 민간이 자발적으로 결성한 금융조직이었다. 전회는 회원들이 낸 회비를 모아 한 사람에게 목돈을 만들어주는 것으로, 돌아가면서 목돈을 받게 되는 방법이었다. 만일 이미 목돈을 탔다면 대출로 볼 수 있고 아직 목돈을 타지 않았다면 저축의 의미가 있었다. 전회는 종류도 다양하고 기본적으로는 대출이나 저축을 목표로 하지만 성격에 따라 그 용도도 다양했다.[76] 전회의 역사는 상당히 길고 '부녀자나 어린 아이들도 모르는 사람이 없을' 정도로 전국적으로 널리 퍼져있던 민간의 관행이었다.

또한 전회는 단순한 대차관계를 넘어 십시일반의 '호조'의 의미를 가지고 있었다. 전당이나 고리대 혹은 영리를 목적으로 설립된 신식 은행에도 이러한 호조의 의미는 거의 없었다. 그러므로 전회는 단순한 대차 조직이 아니라 농민들의 우의를 바탕으로 하는 인적 결합이었으며, 이해관계보다는 호조의 의미가 두드러졌던 조직이다.[77]

중국에서 전회[78]가 유행했던 것은 그것이 성장할만한 환경이 있었기 때문이다.

합회, 買青苗 등 4종으로 구분하고 있다. 李金錚, 『借貸關係與鄉村變動-民國時期華北鄉村借貸之研究』, 河北大學出版社, 2000; 徐暢, 『二十世紀二三十年代華中地區農村金融研究』, 齊魯書社, 2005; 戴樂旺, 「理性與道德之間: 近代贛閩邊民間借貸與鄉村社會經濟發展研究」, 江西師範大學碩士論文, 2003.

76) 전회는 合會로 통칭하는 경우가 많다. 금융과 관련된 것을 특히 錢會, 銀會라고 불렀다. 합회의 종류는 다양했는데, 堆金會, 攢錢會는 저축의 의미를 강조한 것이고, 製糖會 등은 생산과 관련이 있으며, 老人會, 福壽會, 白帶子會 등은 보험이 강조된 것이다. 방위류에는 農禁會, 堰壩會, 巡夜會, 건축류에는 路會, 橋會 등이 있다. 朱斯煌, 「我國鄉村合會與農業合作金融」, 『銀行週報』 26-47/48(1942), p.1. 지역에 따라 山東에서는 請會, 安徽에서는 打會, 浙東에서는 絆會, 湖北에서는 約會, 雲南에서는 賒會, 廣東에서는 做會, 혹은 起會라 불렸으며 간략하게 會라고도 불렸다. 明仲棋, 「合會制度與我國農村金融及其立法諸問題」, 『中華法學雜誌』 新編 1-3(1936), p.73.

77) 전회의 본질은 '信義'에 있었다. 卜愈之, 「中國合會之評價」, 『申報』 1936.5.25; 朱博能, 「中國合會制度研究」, 『信託季刊』 5-3/4(1940), p.83.

78) 전회는 七星會, 八賢會 등 참가 인원수에 따라 구분하기도 하고, 기한을 기준으로 年會, 半年會, 季會, 月會로 구분하기도 한다. 가장 보편적인 것은 得會(목돈을 타는) 방법에 따라 輪會, 搖會, 標會로 구분하는 것이다. 전회에서 가장 먼저 득회하는 사람은 會首(전회 조직자)이고 두 번째부

농촌에는 농민들에게 대출을 해줄만한 금융기관이 존재하지 않았다. 중국 민간의 대차 이율은 월 3분 전후가 보편적이었지만 전회의 이자는 보통 1-2분이었기 때문에 목돈이 필요하면 전회를 조직하고 평소에 알고 지내던 지인, 친척, 친우를 모집하여 구하고자 했던 것이다. 이들이 기꺼이 전회에 참여했던 것은 친우가 어려울 때 서로 돕고 신의를 지키는 것이 유가의 오륜 중의 하나였기 때문이다.[79] 이러한 원리가 사람들을 움직이고 전회를 조직하게 되는 원인이 되었다. 또한 자금이 필요한 전회 조직자의 수요에 따라 조직의 기한, 금액, 사람 수 등을 변통할 수 있고 일정한 표준이 없다는 것 역시 장점이었다.[80]

따라서 농촌의 대차방법 중에 전회가 농민들에게 미치는 영향은 상당히 컸고 별도의 금융기구가 없었던 농촌에서 전회는 금융기구로서의 역할을 톡톡히 했다. 본서에 수록된 문서로 예를 들면, 53번 대차문서는 요회搖會를 담보로 돈을 빌린 것이다. 요회는 전회의 일종으로 요회라는 명칭은 주사위를 흔들어서 목돈을 타는 사람을 정하는 방법이었기 때문에 붙여진 이름이다. 해당 문서의 월이율은 1분2리로 저렴했다.

그러나 당시 고리대가 성행하여 전당, 상점, 부호 등이 약정한 이율에 따라 이익을 취하는 경우가 많았는데, 전회가 이에 영향을 받아 명대 후기에는 적지 않은 전회 조직이 직접적으로 이러한 고리대 경제활동에 참여하는 경우가 있었다. 예를 들어 명대 만력萬曆년간 휘주부徽州府 휴녕현休寧縣 정씨程氏의 청명회회은淸明會會銀이 그러한 예이다.[81] 이는 농민들 사이에서 호조를 위해 자발적으로 조직되었던

터는 득회자를 정하게 된다. 윤회는 득회자를 미리 정해놓고 순서에 따라 각 회원의 會金(매회 1인당 부담액)을 차등적으로 정하는 방법인데, 나중에 득회할수록 부담액이 적다. 요회는 주사위를 던져 득회자를 정하며 회원을 모집할 때 고정이자를 정하는 방법이다. 표회는 자신이 받고 싶은 회금을 기입하여 가장 작은 액수를 제시한 사람이 타는 경쟁의 방법으로, 이는 내야할 이자가 가장 많다는 것을 의미한다. 이상 각각의 방식으로 회원이 모두 득회하고 나면 회는 끝나게 된다.

79) 朱軼土, 「從合會之優點說到信用合作」, 『農行月刊』 3-6(1936), p.38.

80) 周啓邦, 「中國合會制度之檢討」, 『中央銀行月報』 5-8(1936), p.2100.

81) 당시 고리대에 참여했던 집단은 다양했다. 종족, 사회 각 계층, 상인, 지주, 관료, 승려, 황제의

민간의 금융조직이 고리대자본 조직으로 전환되는 경우도 있었다는 것을 의미한다. 본서에 수록된 문건 가운데에도 본래 전회의 역할을 넘어 전회가 돈이 필요한 농민들에게 돈을 빌려주고 이자를 받는 경우를 볼 수 있다. 즉 본서의 49번, 50번, 54번, 57번 문서가 모두 담보를 제공하고 전회에서 돈을 빌리고 있다.

49번은 육합회六合會에서 연이율 2분으로 빌렸고, 50번은 천지회天地會에서 월이율 1분5리로 빌렸으며, 54번은 관음회觀音會에서 월이율 1분5리로, 57번은 재신장수회財神長壽會에서 월이율 1분5리로 각각 대출을 한 것이다. 이러한 대차는 시기는 다르지만 모두 전회가 돈을 빌려주고 이자수익을 얻었다는 공통점이 있다. 해당 대차의 이율은 1분5리-2분으로 대체로 저렴했다.

55번 대차는 전형적인 저압 대차로 토지계약서를 저당물로 요구하고 있을 뿐 아니라 월 5분의 이자를 규정하고 있다는 점에서 고리대라고 할 수 있다. 이는 청대 법정 이율 월 3분보다 훨씬 높은 것이었다. 56번 대차 계약에서도 저당물을 제공하고 있는데, 이자 지급과 저당물에서 나오는 수입에 대한 부분을 상세히 규정하고 있는 것이 특징이다. 58번 대차는 숙부와 조카 사이에 맺은 대차 계약으로 월 0.3%의 저렴한 이자를 부과하고 있으며 구체적인 상환 시기를 확정하지 않고 있다. 그러나 역시 저당물을 설정하고 있는데, 이 대차가 숙부와 조카 사이에 체결된 것이라고 하더라도 저당물을 설정함으로써 채권인의 권리를 보장하고 있다는 것을 알 수 있다.

친척, 내신 훈척, 전문 고리대업자, 합회 등등이 있었다. 劉秋根, 『明淸高利貸資本』, 社會科學文獻出版社, 2000, pp.68-72.

49 건륭31년 杜景鳳과 六合會 간의 借約文字

立借約文字人杜景鳳, 今借到六合會名下文[紋]銀壹拾伍兩整, 全中言明每年加弍
行利, 內立執當東房叁間。 如銀不上, 銀主賭業。 恐後無憑, 立借約存照。

乾隆三十一年七月十八日立借銀人　杜景鳳(十字押)
中人　杜景龍

번역

借約文字를 작성하는 杜景鳳은 지금 六合會 명의하의 文銀 15兩를 빌리니, 매년
2분의 이자를 지불할 것이며 東房三間을 담보로 한다는 것을 언명한다. 만일 돈을
갚지 못하면 채권인이 저당물을 갖는다. 후에 증거가 없을 것을 염려하여 대차 계
약을 작성하여 보존한다.

건륭 31년 7월 18일 대차인　杜景鳳(십자서명)
중인　杜景龍

해설

　이 문건은 개인이 전회錢會에 담보를 제공하고 돈을 빌리면서 작성한 대차 계
약서이다. 이 계약서로 알 수 있는 것은 건륭 연간 두경봉杜景鳳이 방옥 3칸을
저당 잡히고 육합회六合會에서 문은文銀 15량을 빌렸으며, 연 이율은 2분이며 만
약 계약을 위반한다면 채권인이 저당물을 관리하도록 한다는 것이다.
　이 대차계약서에서 돈을 빌리고 있는 육합회는 전회로 보인다. 전회는 역사가
유구한 상호성 대차조직이며 가입한 회원 간에 자발적으로 성립했던 금융 호조
조직이었다. 전회는 전통시기 전국에 광범위하게 분포되어 있었으며 수량도 많

아 농민의 경제생활에서 상당히 큰 비중을 차지했다. 그러나 전회는 차츰 타인에게 자금을 빌려주고 이자수익을 얻는 경제활동에도 참여했다. 즉 돈을 모아 금융기관에 보관하거나 혹은 다른 사람에게 빌려주고 혹은 사업에 투자하여 이자를 받아 돈을 불렸던 것이다. 본 계약서는 바로 전회에서 돈을 빌리면서 작성한 것이다.

본 계약서뿐이 아니라 다음에 나올 50번, 54번, 57번은 모두 동일하게 전회에서 돈을 빌리고 있다. 이 네 건의 계약서에 나오는 네 곳의 전회는 비록 서로 다른 시기에 존재했지만 모두 타인에게 자금을 빌려주고 이자수익을 얻었다는 공통점이 있다.

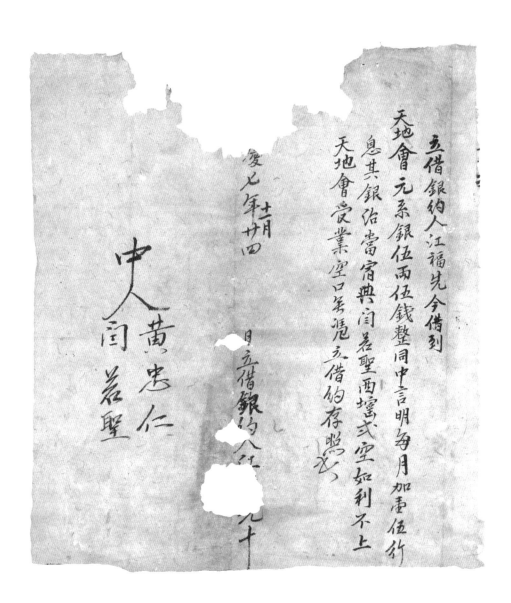

立借銀約人江福先今借到

天地會元系銀伍兩伍錢整同中言明每月加重伍分

息其銀佑當宵典閏若聖酉壜式空如利不上

天地會受業空口等憑立借約存照

嘉慶七年十二月廿四

日立借銀約人江□□九十

中人黃忠仁 閏若聖

立借銀約人江福先, 今借到天地會元系[絲]銀伍兩伍錢整, 同中言明, 每月加壹伍行息, 其銀治當宿典閆若聖西窯弍空[孔]。如利不上, 天地會受業。空口無憑立借約存照。

嘉慶七年十一月廿四日立借銀約人　江福先(十字押)
中人　黃忠仁、閆若聖

借銀約을 작성하는 江福先은 오늘 天地會로부터 元絲銀 5兩5錢을 빌린다. 중개인이 언명하기를 월이율은 1분5리이며 閆若聖西窯 2孔을 저당물로 한다. 만일 계약을 위반하면 천지회에서 저당물을 몰수하여 관리한다. 구두만으로는 증거가 없을 것을 염려하여 계약서를 작성하여 보존한다.

가경 7년 11월 24일 借銀約을 작성하는 江福先(십자서명)
중인　黃忠仁, 閆若聖

　이 문건은 가경 연간 강복선江福先이 염약성서요閆若聖西窯 2공孔을 저당 잡히고 천지회天地會에서 원사은元絲銀 5량5전을 빌리면서 작성한 것이다. 월이율은 1분5리이며 만약 계약을 위반하면 천지회에서 저당물을 맡도록 했다는 것을 알 수 있다. 49번, 54번, 57번 문서와 마찬가지로 천지회라는 전회 조직에서 돈을 빌렸다는 것을 알 수 있다. 전회는 원래 민간의 자발적인 금융 호조조직이었지만 차츰 타인에게 자금을 빌려주고 이자수익을 얻는 경제활동에도 참여했다. (49번 해설 참조)

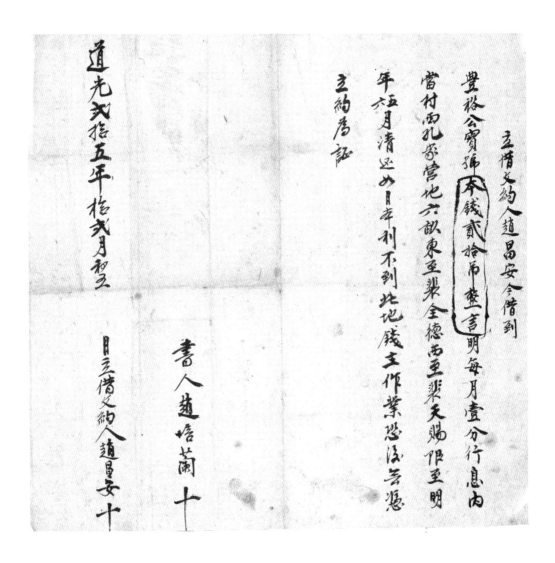

立借文約人趙昌安今借到

豐裕公寶孫 本錢貳拾吊整壹明每月壹分行息內

當付雨孔家營地六畝東至裴全德西至裴天賜限至明

年五月清迄如 年利不到此地錢主作業恐後等憑

立約為証

書人趙增蘭 十

道光貳拾五年拾貳月初三

立借文約人趙昌安 十

立借文約人趙昌安, 今借到豊裕公寶號本錢貳拾吊整, 言明每月壹分行息。內當村 西孔家營地六畝, 東至裴全德, 西至裴天賜。限至明年五、六月清還。如月本利不 到, 此地錢主作業, 恐後無憑, 立約爲證。

書人　趙培闌(十字押)
道光弍拾五年拾弍月初五日　立借文約人　趙昌安(十字押)

借文約을 작성하는 趙昌安은 오늘 豊裕公寶號로부터 本錢 20吊整을 빌린다. 의 논하여 월이율을 1分으로 정했으며 저당물로 하는 村西孔家營地 6畝는 동쪽으로 裴全德에 이르고 서쪽으로 裴天賜에 이른다. 내년 5, 6월까지를 기한으로 하여 상 환을 완료한다. 만일 월마다 이자를 보내지 않으면 이 땅은 채권인이 관리한다. 후 에 증거가 없을 것을 염려하여 계약서를 작성하여 증거로 삼는다.

대필인　趙培闌(십자서명)
도광 25년 12월 초5일 대차문서 작성자　趙昌安(십자서명)

　본 계약서는 전지를 저당 잡히고 돈을 빌리면서 작성한 것이며, 개인과 상호 사이의 대차이다. 대차계약서에는 보통 빌린 돈의 액수, 이율, 상환일 및 저당 잡힌 토지의 구체적인 명칭, 경계, 면적을 규정하고, 원금과 이자를 기일에 맞춰 상환한 뒤 저당 잡힌 토지를 찾아갈 것을 요구한다. 본 계약에서는 조창안趙昌安 이 공가영지孔家營地 6무를 저당 잡히고 풍유공보호豊裕公寶號로부터 본전本錢

20조吊를 빌렸으며, 월이율은 1분이고, 다음 해 5, 6월까지 원금과 이자를 상환해야 한다고 규정하고 있다.

이 문서에는 '당當'이라는 글자가 출현하지만 이는 전당이 아니라 돈을 빌리고 토지를 담보물로 제공한 저압抵押이라고 할 수 있다. 저압과 전당은 서로 다른데, 전당 계약에는 일반적으로 전기典期, 전가典價가 기재되어 있다. 더 중요한 차이는 전당에서는 저당물의 사용권, 수익권 등이 채권인에게 양도되고 심지어 이자를 계산하지 않고 있다가 만기 후에 채무인이 채무를 상환하고 찾아가는 것이었다. 만약 만기가 되었는데 원금과 이자를 상환하지 못하면 그때는 저당물을 채권인이 관리할 수 있었다. 그러나 본 계약에서는 채권인이 상환기한 내에 저당물의 수익권을 획득한 것이 아니기 때문에 저당 잡힌 토지의 소유권이 양도되는 것이 아니며 토지는 단지 일종의 저당물일 뿐이다. 이때 소유권의 양도는 계약위반시에 이루어지며 일종의 징벌적인 것으로 채권자의 권익을 보증하기 위한 수단이었다.

52 함풍원년 姜開良 형제의 抵借茶油字

귀주성, 1851

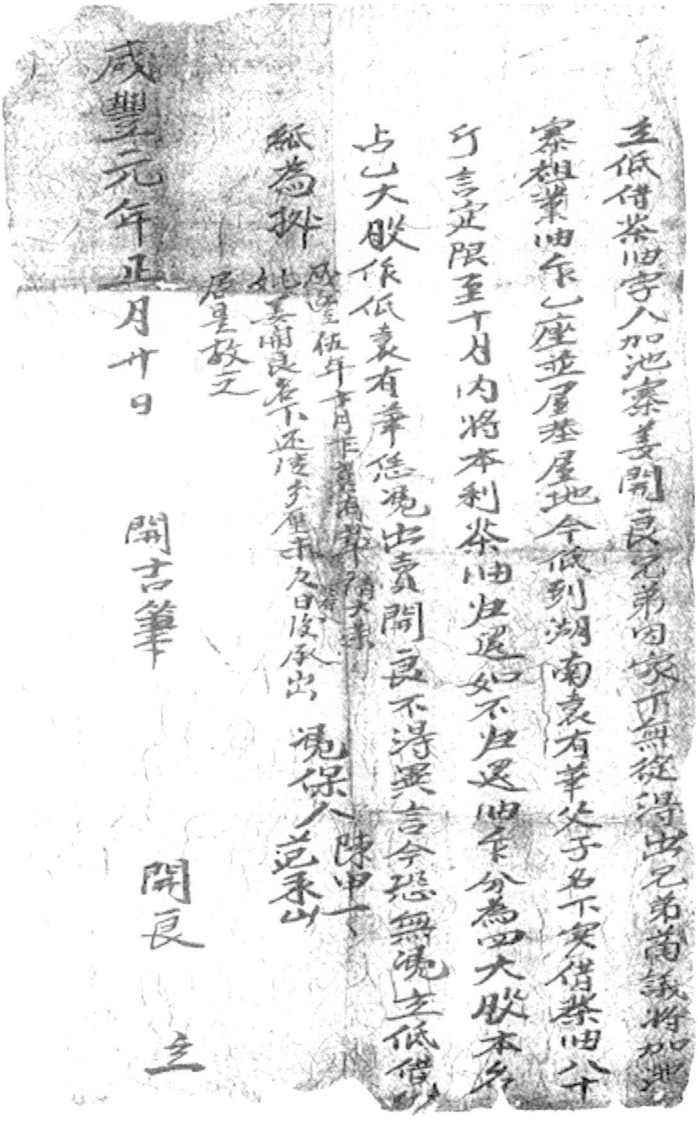
立低借茶油字人加池寨姜開良兄弟因家下無從得出兄弟商議將加池
寨祖業油山壹座並屋基屋地今低到湖南袁有華父子名下實借茶油八十
斤言定限至十月內將本利茶油歸還如不歸還油山分爲四大股本名
占山大股作低袁有華憑中出賣開良不得異言今恐無憑立低借
紙爲據

憑中 陳甲一

憑保人 姜秉山

咸豐元年正月廿日 開吉筆

開良 立

立低[抵]借茶油字人, 加池寨姜開良兄弟因家下無從得出, 兄弟商議將加池寨祖業
油店一座並屋基屋地, 今低[抵]到湖南袁有華父子名下, 實借茶油八十斤。言定限
至十月內, 將本利茶油歸還。如不歸還, 油店分爲四大股, 本名占一大股作低[抵]與
袁有華, 任憑出賣, 開良不得異言。今恐無憑, 立低[抵]借紙[字]爲據。
咸豐伍年十一月十二日, 袁有華、孫大榮 妣[批]: 姜開良名下還清, 分厘未欠, 日後
承出, 居是故之(紙)。

憑保人　陳申一、範承山
咸豐元年正月二十日開吉筆開良立

抵借茶油字를 작성하는 加池寨 姜開良 형제는 집에 돈이 없어서 형제가 상의하여
조부의 유산 중 油山 1座와 屋基屋地를 湖南 袁有華 父子에게 저당 잡히고 茶油
80斤을 빌린다. 언급하기를 10월내에 원금과 이자를 상환하기로 정한다. 만일 상
환하지 않으면, 油山은 네 개의 大股로 나누어 1大股를 袁有華에게 저당으로 제공
하고, 원유화는 마음대로 내다 팔 수 있으며 開良은 다른 말을 할 수 없다. 지금
증빙이 없을 것을 염려하여 대차계약을 작성하여 증거로 삼는다.
함풍 5년 11월 12일, 袁有華, 姜開良 비주: 姜開良 명의하에 원금과 이자를 상환
하지 못하였으나 이후 상환하니 이에 증서를 작성한다.

빙보인　陳申一, 範承山
함풍 원년 정월 20일 開吉이 쓰고 開良이 작성함

해설

본 대차계약서는 함풍 연간의 것으로 성省 간에 이루어진 대차이다. 즉 돈을 빌린 사람은 가지채加池寨 사람이고 돈을 빌려준 사람은 호남인이다. 당시 호남 등지의 사람들이 청수강 유역에 와서 목재 무역에 종사하는 경우가 많았는데, 이 들은 이곳에서 무역을 하거나 산을 빌려 나무를 심는 등의 활동을 한 바 있다. 원유화袁有華 부자도 호남인으로 대부분 청수강 유역에서 활동하던 상인이었던 것으로 보인다. 만일 그렇지 않다면 그들이 가지채의 강개량姜開良 형제의 유산油山과 옥지기屋地基에 관심을 가졌을 리 없다.

청대 귀주성의 동남 지역 민간에서 대차할 때, 은전대차 외에 실물대차를 하는 경우가 있었다. 실물대차는 주로 양식대차였으나 다른 품목을 대차하기도 했는데, 본 계약서의 대차물품은 차유茶油였다. 일반적으로 대차계약서에는 돈을 빌려주는 쪽의 수익을 보장하기 위해 대차과정에서 원금과 이자의 상환기한을 약정하고 기한을 넘길 경우에 대한 처리방법도 규정했다. 본 계약서에도 유산油山이나 옥기屋基, 옥지屋地를 저당 잡고 함풍 원년(1851년) 10월내에 원금과 이자를 상환할 것을 쌍방이 약정했으며, 만약 계약을 위반할 경우 저당 잡은 유산을 채권자가 임의로 처리할 수 있도록 규정하고 있다.

비주批注를 보면, 강개량 형제는 계약에 명시된 기한에 따라 차유 원금과 이자를 상환하지 못하고 있다가 규정 기한보다 4년 이상을 초과하여 상환했다는 것을 알 수 있다. 이것은 그들이 5년간 차유 원금 및 이자를 갚아야 했을 뿐 아니라 저당 잡힌 유산의 소유권, 옥기와 옥지의 사용권을 상실하였음을 의미한다.

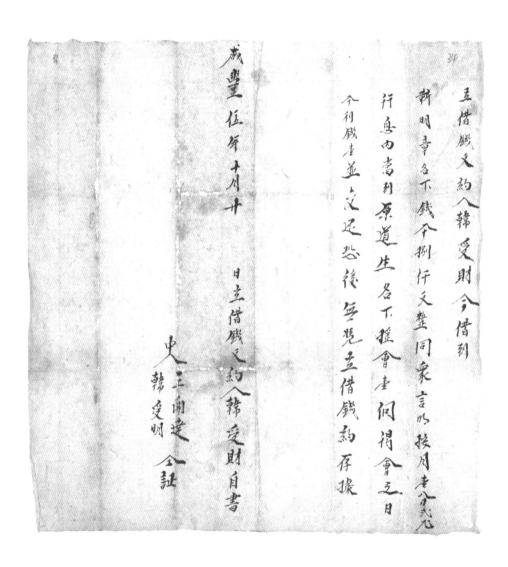

立借錢文約人韓受財今借到

靳明章名下錢今捌仟文整同衆言以按月壹分弍厘

行息內當列原道生名下撺會壹仟得會之日

今利錢壹並文迅恐後無凭立借錢約存據

歲豐伍年十月卄　日立借錢文約人韓受財自書

史三開違全証
韓受明

立借錢文約人韓受財, 今借到靳明章名下錢本捌仟文整, 同衆言明, 按月壹分式厘
行息, 內當到原道生名下搖會壹個, 得會之日本利錢壹並交還。恐後無憑, 立借錢
約存據。

咸豐伍年十月廿日 立借錢文約人　韓受財 自書
中人　王開達、韓受明 仝證

번역

借錢文約을 작성하는 韓受財는 오늘 靳明章 명의의 錢本 8,000文을 빌린다. 함께
의논하여 정하길, 월이율은 1分2厘이며, 原道生 명의의 搖會 1個를 담보로 하여
회비를 타는 날에 원금과 이자를 상환하도록 한다. 후에 증거가 없을 것을 염려하
여 借錢文約을 작성하여 근거로 보관하도록 한다.

함풍 5년 10월 20일 대차문서 작성자 韓受財 자서
중인 王開達, 韓受明이 일체 증명

해설

　본 대차 계약서는 한수재韓受財가 요회搖會를 담보로 하여 돈을 빌리면서 작성
한 것이다. 대출액은 8,000문文이며 월이율은 1분2리이다. 그러나 명확한 상환
기한이 없고 "계를 타는 날에 모두 상환한다"고만 기재하고 있을 뿐이다.
　요회는 전회의 한 유형으로 민간에서 조직한 금융조직이다. 전회는 보통 자금
이 필요하여 회를 조직하는 회수會首(회장)와 일반 참여자인 회각會角(회원)으로
구성된다. 회수의 입장에서는 우선 회각에게서 갹출한 목돈을 받고 다음 집회

때마다 분할하여 상환하는 것, 즉 대출의 의미가 있고 회각의 입장에서는 자금이 필요한 회수를 위해 기꺼이 자금을 모아주지만 언젠가는 자신도 한 번은 목돈을 받을 수 있는 기회가 있는 즉 저축의 의미가 있었다. 계약서에서 '원도생原道生 명의의 요회'라는 말이 나오는데 이는 이 요회의 회수가 원도생이며, 한수재는 회원이었다는 것을 알 수 있다. 회원은 회장의 요청으로 입회한 자이며 회비를 낼 의무와 회비를 탈 수 있는 권리가 있었는데, '득회지일得會之日'은 바로 회원 이 회비를 타는 날을 가리킨다. 회비를 타는 날 부채를 상환한다는 의미이다.

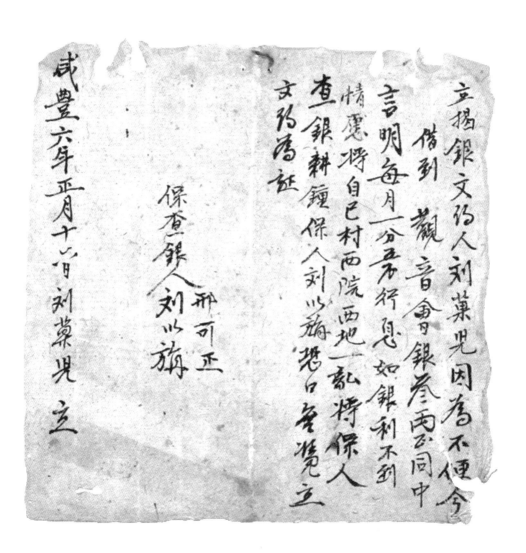

立揭銀文約人劉菓兒因為不便今
借到　觀音會銀參兩正同中
言明每月一分五厘行息如銀利不到
情愿將自己村西院西地一所將保人
查銀耕鍾保人劉以旒恐口無憑立
查銀耕鍾保人劉以旒恐口無憑立
文約為証

保查銀人劉以旒
邢可正

咸豐六年正月十六日劉菓兒立

立揭銀文約人劉菓兒, 因爲不便, 今借到觀音會銀叄兩正[整], 同中言明, 每月一分
五厘行息。 如銀利不到, 情願將自己村西院西地一畝將保人查銀耕種。 保人劉以
旃, 恐口無憑, 立文約爲證。

保查銀人　邢可正、劉以旃
咸豐六年正月十六日劉菓兒立

揭銀文約을 작성하는 劉菓兒는 (돈이 없어) 불편하여 오늘 觀音會에서 은 3량을
빌린다. 중개인과 함께 논의하여 월이율을 1분5리로 한다고 언명한다. 만일 원금과
이자를 지불하지 않으면 자신의 村西院西地 一畝를 보증인에 맡겨 조사하고 경작
하게 하기를 원한다. 보증인은 劉以旃이며 구두만으로는 증거가 없을 것을 염려하
여 계약서를 작성하여 보존한다.

保查銀人　邢可正, 劉以旃
함풍 6년 정월 16일 劉菓兒 작성

　　본 대차계약서는 함풍 연간 유과아劉菓兒가 전지를 저당 잡히고 관음회觀音會
에서 은 3량을 빌리면서 작성한 것이다. 월이율은 1분5리이며 만약 계약을 위반
한다면 보인保人이 대신 갚고 저당물을 관리하도록 하였다. 전회의 명칭은 다르
지만 49번, 50번, 57번 문서와 마찬가지로 전회 조직에 저당물을 제공하고 돈을
빌렸다는 것을 알 수 있다. 이러한 양식은 대차할 때 작성하는 가장 일반적인
형식이었다. (49번 해설 참조)(II-3에도 해당)

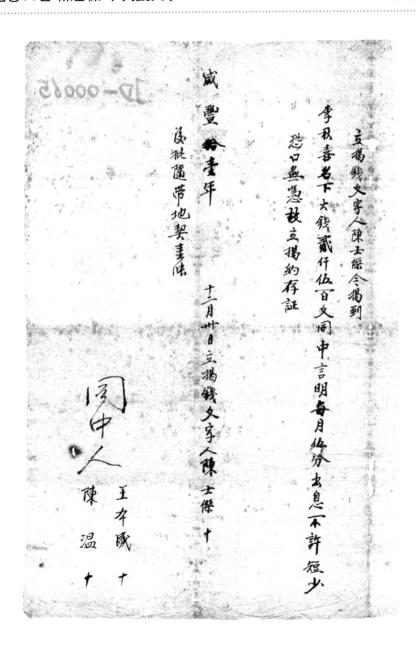

立揭錢文字人陳士傑今揭到

李秋喜名下大錢貳仟伍百文同中言明每月伍分出息不許短少

恐口無憑故立揭約存証

咸豐拾壹年 十二月卅日立揭錢文字人陳士傑 十

後批隨帶地契書底

同中人 王在成 十
陳温 十

立揭錢文字人陳士傑, 今揭到李秋喜名下大錢貳仟伍百文, 同中言明, 每月伍分出息, 不許短少, 恐口無憑, 故立揭約存証。

咸豐拾壹年十二月卅日　立揭錢文字人　陳士傑(十字押)
後批, 隨帶地契壹張。
同中人　王本盛(十字押)、陳溫(十字押)

揭錢文字를 작성하는 陳士傑은 오늘 李秋喜 명의의 大錢 2,500文을 빌린다. 중개인과 함께 논의하여 정하기를, 월이율을 5分으로 하며 채무를 반드시 완납해야 한다. 말만으로는 증거가 없게 되므로 揭約을 작성하여 증거로 보존하도록 한다.

함풍 11년 12월 30일 게전문자 작성자　陳士傑(십자서명)
첨언: 토지계약서 한 장을 가져오게 함
동중인　王本盛(십자서명), 陳溫(십자서명)

　　이 대차 계약서는 전형적인 게전揭錢 계약으로 산서성 호관현壺關縣에서 발생한 것이다. 게전 계약은 부동산을 저당 잡히고 채권인에게 돈을 빌린 뒤 월마다 이자를 내는 것이다. 계약서에서 진사걸陳士傑은 이추희李秋喜로부터 대전大錢 2,500문을 빌리고 월마다 5분分의 이자를 내도록 규정하고 있다. 즉 매월 이자로 대전 125문을 낸다는 것을 의미하는데 이는 매우 높은 이자이다. 청대 법정 이율은 월 3분을 넘지 못하도록 규정되어 있고 산서 각 현에서 일반적으로 행해지는

"3분을 넘을 수 없다"는 관습을 깨고 있다는 점에서 고리대에 속한다. 계약서에는 저당물에 대한 명확한 말이 없지만, 나중에 첨부한 "지계 한 장을 가져오게 한다"라는 말에서 토지를 저당물로 제공하고 있다는 것을 알 수 있다.

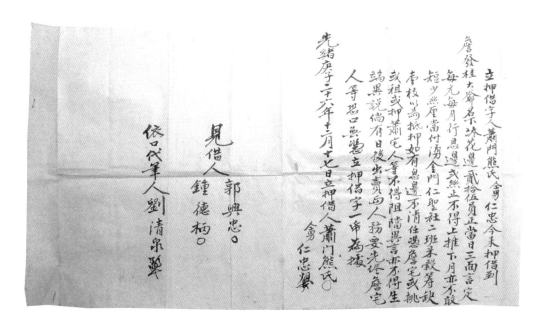

立押借字人蕭門熊氏金勇仁忠今未押借到
詹發桂大爺名朱沐花邊貳拾伍員正當日三面言定
每元每月行息還我然止不得上推下月亦不敢
短少照厘當付湯金門仁聖杜二班未歃籌缺
李枝以為抵押如有息邊不清任憑詹宅或挑
或祖或抑蕭宅人筆不得阻隔異言亦不得生
端異説倘有日後出賣向人務要先终詹宅
人等恐口無憑立押借字一帋為據

先緒庚子二十六年十二月二七日立押借人蕭門熊氏
　　　　　　　　　　　　　　　　　　　　　舍勇仁忠筆

見借人　郭興忠筆
　　　　鍾德柄筆

依口代筆人劉清泉筆

立押借字人蕭門熊氏仝男仁忠, 今來押借到詹發桂大爺名下七叄花邊貳拾伍員正。
當日三面言定每元每月行息邊式絲正。不得上推下月, 亦不敢短少絲厘。當付湧
金門仁聖社二班米穀籌缺壹枝以爲抵押。如有息邊不清, 任憑詹宅或挑或租或押,
蕭宅人等不得阻擋異言, 亦不得生端異說。倘有日後出賣與人, 務要先盡詹宅人
等。恐口無憑, 立押借字一紙爲據。

光緒庚子二十六年十二月十七日立押借人　蕭門熊氏(畫押)、仝男仁忠筆(畫押)
見借人　郭興忠(畫押)、鍾德柄(畫押)
依口代筆人　劉清泉(畫押)

이 押借 계약서를 작성하는 蕭氏 집안 熊氏의 아들 蕭仁忠은, 오늘 물건을 저당 잡히고 詹發桂 大爺 명의하의 七三花邊 25圓을 빌린다. 당일 세 사람이 의논하여 빌린 돈은 1圓당 매월 이자 2絲(월이율 0.2%, 연 이율로는 2.4%: 역자)로 정하였다. 이자 지불을 다음 달로 미뤄서는 안 되며 또한 조금이라도 정해진 이자보다 적게 지불해서는 안 된다. 이번에 湧金門 仁聖社 二班의 米穀 수입 지분 1枝를 저당물로 삼는다. 만약 이 저당물에서 나오는 수입과 관련하여 불명확한 부분이 있다면 詹氏 가문에서 찾아내거나 혹 다른 사람에게 소작을 주거나 혹은 다시 담보로 삼을 수 있다. 蕭氏 가문에서는 이를 방해하거나 다른 말을 해서는 안 되며 문제를 일으키고 사실과 다른 말을 해서는 안 된다. 만약 후에 다른 사람에게 팔려고 한다면 반드시 詹氏 가문 사람을 우선 고려해야 한다. 말로만은 증거가 없을 것을 염려하여 押借 계약서 한 장을 작성하여 증거로 삼는다.

광서 庚子 26년 12월 17일

담보계약자　蕭門熊氏(서명), 仝男 仁忠 씀(서명)
見借人　郭興忠(서명), 鍾德柄(서명)
구술대필인　劉淸泉(서명)

> **해설**

　본 계약서는 강서성 공주贛州 용금문湧金門에서 발생한 것으로 전산田産을 저당 잡히고 돈을 빌린 계약문서이다. 본 대차 계약서에서 저당물로 제공된 것은 공주 용금문 마두碼頭 인성사仁聖社 이반二班의 미곡米穀 수입 지분이다. 해당 문서에서 소씨蕭氏 가문의 웅씨熊氏가 빌린 것은 '칠삼화변七三花邊' 25원정이다. 소위 '화변花邊'은 화변전花邊錢 혹은 화변은花邊銀이라고도 한다. '화변'은 예전에 중국에 유입된 외국 은화의 속칭이며 원래는 신쌍주은원新雙柱銀元을 가리키는데, 은화 측면에 꽃 모양이 있어서 그렇게 부르게 된 것이다. '칠삼화변'은 즉 광서원보光緖元寶로 광동성에서 제조하고 고평庫平으로 잰 중량이 7전3분인 칠삼번판은폐七三番版銀幣이다. 이 때문에 이 화폐의 가치는 고평 7전3분으로 정해졌다.

　본 대차계약서에서는 이자 지급과 저당물에서 나오는 수입에 대한 부분을 상세히 규정하고 있는 것이 특징이다. 이자의 지불을 미루거나 적게 지불해서는 안 된다는 것을 분명히 하고 있을 뿐 아니라, 저당물에서 나오는 수입과 관련하여 불명확한 부분이 있다면 이에 대한 처리방법도 상세히 규정하고 있다.

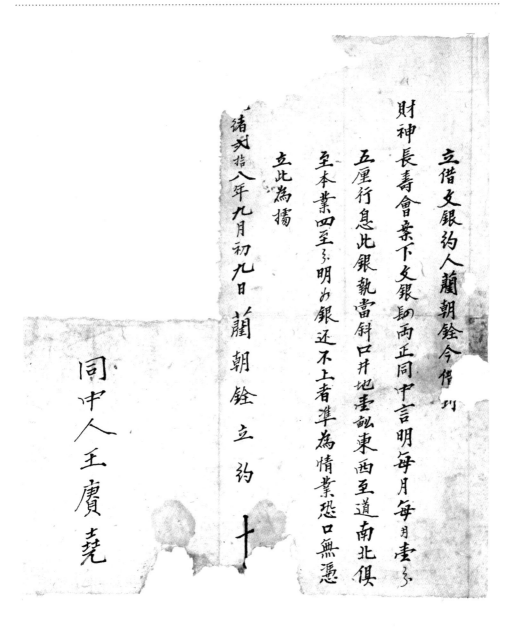

立借文銀約人藺朝銓今借到

財神長壽會名下文銀壹佰兩正同中言明每月每月壹分

五厘行息此銀執當斜口井地壹畝東西至道南北俱

至本業四至分明此銀还不上者準為情業恐口無憑

立此為據

一諸式指八年九月初九日 藺朝銓立約 十

同中人王虞堯

立借文[紋]銀約人繭朝銓, 今借到財神長壽會案下文[紋]銀肆兩正[整], 同中言明每月每兩壹分五厘行息, 此銀執當斜口井地一畝, 東西至道, 南北俱至本業, 四至分明。如銀還不上者, 準爲情業。恐口無憑, 立此爲據。

光緒式拾八年九月初九日 繭朝銓 立約(十字押)
同中人 王廣堯

借紋銀約을 작성하는 繭朝銓은 오늘 財神長壽會에서 은 4량을 빌리고, 중개인과 논의하여 언명하기를 월이율을 1분5리로 하고 斜口井地 1무를 저당물로 한다. (이 토지는) 동서로 길가에 이르며 남북으로 本業에 이르니 동서남북이 분명하다. 만일 상환하지 못하면 산업을 관리하는 것을 허락한다. 구두만으로는 증거가 없을 것을 염려하여 계약서를 작성하여 증거로 삼는다.

광서 28년 9월 초9일 繭朝銓이 작성함(십자서명)
중개인 王廣堯

　본 계약서는 광서 연간 닌조젼繭朝銓이 전지를 저당 잡히고 재신장수회財神長壽會에서 은 4량을 빌리면서 작성한 것이다. 월이율은 1분5리이며 만약 계약을 위반하면 채권인이 저당물을 관리하기로 한다고 명시하고 있다.

　49번, 50번, 54번, 57번 계약서는 각각 육합회, 천지회, 관음회, 재신장수회에서 담보를 제공하고 돈을 빌린 것이다. 명칭은 다르지만 이 조직들은 모두 전회

조직이다. 전회의 역사는 상당히 긴데 이 네 곳의 전회는 비록 서로 다른 시기에 존재했지만 모두 타인에게 자금을 빌려주고 이자수익을 얻었다는 점에서 공통적이다. (49번 해설 참조)

58 선통3년 姜金鎔의 借抵字

귀주성, 1912

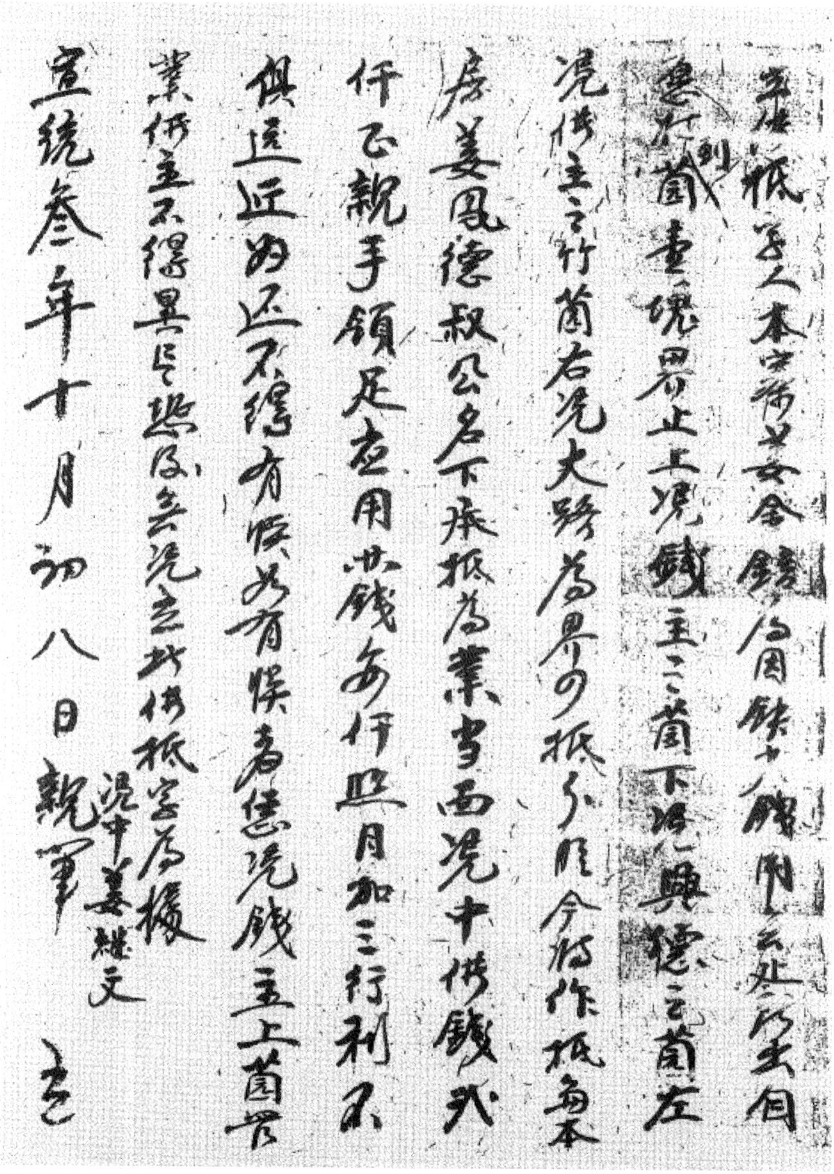

立借抵字人本寨姜金鎔, 爲因缺少錢用, 無處所出, 自愿將到園壹塊, 界止上憑錢
主之園、下憑興德之園、左憑借主之竹園、右憑大路爲界, 四抵分明。今將作抵與
本房姜鳳德叔公名下承抵爲業, 當面憑中借錢式仟正, 親手領足應用。其錢每仟照
月加三行利, 不俱遠近爲還, 不得有悮。如有悮者, 恁[任]憑錢主上園管業, 借主不
得異言。恐後無憑, 立此借抵字爲據。

憑中　姜繼文
宣統叁年十月初八日　親筆　立

立借抵字를 작성하는 姜金鎔는 자금이 부족하고 나올 곳이 없어 스스로 園 1塊를
시숙인 姜鳳德에게 저당 잡히고 2,000錢을 빌린다. (이 토지는) 위로는 錢主의 원
을 경계로 하고, 아래로는 興德의 원을 경계로 하며, 왼쪽은 채무인의 竹園에 기대
어 있고, 오른쪽은 대로를 경계로 하여 동서남북이 분명하다. 오늘 본방을 저당물
로 하여 姜鳳德 숙부 명의의 재산으로 한다. 중개인과 당면하여 2천원정을 빌리며
직접 영수하여 사용하는데 부족함이 없다. 그 전은 천원당 월 3분의 이자를 부과하
며 빠르든 늦든 상관없이 상환하며 오해가 없다. 만일 오해하는 자가 있다면 채권
인이 상기한 園을 관리해도 채무인은 다른 말을 할 수 없다. 이후 증거가 없을 것
을 염려하여 이 계약서를 작성하여 증거로 삼는다.

빙중　姜繼文
선통 3년 10월 초8일 친필로 작성

　이 대차 계약서는 선통 연간의 것으로 자금이 부족하여 원園 1떼기(塊)를 저당 잡히고 돈을 빌리면서 작성한 것이다. 선통 연간의 차용증서는 서식에서 다른 시대의 것과 차이가 없다. 그러나 이자를 부과하는 방식에서 다른 대차계약이 월 이자 3분(3%)을 채택하고 있는 것과 달리 본 계약서에는 0.3%를 부과한다고 하고 있다. 이는 채권인이 채무인의 숙부이기 때문에 저렴한 이자율을 정하고 있는 것으로 보인다. 그러나 설령 숙부와 조카 사이라고 하더라도 저당물을 설정하고 있다는 점에서는 여전히 채권인의 권리를 보장하고 있는 것으로 보인다. 또한 계약서에서는 빌려준 돈에 대해 구체적인 상환 시기를 요구하고 있지 않다.

　계약서 속의 중개인은 강계문姜繼文으로 계약 쌍방과 같은 성씨이다. 청수강淸水江 문서에서 중인, 대서代書 등은 명말부터 민국시기까지 큰 변화가 없었는데, 이러한 역할을 담당한 자들은 주로 촌락의 가족이나 친지들이다. 그러나 성이 다른 자들이나 심지어 호남 등지로부터의 이민자들이 이러한 역할을 맡기도 했다. 특히 소강小江 지역에서는 호남 등지로부터 이민 온 대가戴家가 이러한 역할을 맡아 생계를 꾸려나가기도 했다. 그러나 본 계약에서는 일반적인 상황을 벗어나지는 않았다.

立借字人本房姜○照順 為因銀用無延得□自
已上門借到姜夢熊一名下之銀四兩柒水伍分悉親
手收足應用其銀照月加二行息不得有悞恐口
無憑自愿到將埘農之柴世同作承界止上憑显貴
下憑大路左路右憑献美義四至玄清立此斷字為據
筆姜鳳岐

立借字人, 本房姜照順爲因銀用無處得出, 自己上門借到姜夢熊名下之銀四兩柒
錢伍分正。親手收足應用, 其銀照月加三行息, 不得有悞。恐口無憑, 自願到將冉
農之菜園作抵, 界止上憑顯貴、下憑大路、左憑路、右憑獻義, 四至分清。立此斷字
爲據。

筆　姜鳳歧
中華民國乙卯年三月初八日　立

借字를 작성하는 본방의 姜照順은 자금이 부족하고 나올 곳이 없어서 姜夢熊 명
의의 은 4兩7錢5分正을 빌려 직접 수령하여 사용한다. 이 돈은 월이율 3분으로 하
며 오해가 없다. 구두만으로는 증거가 없을 것을 염려하여 冉農菜園을 저당물로
제공하는데, 위로는 顯貴에 접하고 아래로는 대로, 왼쪽으로는 길가에, 오른쪽으로
는 獻義에 접해 있어 동서남북이 분명하다. 이 계약서를 작성하여 증거로 삼는다.

작성　姜鳳歧
중화민국 乙卯年(4년) 3월 초8일 작성

　　이 문건은 민국시기의 대차계약서로, 강조순姜照順이 은이 부족해서 염농채원
冉農菜園을 저당 잡히고 강몽웅姜夢熊에게서 은 4량7전5분을 월이율 3%로 빌린
것이다. 청수강 유역의 민국시기 대차계약과 정대 및 기타 지역의 같은 종류의
계약은 실질적으로 차이가 없는데, 대체로 돈을 빌려준 쪽과 빌린 쪽 쌍방의 정

보, 돈을 빌린 원인 및 그 금액을 기재하고, 만약 저당으로 잡은 물건이 있으면 그것에 대해 간단하게 묘사했다.

본 계약문서에서 알 수 있듯이, 이는 화폐 대차였으며 생활소비성 대차였다. 또한 돈을 빌린 쪽이 빌려준 쪽에게 담보 물건을 제공하고 있는데 바로 염농채원이었다. 이는 만약 돈을 빌린 쪽이 때에 맞춰 이자를 상환하지 않으면 돈을 빌려준 쪽이 염농채원의 사용권을 가질 수 있으며 자신이 그것을 경작하거나 소작을 맡기는 등의 방식으로 받지 못한 이자를 대신한다는 것을 의미한다.

60 민국37년 姜秉魁의 借抵字

귀주성, 1948

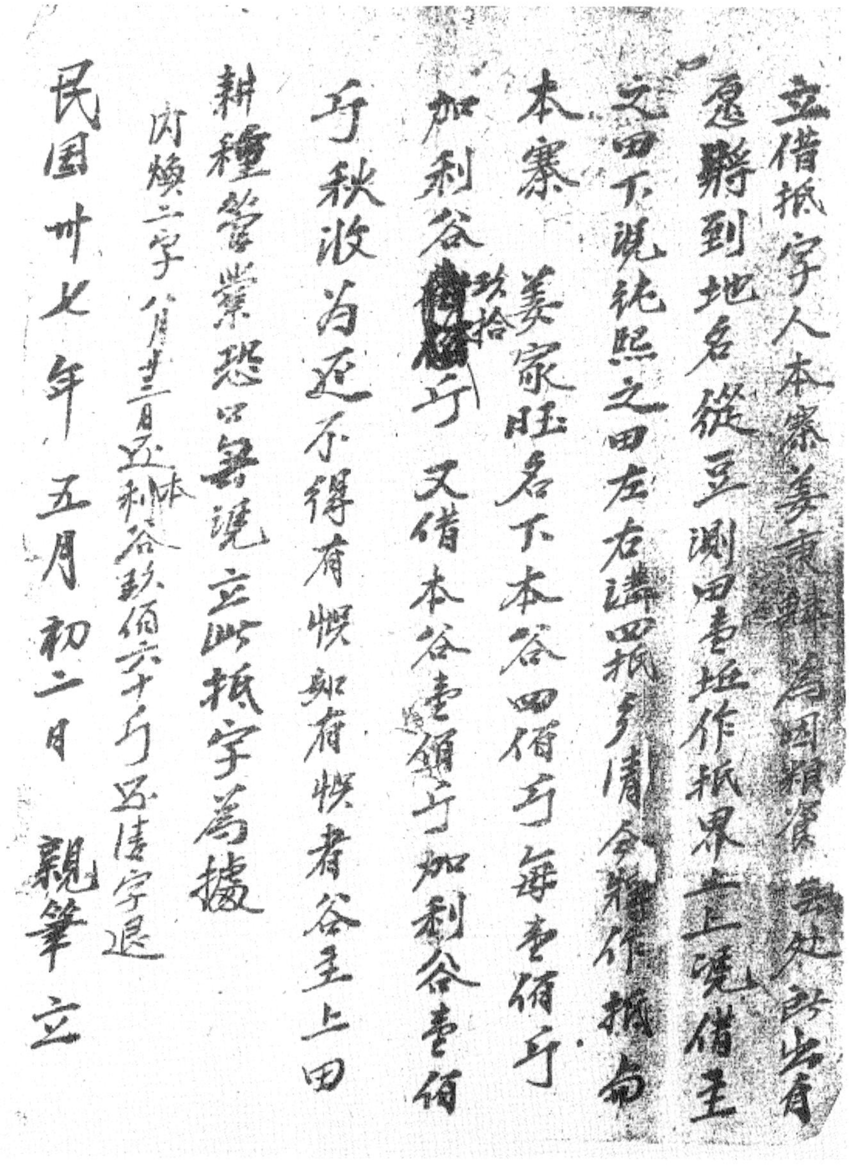
立借抵字人本寨姜秉魁為因糧食無處所出有
處騁到地名從豆冲田壹坵作抵界至上憑借主
之田下憑純熙之田左右憑田抵爲清今將作抵向
本寨姜家旺名下本谷四佰斤每壹佰斤
加利谷玖拾斤 又借本谷壹佰斤加利谷壹佰
斤秋收爲還不得有悞如有悞者谷主上田
耕種管業恐口無憑立此抵字爲據
内換二字 八月廿二日還本利谷玖佰六十斤又借字退
民国卅七年 五月 初二日 親筆 立

立借抵字人本寨姜秉魁, 爲因糧食無處所出, 自願將到地名從豆測田壹坵作抵, 界止上憑借主之田、下憑純熙之田、左右溝, 四抵分清, 今將作抵與本寨姜家旺名下本谷[穀]四佰斤, 每壹佰斤加利谷[穀]玖拾斤；又借本谷[穀]壹佰斤, 加利穀壹佰斤。秋收爲還, 不得有悞, 如有悞者, 穀主上田耕種管業。恐口無憑, 立此抵字爲據。

(外批) 內煥二字。八月二十三日, 還本利穀玖佰六十斤, 還清字退。
民國卅七年五月初二日　親筆立

借抵字를 작성하는 姜秉魁는 양식이 부족하여 從豆測田 1坵를 姜家旺에게 저당물로 제공하고 곡물 400斤을 빌리며 이자는 100斤당 90斤으로 정했다. 또 곡물 100斤을 빌리니 이자는 穀 100斤으로 할 것을 구두로 약속하였다. (이 토지는) 위로는 채권인의 토지에 접해 있으며 아래로는 純熙의 토지에 접해 있고 좌우에 도랑이 있어 동서남북의 경계가 분명하다. 추수한 뒤 원금과 이자를 상환하기로 약정하였으며, 그렇게 하지 못할 때는 채권인이 저당 잡은 토지를 경작하고 관리하기로 한다.

부기: 內煥 두 글자. 8월 23일 원금과 이자 960斤을 상환하고 '退'라고 기록함.
민국 37년 5월 초2일 친필 작성

　본 대차계약은 민국시기 청수강지역의 양식대차이다. 민간의 대출에서는 화폐가 아니라 실물을 빌리는 경우도 있었는데 실물대차는 양식을 빌리는 경우가 대부분이었다. 청수강 유역은 산이 많고 전지가 적은데다가 전지를 겸병하는 경우가 많아 전지를 잃은 농민이 임업을 경영하거나 고용농으로 생계를 이어갔다. 따라서 경영이 부실하거나 자연재해가 발생할 때 식량 부족 문제가 그들이 직면하는 가장 심각한 문제였다. 식량 부족 문제가 심각한 상황에서 이들은 식량을 빌리는 방식을 통해 문제를 해결하려 했던 것이다.

본 계약서에서 강병괴姜秉魁와 강가왕姜家旺 사이에 두 건의 대차계약이 체결되었다. 하나는 곡 400근을 빌리고 100근당 이자를 곡 90근으로 하는 것이고, 다른 하나는 곡 100근을 빌리고 이자로 곡 100근을 내도록 하는 것이다. 계약서 말미에는 부기의 형식으로 원금과 이자의 상환 상황을 기록하고 있는데, 이에 따르면 8월 23일을 기준으로 원금과 이자 960근斤을 상환하고 '퇴退'라는 글자를 기재하고 있다. 빌린 원금과 이자를 4개월도 되지 않아 상환한 것이다. 양식대차는 주로 봄 파종기에 빌려서 추수기에 상환하는 것이 일반적이었기 때문이다. 그런데 첫 계약의 이율은 90%이고 두 번째 계약의 이율은 100%로 평균이율은 92%였다. 월이율로 계산한다 해도 8-9%에 해당하는 것으로 현금을 빌렸을 때의 일반적인 월이율 3%보다 훨씬 높았다.

그 원인은 주로 식량은 인간 생활의 필수품이기 때문에 식량을 빌릴 때는 사람들이 상대적으로 신중했다. 특히 식량 생산은 자연에 대한 의존도가 매우 높아 식량을 빌려주는 것은 상환을 받지 못할 위험성이 높았기 때문이다. 그래서 이율이 높았을 가능성이 있다. 더구나 청수강 유역은 산이 많고 논이 적어 식량이 더욱 귀했다. 이 때문에 식량을 빌려줄 때 위험도를 줄이기 위해 종종 실물을 저당 잡았는데, 해당 계약서에서 종두측전從豆測田 1구坵를 저당물로 잡고 있다. 식량 대출은 일반적으로 추수시기를 그 기한으로 하는 경우가 많으며 원금과 이자를 상환하지 못했을 경우 채무인은 저당 잡힌 전토의 소유권을 잃게 되었다.

II-5 기타

전통시기 농촌의 민간 대차는 생활비에 충당하기 위한 목적의 생활소비형 대차가 있는가 하면 상공업 경영 자금을 융통하기 위한 경영형 대차도 있었다. 그 외에 특수한 목적을 위한 대차도 존재했는데, 그중 하나가 '분지墳地' 즉 묘지로 쓰기 위해 토지를 빌리는 것이었다.

중국 전통사회에서 분지는 일종의 특수한 의미를 가진 토지였다. 분지에 대한 권리는 토지소유권, 습속, 그리고 유교 윤리 등 많은 요소가 농축되어 있어 특수한 물권物權으로 분류된다. 전통사회에서 죽음을 당한 사람의 집안에 매장할 토지가 없고 토지를 구매하여 매장지로 사용할 수 있는 능력도 없는 경우, 차용借用, 구걸 (討要), 조차租借 등의 방식으로 얼마간의 매장지를 얻는 관습이 있었다.[82] 빈곤으로 인하여 가족을 매장할 땅이 없는 상황은 민간에서 무척 많이 존재했고, 이로 인해 매장지를 차용 혹은 구걸하는 관습이 형성되기에 이르렀다.

예를 들어 섬서성陝西省 진파현鎭巴縣에는 '가난한 사람이 장지葬地를 구매할 능력이 없으면 남는 땅을 가진 사람에게 매장할 땅을 구걸하는' 습속이 있었다. 섬서성 상남현商南縣에도 땅을 구걸하여 매장하는 습속이 있었다. 이렇듯 가난한 사람들에게는 가족을 매장할 땅조차 없었기 때문에 그런 일을 당하면 자신의 지주에게 간청하거나 혹은 친척과 친구에게 매장할 땅을 요청했던 것이다.[83]

---

82) 楊立民, 『淸代涉墳土地的類型及流轉原因辨析』, 『甘肅政法學院學報』, 2013-3, pp.24-25.
83) 前南京國民政府司法行政部編, 『民事習慣調査報告錄』, 中國政法大學出版社, 2000, p.367, p.379.

이런 경우 분지를 요청한 사람(討墳人)과 제공한 사람(送墳人) 간에 이에 대한 차지借地 계약서가 작성되었는데, 61번 계약서가 그 한 예이다. 계약서상에는 각자의 권한을 상세하게 밝힘으로써 이후에 분쟁이 발생하는 것을 피하고자 했다. 분지의 특수성은 그것이 묘지로 사용된다는 데 있으며 일반적인 산지 개간권 외에도 묘지와 관련된 안정권, 초제권 등의 권리가 있었다.

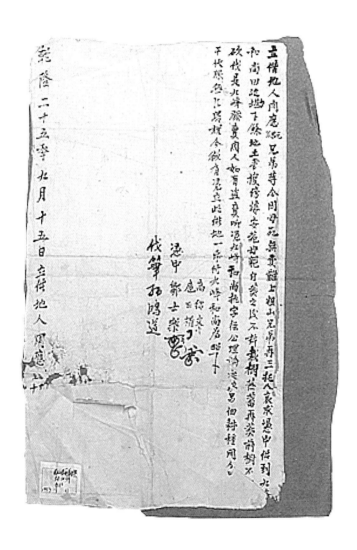

立借地人周應元、(應)昌、(應)富兄弟等, 今因母死, 無費難上祖山。兄弟再三托人
哀求, 憑中借到九峰和尙田邊壩下餘地土壹棺, 傍婆安葬母親。自葬之後, 不許載
樹、蔭蓄再葬。前樹不[得]砍伐, 是九峰發賣。周人如有盜賣, 聽憑九峰和尙執字徑
公理論。[遷墳]另佃耕種, 周人□幹伏罪, 無得異說。今欲有憑, 立此借地一紙付九
峰和尙爲照。

憑中　高紹文(畫押)、扈正權(畫押)、鄒士樂(畫押)
代筆人　孫鴻道
乾隆二十五年九月十五日立借地人　周應元(畫押)、(應)昌(畫押)、(應)富(畫押)

借地계약을 작성하는 周應元, 周應昌, 周應富 형제 등은 현재 모친이 세상을 떠났
지만 집안에 경비가 부족하여 모친의 관을 祖墳으로 보내 안장할 수 없다. 형제
세 사람은 여러 차례 다른 사람에게 애원하고 중개인을 청하여 九峰和尙의 田 모
서리 흙구덩이 아래 傍坡의 남는 땅에 모친을 안장하기로 한다. 안장 한 다음 周氏
家人은 분묘의 주변에 나무를 심을 수 없으며 再葬을 할 수 없다. 안장하기 전에
원래 있었던 나무는 베어낼 수 없고 九峰和尙이 판매한다. 周家의 사람들이 만일
(이 땅을) 몰래 팔아넘긴다면 九峰和尙이 계약문서에 따라 公理로 논하여 분묘를
옮기고 (그 땅에) 다른 사람으로 하여금 농사를 짓게 한다. (이 때) 周家 사람들이
죄를 용서해달라고 매달리거나 다른 원망하는 말을 할 수 없다. 지금 빙증을 남기
기를 원하여 특별히 이 借地文書를 작성하여 九峰和尙에게 주어 증거로 삼도록
한다.

빙중　高紹文(서명), 扈正權(서명), 鄒士樂(서명)

대필인　孫鴻道

건륭 25년 9월 15일 차지계약 작성자　周應元(서명), (應)昌(서명), (應)富(서명)

해설

　본 대차계약은 강서성 구강九江에서 발생한 것으로, 주씨周氏 형제의 모친이 사망했는데 돈이 없어서 조산祖山에 안장하기 어렵게 되자 안장을 위해 토지를 빌리는 특수한 형태의 대차계약이다. 즉 주씨 형제는 구봉화상九峰和尙에게 한 떼기의 토지를 그들에게 주어 모친을 안장할 수 있게 해줄 것을 간청하였고, 구봉화상이 이를 승낙하면서 작성한 차지계약이다. 계약은 이후 분묘가 해당 지역에 존재함으로 인해 토지에 대한 점유권 분쟁이 일어나지 않도록 하기 위해 이 계약서를 작성하여 증거로 삼은 것이다.

　본 계약문서에서 구봉화상은 땅을 주씨 형제에게 빌려주어 그들의 모친을 안장하게 하면서 여러 조항들을 규정하고 있다. 예를 들어 안장된 이후에는 나무를 심거나 재장再葬할 수 없으며 이전부터 심어져 있던 나무는 벨 수 없을 뿐 아니라 만일 주씨 사람들이 이 장지를 판다면 구봉화상은 이 땅을 다른 사람에게 주어 농사를 짓도록 한다고 규정한 것이다. 즉 반드시 분지로만 사용할 수 있다는 것이다. 만일 나중에 분묘가 옮겨지면 해당 토지는 원래 주인의 소유로 귀속된다고 규정하고 있다. 이러한 방식은 다른 지역에서도 동일하게 나타난다.

　예를 들어 상남현商南縣에서는 땅을 빌려 무덤을 만들었는데 만일 나중에 장지를 다른 곳으로 옮기게 되면 "그 폐쇄된 구덩이는 땅주인의 소유로 돌아간다"고 하고 있다.[84] 또한 무덤은 보통 다른 사람의 전토田土와 서로 경계를 맞대고 있기 때문에 토지 자원의 결핍이 다른 사람의 전토를 침점侵占하는 행위를 초래하게 된다. 그렇기 때문에 본 계약에서 양측은 상의하여 "매장한 다음에는 나무를 심거나 다시 안장하는 것을 허락하지 않는다"고 규정하고 있는 것

---

84)　前南京國民政府司法行政部編, 『民事習慣調査報告錄』, 中國政法大學出版社, 2000, p.367.

이다. 강서성 정부에서는 이런 종류의 분규를 방지하기 위해서 직접 지방법규를 통해 분지를 요청한 사람이 나중에 '무덤을 핑계로 산을 점유하는 행위'를 금지하기도 했다.

II-6 소결

이상과 같이 향촌 사회에서는 각양각색의 대차관계를 형성해왔다. 농촌의 부채 비율은 통계에 따라 조금씩 차이가 있지만 대체로 총 인구수의 절반 혹은 그 이상의 비율을 차지했다. 이는 전국적으로 농가의 50%가 크고 작은 부채를 떠안고 살아갔다는 것을 의미했다. 농민이 부채를 지는 것은 기본적으로 농민의 빈궁에 그 이유가 있었다. 농민들의 대차는 토지, 종자, 비료, 농기구 등을 구매하는 데 사용하는 생산대차도 있었지만, 그 외에 지세를 납부한다든지 식량 구매를 비롯하여 혼례 상례 등 생산이 아닌 생활비용으로도 많이 사용되었다. 자경농, 반자경농, 전농을 불문하고 모두 생산대차보다는 비생산대차인 소비대차가 농민 대차의 80-90%를 차지하는 등 큰 비중을 차지했다. 특히 전농의 소비대차 중 혼·상례 비용이나 식사비용 등 생활비용에서 자경농이나 반자경농보다 높은 비율을 나타냈다.

부채를 진 사람들은 지주계층도 있었지만 절대 다수를 차지했던 것은 자경농, 반자경농, 전농, 고농 등이었다. 그중에서도 전농의 소비대차 비율이 높게 나타났던 만큼 대차액에서도 전농의 비율이 높았을 것으로 예상되지만, 오히려 전농의 대차액은 자경농이나 반자경보다 더 적었던 것으로 나타났다. 대차를 위해서는 담보를 제공하든지 아니면 신사나 지주 등의 신용 보증이 필요한데, 이러한 자원을 동원할 수 없었던 전농은 자경농이나 반자경농에 비해 대차를 받기가 현실적으로 쉽지 않았기 때문이다.

농촌 대차의 출처는 주로 지주, 부농, 상인 등 개인에게서 빌리는 경우가 60-70%로 절대적인 비중을 차지했다. 농촌에서 자금이 필요할 때 농민들은 촌의 부농이나 상인 등에게 개인적으로 돈을 빌리거나 담보를 제공하고 돈을 융통하는 경우가 일반적이었다는 것이다. 개인 대차 이외에도 상점에서 외상으로 물건을 사고 현금으로 상환하는 경우도 있었고, 상점에서 현금을 대출하는 경우도 있었다. 또한 전당을 이용하는 경우도 많았다. 통계에 따라서는 전당에서 돈을 빌리는 비율이 개인 다음으로 높게 나타나기도 했지만, 전체 대출액에서 전당이나 전장이 차지하는 비중은 상대적으로 크지 않았다. 민국시기에는 은행이나 합작사 등과 같은 근대적 금융기구도 농촌에 설립되어 농민에 대한 대출 비중이 점차 증가하는 추세를 보였다. 그러나 1930년대까지도 은행이나 합작사가 농민 대출에서 미치는 영향은 여전히 미미했다.

대출 이자는 시기에 따라 지역에 따라 차이가 발생했다. 중국 역대 왕조의 법적 이율은 월리 3분(3%)이었고 명청시기의 법률도 민간의 대차는 월이율 3분을 초과할 수 없도록 규정했다. 민국 초기에도 동일한 규정이 적용되었다. 이후 남경국민정부 건립 후 연이율 2분(20%)을 넘지 못하도록 규정했다. 그러나 이러한 법정 이율에도 불구하고 연리 2분의 규정이 잘 지켜지지는 않았다. 오히려 전국적으로 가장 큰 비중을 차지했던 이율은 연 2-4분이었다. 이자는 연리와 월리가 모두 통용되었다. 대차에는 현금대차와 양식대차가 주로 많이 사용되었는데 현금대차보다는 양식대차가 더 높은 이자율을 보였다. 양식은 인간의 생존을 위한 필수 품목이었기 때문에 농지가 적고 척박한 지역에서 그러한 현상이 두드러졌다. 또한 담보물을 제공할 수 없거나 신사 등의 보증을 구할 수 없었던 가난한 농민에게 더욱 높은 이자가 적용되기도 했다.

대차를 구분하는 방법에는 여러 종류가 있지만 본서에서는 신용방식에 따라 분류하는 방법을 채택했다. 통계에 의하면 저압 대차가 가장 많은 비중을 차지하고 있고 그 다음이 보증 신용대차이며 가장 적은 것이 개인 신용대차였다. 그러나 보증 신용대차는 돈을 빌리는 사람이 다른 사람의 신용을 채무청산의 보증으로 삼는다는 점에서 신용대차의 일종으로 볼 수 있다. 따라서 개인 신용대차와 보증 신용대차를 합하면 저압 대차의 비율보다 높게 나온다. 농민들의 채무상환 상황이 좋지 않음에도 불구하고 저압 대차보다 신용대차가 더 높은 비중을 차지하고 있었다는 것이다. 이는 전통사회의 대차가 주로 혈연, 지연, 업연 등 개인 신뢰를 바탕으로 하고 있으며, 그 사회가 인적 사회였다는 것을 반증한다.

개인 대차는 통상적으로 친척이나 지인 등 혈연, 지연관계에서 발생했는데 호조의 성격을 띠어 무이자이거나 저리로 대출하는 경우도 있었다. 그러나 전통시기 중국의 각종 대차는 이익을 추구하는 성격이 농후했기 때문에 고리대였다는 특징이 있다. 고리대는 돈이 많은 부농이나 상인들이 대차활동에 활발하게 투자하도록 하는 요인으로 작용했다. 그러나 한편 고리대는 농민들로 하여금 높은 이자를 견디지 못하고 토지를 잃고 빈농이나 고농으로 전락하게 만들었다. 고리대는 농민을 착취하는 결과를 낳아 대출을 하면 할수록 농민들은 원래의 자본을 모두 소진해버리고 더욱 빈곤하게 되었다. 이에 따라 농민의 파산과 농촌경제의 붕괴는 점차 심각해졌다.

중국의 역대 왕조가 제정했던 고리대 금지 규정이나 월이율 3분 규정, 그리고 남경국민정부시기의 연 2분 규정은 그다지 실효성이 없었다. 중국 전통사회에서 관련법이 있어도 국가의 법령보다는 실제로 민간의 전통 관행에 따라 진행되었던 사례는 드물지 않게 발견된다. 그 대표적이고 확연한 것 중의 하나가 바로 민간의 금융 대차일 것이다. 본서에서 인용한 여러 통계들을 보더라도 이러한 규정들이 지켜지지 않았을 뿐더러 법 규정보다 대차 이율이 높았다는 것을 알 수 있다.

이에 따라 중일전쟁 시기 항일근거지에서 중국공산당이 감조감식 정책을 실시하고 연 이율을 1분-1분5리로 정하여 고리대를 금지한 바 있다. 1941년 초 남경국민정부 행정원이 농촌 대차의 연리가 2분을 넘으면 안 된다는 금령을 내렸던 것[85] 역시 고리대를 근절하기 위한 조치였다. 그러나 이러한 조치들이 농민들의 고통을 사라지게 할 수는 없었다. 특히 공산당 항일근거지에서 감조감식의 시행으로 고리대의 폐해는 없어졌지만 농민들이 오히려 돈을 빌릴 수 없는 고통을 겪게 되었던 사실은 시사하는 바가 크다. 이러한 금령으로 인해 고리대업자들이 돈을 빌려주기를 꺼려 대차시장이 경색되고 고리대가 음성화되었기 때문이다.

전통시기는 물론이고 민국시기까지도 민간의 대차가 기본적으로 고리대였다는

---

85) 朱博能, 「農村借貸利率之比較」, 『閩政月刊』 8-1(1941), p.32.

것은 농민의 항상적인 궁핍과 농촌자금의 결핍현상을 떠나서는 설명할 수 없다. 자본이 부족한 농촌에서 대차 이율이 높았던 것은 당연한 것이었다. 고리대의 부작용에도 불구하고 당시 농촌사회와 농촌경제의 운영은 확실히 고리대를 떠나서는 가능하지 않았다. 농민의 궁핍과 농촌자금의 고갈은 농민이 일상적인 생활을 위해서도 대차를 하지 않을 수 없는 상황으로까지 만들어 놓았기 때문이다. 이는 고리대가 농촌의 민간사회에서 없어서는 안 되는 필요불가결한 것이었다는 반증이다. 여기에는 보다 근본적인 해결책이 필요했다는 의미이다.

이에 따라 중일전쟁 이후에는 농촌에도 은행이나 합작사 등 정부가 주도하는 근대적 금융기관의 설립이 증가하여 농촌 대차에서 차지하는 비중도 점차 커지게 되었다. 그러나 민간 대차에서 지주, 부농, 상인 등이 차지하는 비중은 여전히 무시할 수 없을 만큼 견고했다. 또한 담보물을 제공할 수 없었던 빈농이나 고농 등은 은행이나 합작사 등 근대 금융기관의 혜택을 받기가 쉽지 않았다. 따라서 고리대는 농민생활 중에서 여전히 중요한 위치를 차지하고 있었고, 농촌 경제는 고리대에 의존하여 유지되고 지속되었다.

현재 중국 농촌 경제와 농민 생활 등 농촌 경제체제의 개혁에 대한 관심이 커지면서 근대시기 농촌의 사회경제사에 대한 관심도 지속적으로 높아지고 있다. 특히 개혁개방 이후 농촌의 경제체제의 개혁이 진행됨에 따라 농촌의 민간 대차의 범위가 확대되어 농촌 금융을 확장시키고 있다. 그러나 동시에 일부 지역에서는 고리대가 출현하여 사회문제가 되고 있다. 고리대는 농민들의 급한 수요에 응해 일시적인 자금 곤란을 해결한다는 장점이 있지만, 장기적으로는 사회의 안정과 화합을 해칠 수 있고 이로 인한 부작용을 낳을 수 있다. 따라서 건전한 농촌의 대차가 농촌금융으로서 확고하게 자리 잡고 농촌경제의 부흥과 농민 생활의 곤란을 해결할 수 있는 방향으로 정착될 수 있도록 적절한 방안들이 모색되어야 할 것이다. 특히 중국 고리대의 역사는 깊고 오래되었기 때문에 장기적인 관점에서 농촌경제사를 연구해야 할 필요성이 커지고 있다. 이러한 인식으로 인해 농촌의 민간 대차문제는 중국 근대 금융사와 농촌경제사 연구에서 중요한 부분으로 자리잡아가고 있다.

부록

대차문서 내용 분석표

명대: 1건, 청대: 27건, 민국시기: 9건, 총 37건

자료번호	문건번호	시기	연도	지역(성)	문서명칭	신용방식	출처	대출금액	이자	담보여부	중인명칭	미상환시 처리방법	비고
1	25	명	1633	산서	借據	개인신용	개인	銀2兩7錢	무이자	×	見人	×	생활소비성 대차
2	61	청	1760	강서	借地	개인신용	개인	墳地	무이자	×	憑中	분묘 옮기고 다른 사람에서 소작줌	
3	26	청	1766 1779 1759	안휘	借銀 錢契 (3건)	개인신용	개인	(1)米2斗 (2)錢500文 (3)米3石5斗	(1)연5升 (2)월15文 (3)1石당3斗	×	(1)× (2)× (3)在見□	×	생활소비성 대차
4	49	청	1766	산서	借約文字	저압신용	전회	文銀15兩	연 2分	○	中人	채권자가 저당물 소유	전회 대차
5	40	청	1770	산서	借系銀文約	보증신용	개인	銀8錢	연 은1錢 4分半, 연 곡물 낟알3畝	×	證見人	이율 올리고 중개인이 대신 상환	
6	27	청	1774	귀주	借約	개인신용	개인	銀6錢	월 3分	×	×	이자 1分 높임	
7	28	청	1783	귀주	借字	개인신용	개인	銀28兩	월 4分	×	×	×	경영성 대차
8	29	청	1792	산서	揭錢文字	개인신용	상호	錢20千文	월 千文당 1分8厘	×	中見人	×	
9	50	청	1802	산서	借銀約	저압신용	전회	元絲銀5錢 5錢	월 1分5厘	○	中人	천지회에서 저당물 몰수 관리	전회 대차
10	30	청	1804	산서	文約	개인신용	상호	元寶銀51兩 4錢2分, 碎白銀50兩	월 8錢	×	×	×	경영성 대차
11	31	청	1818	산서	借約	개인신용	상호	銀954兩 9錢2分	무이자	×	×	×	賬局 대차
12	51	청	1820	산서	借文約	저압신용	상호	錢20吊	월 1分	○	×	저당 잡힌 땅은 채권자가 관리	
13	32	청	1835	복건	借約	개인신용	개인	錢1,500文	연 1,000文당 200文	×	公見	관례에 따라 계속 이자 지불	
14	33	청	1839	산서	會票	개인신용	개인	庫平足色紋銀800兩	무이자	×	中友	빌린 액수의 2분을 이자로 함	賬局에서 京債 빌림

자료번호	문건번호	시기	연도	지역(성)	문서명칭	신용방식	출처	대출금액	이자	담보여부	중인명칭	미상환시 처리방법	비고
15	34	청	1843	산서	借約	개인신용	상호	錢1,000吊	월 5厘	×	經手	×	賬局 대차
16	35	청	1850	산서	借約	개인신용	개인	白銀150兩	100兩당 6厘	×	經手人	×	경영성 대차, 각종 상업용 인장 사용
17	36	청	1850	안휘	會券	개인신용	개인	95平寶銀 1,000兩	연 6厘	×	憑中	×	
18	52	청	1851	귀주	抵借茶油字	저압신용	개인	茶油80斤	이자 있지만 언급 없음	○	憑保人	저당 잡은 油山 1大股 매매 가능	
19	37	청	1854	산서	執照借約	개인신용	상호	銀140兩	월 1分	×	×	×	경영성 대차
20	53	청	1855	산서	借錢文約	저압신용	개인	錢8仟文	월 1分2厘	○	中人	×	搖會 담보
21	54	청	1856	산서	揭銀文約	저압신용	전회	銀3兩	월 1分5厘	○	保查銀人	保人이 대신 갚고 저당물 관리	전회 대차
22	55	청	1861	산서	揭錢文字	저압신용	개인	大錢2仟 5百文	월 5分	○	同中人	×	법정 이율보다 높음
23	41	청	1864	산서	揭錢文約	보증신용	상호	錢1千文	연夏糧麥5升, 秋糧穀1斗	○	保錢人, 同人	保錢人이 담보 토지 경작 관리, 원금과 이자 대신 상환	보증 신용대차겸 저압대차
24	38	청	1869	강서	借字	개인신용	전회	斗錢10千文	연 2分5厘	×	憑中人	×	斗錢은 전회의 기금으로 보임
25	39	청	1879	산서	借錢約	개인신용	개인	錢本50千文	월 1分	×	經手人	×	경영성 대차
26	56	청	1900	강서	押借字	저압신용	개인	七三花邊 25圓	1圓당 월 2絲	○	見借人	다른 사람에게 소작 주거나 다시 담보 요구	
27	57	청	1902	산서	借文銀約	저압신용	전회	文銀4兩	월 1分5厘	○	同中人	財神長壽會에서 산업을 관리	
28	58	청	1912	귀주	借抵字	저압신용	개인	錢2仟	천원당 3分	○	憑中	채권자가 저당물 관리	대차 이율 저렴, 담보 제공
29	59	민국	1915	귀주	借字	저압신용	개인	銀4兩7錢5分	월 3分	○	×	×	
30	42	민국	1929	산서	借券	보증신용	개인	大洋60圓	월 2分8厘	○	中見人, 保人, 承業代還人	保人이 담보물 맡아 대신 상환	
31	43	민국	1929	산서	借券	보증신용	상호	大洋50元	월 1元당 2分5厘	○	中證人, 經手人	담보 상호가 대신 상환	
32	44	민국	1934	산서	官借券	보증신용	개인	銀洋35圓	월 2分5厘	○	中見人, 保人 承業代還人	中保人이 담보물 관리	

자료 번호	문건 번호	시기	연도	지역 (성)	문서 명칭	신용 방식	출처	대출금액	이자	담보 여부	중인 명칭	미상환시 처리방법	비고
33	45	민국	1936	산서	借據	보증 신용	당호	銀幣4圓	1圓당 월 1分5厘	○	承還保人	承還保人이 완전히 책임짐	산서성 각 현 재정국발행 대차증서
34	46	민국	1936	산서	借據	보증 신용	개인	銀幣17圓	1圓당 월 2分5厘,	○	承還保人	承還保人이 완전히 책임짐	산서성 각 현 재정국발행 대차증서
35	47	민국	1936	산서	借據	보증 신용	개인	銀幣15圓	1圓당 월 8厘	○	承還保人	承還保人이 완전히 책임짐	산서성 각 현 재정국발행 대차증서
36	48	민국	1936	산서	借據	보증 신용	개인	大洋20圓	1圓당 월 2分	○	承還保人	承還保人이 완전히 책임짐	산서성 각 현 재정국발행 대차증서
37	60	민국	1948	귀주	借抵字	저압 신용	개인	穀400斤, 穀100斤	穀100斤당 穀90斤, 穀100斤당 穀100斤	○	×	채권자가 저당잡은 토지경작, 관리	

대차문서 내용 분석표

참고문헌

1. 사료

『工商半月刊』

『中央銀行月報』

『中華法學雜誌』

『中國經濟』

『立信月報』

『民族(上海)』

『司法月報』

『申報』

『外論通信稿』

『地政月刊』

『社會科學雜志(北平)』

『東方雜志』

『法令月刊』

『法令週刊』

『法治週報』

『法律評論(北京)』

『政治評論』

『信託季刊』

『商業月報』

『商業雜誌』

『浙江杭鄞金永律師公會報告錄』

『勞動季報』

『新中華』

『新聞報』

『農行月刊』

『農村經濟』

『農村合作月報』

『農林新報』

『農情報告』

『銀行週報』

『滿鐵調查月報』

『閩政月刊』

『錢業月報』

中國第二歷史檔案館編, 『中華民國史檔案資料匯編』 第5輯第1編, 財政經濟(7), 1994.

前南京國民政府司法行政部編, 『民事習慣調查報告錄』, 中國政法大學出版社, 2000.

施沛生編, 『中國民事習慣大全』, 上海書店出版社, 2002.

郭衛, 『大理院判決例全書』, 會文堂新記書局, 1931.

楊立新點校, 『大淸民律草案民國民律草案』, 吉林人民出版社, 2002.

黃鑒暉, 『山西票號史料(增訂本)』, 山西經濟出版社, 2002.

懷效鋒主編, 『淸末法制變革史料』(下卷), 刑法, 民商法編, 中國政法大學出版社, 2010.

嚴中平等編, 『中國近代經濟史統計資料選輯』, 科學出版社, 2016.

森岡達夫譯註, 『中國商業習慣大全』, 東京大同印書館, 1941.

根岸佶, 『商事に關する慣行調查報告書-合股の硏究』, 東亞硏究所, 1943.

2. 연구서

石毓符, 『中國金融貨幣史略』, 天津人民出版社, 1984.

李金錚, 『借貸關係與鄉村變動 —民國時期華北鄉村借貸之硏究』, 河北大學出版社, 2000.

李金錚, 『民國鄉村借貸關係研究』, 人民出版社, 2003.

李金錚, 『近代中國鄉村社會經濟探微』, 人民出版社, 2004.

邱冰珍, 『我系客家人—客家方言趣談』, 江西人民出版社, 2014.

徐暢, 『二十世紀二三十年代華中地區農村金融研究』, 齊魯書社, 2005.

梁治平, 『明淸時期的民事審判與民間契約』, 法律出版社, 1998.

張晉藩, 『淸代民法綜論』, 中國政法大學出版社, 1998.

滋賀秀三等著, 王亞新·梁治平編, 『明淸時期的民事審判與民間契約』, 法律出版社, 1998.

劉秋根, 『明淸高利貸資本』, 社會科學文獻出版社, 2000.

劉秋根, 『中國古代合夥制初探』, 人民出版社, 2007.

戴炎輝, 『中國法制史槪要』, 漢林出版社, 1980.

今堀誠二, 『中國封建社會の構成』, 勁草書店, 1991.

Madeleine Zelin, *Contract and Property in Early Modern China*, Stanford University Press, 2004.

3. 논문

박정현, 「近代 中國의 農村金融과 그 變化—1920~30년대 江南을 중심으로」, 『역사와 역사교육』 3/4 합집(1999).

손승희, 「민국시기 신용합작사의 전통 '錢會'방식의 활용-하북성 定縣을 중심으로」, 『중국근현대사연구』 77(2018).

손승희, 「청·민국시기 合夥의 계약관습과 법」, 『동양사학연구』 146(2019).

이호현·노은영, 「중국 회사법의 변천과 근대성」, 『중국사연구』 92(2014).

전인갑, 「民國時期 中·外企業의 企業構造와 勞資關係」, 『역사문화연구』 14(2001).

전인갑, 「중국 근대기업의 지배구조와 合夥 慣行-지연망의 '사회자본'化」, 『역사교육』 89(2004).

전인갑, 「中國 近代企業과 傳統的 商慣行-合股慣行, 地緣網 그리고 社會資本」, 『동양사학연구』 90(2005).

鄭址鎬, 「傳統中國における合夥經營の史的研究」, 東京大學校博士學位論文, 2001.

정지호, 「전통중국 合夥資本의 構成과 그 變動에 대해」, 『중국사연구』 14(2001).

정지호, 「명청시대 合夥의 經營形態 및 그 特質」, 『명청사연구』 15(2001).

정지호, 「淸代 身股의 성격-상공업 노동형태의 일고찰」, 『경희사학』 23(2001).

정지호, 「傳統中國 合夥의 債務負擔에 관한 商事慣行—近代法律과의 충돌을 중심으로」, 『동양사학연구』 79(2002).

정지호, 「중국 合夥의 現代史的 展開—農業集團化運動, 鄕鎭企業, 臺灣帮을 중심으로」, 『중국학보』 45(2002).

정지호, 「淸末 會社法의 形成에 관한 一考察-'公司律'의 分析을 中心으로」, 『중국학보』 50(2004).

정지호, 「明淸時代 合夥의 社會的 考察」, 『명청사연구』 26(2006).

정지호, 「近代 中國 會社企業의 制度實態-定款의 資本에 대한 諸 規定 分析」, 『중국학보』 60(2009).

정지호, 「民國時期 合夥 改良案을 둘러싼 論爭」, 『인문학연구』 20(2011).

王玉洁, 「民國時期的兩合公司及其借鑒意義」, 淸華大學法學碩士論文, 2003.

方行, 「淸代前期農村的高利貸資本」, 『淸史硏究』, 1994-3.

仲繼銀, 「中國傳統合夥經營中的公司制要素」, 『中國新時代』, 2013-12.

李玉, 「從巴縣檔案看傳統合夥制的特徵」, 『貴州師範大學學報』, 2000-1.

李金錚, 「20年來中國近代鄕村經濟史硏究的新探索」, 『近代中國鄕村社會經濟探微』, 人民出版社, 2004.

李金錚, 「20世紀20-40年代典當業之衰落」, 『中國經濟史硏究』, 2002-4.

李金錚, 「舊中國高利貸與農家關係新解—以長江中下游鄕村爲中心」, 『浙江學刊』, 2002-6.

李金錚, 「近代太行山地區的高利貸」, 『近代中國鄕村社會經濟探微』, 人民出版社, 2004.

李金錚, 「民國鄕村私人, 店鋪借貸的信用方式」, 『中國社會經濟史硏究』, 2002-4.

李金錚, 「政府法令與民間慣行: 以國民政府頒行"年利20%"爲中心」, 『河北大學學報』, 2002-4.

李金錚, 「華北抗日根據地私人借貸利率政策考」, 『近代中國鄕村社會經濟探微』, 人民出版社, 2004.

李金錚, 「20世紀上半期中國鄕村經濟交易的中保人」, 『近代中國鄕村社會經濟探微』, 人民出版社, 2004.

李倩, 「民國時期契約制度硏究」, 中國政法大學博士論文, 2003.

汪士信, 「明淸時期商業經營方式的變化」, 『中國經濟史硏究』, 1988-2.

段瑞群, 「論合夥在中國民法中的法律地位」, 『法制與社會』, 2009-2.

高石鋼, 「二十世紀20-30年代中國農村民間高利貸盛行原因分析」, 『社會科學戰線』

2002-2.

馬勇虎・李琳琦,「晚淸徽商合夥經營實態硏究」,『安徽師範大學學報』, 2012-4.

徐嘉露,「明代民間契約習慣與民間社會秩序」,『中州學刊』, 2016-5.

徐建靑,「淸代手工業中的合夥制」,『中國經濟史硏究』, 1995-4.

陳支平・盧增榮,「從契約文書看淸代工商業合股委託經營方式的轉變」,『中國社會
　　　　經濟史硏究』, 2000-2.

陳崢・李連,「三十年來近代中國鄕村民間借貸硏究綜述」,『中國農史』, 2013-2.

張正明,「淸代晉商的股俸制」,『中國社會經濟史硏究』, 1989-1.

張忠民,「略論明淸時期"合夥"經濟中的兩種不同實現形式」,『上海社會科學院學術
　　　　季刊』, 2001-4.

張忠民,「前近代中國社會的高利貸與社會再生産」,『中國經濟史硏究』, 1992-3.

張喜琴・劉俊,「淸代晉商的退夥, 散夥與股份繼承」,『福建師範大學學報』, 2014-5.

張銘新・王玉洁,「略論淸末『公司律』的産生及特点」,『法學評論』, 2003-3.

彭久松・陳然,「中國契約股份制槪論」,『中國經濟史硏究』, 1994-1.

曹樹基,「淸代臺灣拓墾過程中的股份制經營-兼論中國農業資本主義萌芽理論的不
　　　　成立」,『中國社會科學』, 1998-2.

傅達成,「二三十年代農家負債問題分析」,『中國經濟史硏究』, 1997-3.

楊立民,「淸代涉墳土地的類型及流轉原因辨析」,『甘肅政法學院學報』, 2013-3.

楊秋岭・鄭娟,「"兩合結構"商事組織的源與流」,『政法論叢』, 2008-3.

楊國禎,「明淸以來商人"合本"經營的契約形式」,『中國社會經濟史硏究』, 1987-3.

慈鴻飛,「二十世紀前期華北地區的農村商品市場與資本市場」,『中國社會科學』, 1998-1.

範金民,「明代徽商雜店的一個實例」,『安徽史學』, 2001-3.

劉秋根,「試論宋代官營高利貸資本」,『河北學刊』, 1989-2.

劉秋根,「論中國商業, 高利貸資本組織方式中的"合資"與"合夥"」,『河北學刊』, 1994-5.

劉秋根,「關於中國早期銀行業的幾個問題」,『河北大學學報』, 1995-4.

劉秋根,「明淸民國時期典當業的資金來源及資本構成分析-以負債經營問題爲中心」,
　　　　『河北大學學報』, 1999-4.

劉秋根,「明代工商業中合夥制的類型」,『中國社會經濟史硏究』, 2001-4.

劉秋根,「十至十四世紀的中國合夥制」,『歷史硏究』, 2002-6.

劉秋根・楊貞,「明淸"京債"經營者的社會構成—兼論賬局及放賬鋪」,『河北大學學

報」, 2011-4.

劉秋根·楊帆, 「淸代前期賬局, 放賬鋪硏究─以五種賬局, 放賬鋪淸單的解讀爲中心」, 『安徽史學』, 2015-1.

劉俊·劉建生, 「從一批晉商契約析淸代合夥經營」, 『中國社會經濟史硏究』, 2014-1.

劉鵬生·林柏·劉建生, 「晉商的產權制度及其管理特色」, 『稅收與企業』, 2003-10.

顏志, 「淸末民初紹興商業合夥形態硏究」, 『紹興文理學院學報』, 2016-3.

羅冬陽, 「淸中葉陝西工商業的合夥經營」, 『東北師大學報』, 2003-1.

魏淑君, 「由一例民國時期的移植法與民間習慣衝突展開的思考」, 『法學』, 2005-9.

戴樂旺, 「理性與道德之間: 近代贛閩邊民間借貸與鄕村社會經濟發展硏究」, 江西師範大學碩士論文, 2003.

찾아보기

| 지은이 소개 |

손승희 _ 중국근현대사 전공

숙명여자대학교 사학과 졸업
국립대만사범대학 역사연구소 석사
(중국) 푸단대학 역사학 박사
고려대학교 아세아문제연구소 연구교수
현재 인천대학교 중국학술원 HK연구교수

주요 연구
『중국의 가정, 민간계약문서로 엿보다: 분가와 상속』
『이성이 설 곳 없는 계몽』(역서)
『중국 동북지역의 상인과 상업네트워크』(공저)
『중국 민간조직의 단면』(공저)
『중국의 동향상회』(공저)
『중국 근대 공문서에 나타난 韓中關係』(공저)
『중국 가족법령자료집』(공저)

중국관행자료총서 13

민간계약문서에 투영된 중국인의 경제생활 합과와 대차

2019. 6. 1. 1판 1쇄 인쇄
2019. 6. 14. 1판 1쇄 발행

중국관행연구총서·중국관행자료총서 편찬위원회
위원장 장정아 ┃ 부위원장 안치영 ┃ 위원 김지환·송승석·이정희·조형진·정은주

지은이 손승희 발행인 김미화 발행처 인터북스 주소 서울시 은평구 연서로20길 11
전화 02.356.9903 이메일 interbooks@naver.com 출판등록 제2008-000040호
ISBN 978-89-94138-60-2 94910 978-89-94138-59-6(세트) 정가 22,000원

이 도서의 국립중앙도서관 출판예정도서목록(CIP)은 서지정보유통지원시스템 홈페이지(http://seoji.nl.go.kr)와
국가자료공동목록시스템(http://www.nl.go.kr/kolisnet)에서 이용하실 수 있습니다. (CIP제어번호 : CIP2019018160)